Lacs italiens et Milan

Métropole lombarde bardée de musées, d'églises et de palais, Milan n'en est pas moins une cité trépidante, résolument de son temps et même à la pointe de la mode et du design… Une capitale du chic en somme ! Tandis que les grands lacs qui miroitent au pied des Alpes semblent vivre dans le souvenir des écrivains et musiciens romantiques qui y vécurent des passions tumultueuses, et des têtes couronnées qui prirent l'habitude d'y poser leurs malles. Mais nul besoin d'être amoureux ou de compter parmi les *happy few* pour s'abandonner à la *dolce vita* dans cette région au climat béni des dieux, pour profiter des plages bordées de citronniers du lac de Garde, pour s'extasier devant les palais baroques du lac Majeur ou les jardins opulents des villas historiques du lac de Côme. Voguez sur leurs eaux tour à tour limpides et mystérieuses, admirez-les du haut de leur écrin montagneux, et dégustez sur leur rivage un poisson arrosé d'huile d'olive et de vin de la région.
Carpe diem !

"Les lacs qui baignent le revers des Alpes, le lac Majeur, le lac de Côme, sont déjà de la même couleur que les mers du Midi, peut-être un peu moins bleus. […] Le doux parfum de la langue milanaise commence là avec le myrte, l'olivier et le citronnier."
Edgar Quinet, 1839

SOMMAIRE

2010
T021
TO 23
el vecia
Nietta

Préparez votre voyage

Torri del Benaco, lac de Garde

EN UN CLIN D'ŒIL

Les lacs italiens et Milan vus d'un satellite ou par le petit bout de la lorgnette : des chiffres et des données pour cerner l'identité de la région.

MILAN, CAPITALE ÉCONOMIQUE DE L'ITALIE

Avec une population de 1,7 million d'habitants (7,4 millions pour la communauté interurbaine), Milan est la deuxième ville la plus peuplée d'Italie après Rome. C'est aussi le centre financier et commerçant du pays. Ce qui explique qu'elle dispose de cinq gares et de trois aéroports !

3 400

statues ornent le Duomo (cathédrale) de Milan. S'y ajoutent 96 gargouilles figurant des chats, des chiens et autres animaux, des boxeurs, Napoléon et... Benito Mussolini.

292 M

C'est l'altitude du lac d'Orta, le plus élevé des lacs italiens – le plus petit et le plus charmant aussi ! Le mont Mottarone (1 491m) le sépare du lac Majeur.

DES OLIVIERS AU PIED DES ALPES

Le lac de Garde – le plus grand d'Italie (370km^2) – s'étend au cœur de la région oléicole la plus septentrionale d'Europe. La limite nord de ce terroir est située aux abords du lac Santa Massenza, sur le 46e parallèle.

LARRIE, COUSIN DE NESSIE

Larrie est le diminutif de Lariosaurus, nom qu'on prête au monstre qui hanterait le lac de Côme. Ce cousin de Nessie – l'hôte mystère du loch Ness – mesurerait environ 2m de longueur. Il pourrait être un descendant de *Lariosaurus balsami*, reptile marin du trias dont on a découvert un fossile à Perledo, près du lac, en 1830.

418 MÈTRES

C'est la profondeur maximale du lac de Côme – un record national. Elle lui a valu son premier nom, Lario en grec, Larius en latin, soit "lieu creux". C'est au Moyen Âge qu'il prit le nom de *Lacus Comensis*, "lac de (la ville de) Côme". Le Lario devint au 18e s. le point de départ ou d'arrivée du Grand Tour, ce fameux voyage à travers l'Europe que les jeunes gens bien nés se devaient d'effectuer pour parfaire leurs "humanités", bientôt imités par les artistes, les écrivains et les esthètes.

433

C'est le nombre de fontaines publiques que compte Milan. Elles doivent leur nom de *vedovelle* ("veuves") à leur eau qui coule sans cesse, telles les larmes des veuves éplorées. On les appelle aussi "dragons verts", d'où l'expression "Allons prendre un verre au bar du Dragon vert !".

1958

C'est l'année où Milan accueillit sa première Fashion Week. Elle est devenue depuis l'une des capitales mondiales de la mode avec Paris, Londres et New York.

★ LES INCONTOURNABLES

★ **BERGAME** Dominant la ville moderne de ses murailles vénitiennes, sa Città Alta déborde de trésors d'architecture médiévale et Renaissance… et d'adresses gourmandes (p.142).

★ **VILLA CARLOTTA (LAC DE CÔME)** Cette retraite dorée renferme des chefs-d'œuvre de la sculpture des 18e et 19e s., et ses luxuriants jardins en terrasses offrent des vues éblouissantes sur le lac et sur Bellagio (p.126).

★ **MALCESINE (LAC DE GARDE)** Un vrai village de carte postale avec son port aux eaux turquoise, sa promenade sous les pins et son imposante forteresse médiévale (p.183).

★ **ÎLES BORROMÉES (LAC MAJEUR)** Trois îles transformées aux 17e-18e s. en villégiatures enchantées avec palais de marbre blanc et jardins en terrasses où se pavanent des paons (p.90).

★ **CENACOLO VINCIANO (MILAN)** (p.68) L'ancien réfectoire conventuel de Santa Maria delle Grazie recèle *La Cène*, lumineux chef-d'œuvre de Léonard de Vinci. Une visite à réserver d'urgence !

★ **DUOMO (MILAN)** Impossible de rester... de marbre devant cette dentelle de pierre vers laquelle convergent tous les grands axes milanais (p.42). Son toit-terrasse peuplé de statues offre des vues sublimes sur la ville.

★ **MONTE ISOLA (LAC D'ISEO)** Spectaculaire silhouette jaillie des ondes, cette île-montagne habitée de longue date veille jalousement sur ses traditions (p.153) !

★ **BELLAGIO (LAC DE CÔME)** La villégiature avec un grand V : façades multicolores dominées par les Alpes, lacis de venelles en escalier, augustes villas aux jardins opulents et panoramas sublimes sur le lac (p.128).

★ **PINACOTECA DI BRERA (MILAN)** Une étourdissante ronde de chefs-d'œuvre italiens des 14e-16e s. (p.50). Tout simplement l'une des plus belles collections de peinture au monde !

★ **BRESCIA** (p.158) Reliques romaines, églises romanes et palais Renaissance : sa vieille ville est un livre d'histoire en 3D – et l'ancien monastère Santa Giulia, véritable mille-feuille architectural, classé au patrimoine mondial de l'humanité.

★ **ISOLA DI SAN GIULIO (LAC D'ORTA)** On dirait qu'il flotte au milieu du lac d'Orta, ce monastère insulaire auréolé de verdure ! Sa basilique romane possède de remarquables fresques (p.107).

★ **RIVA DEL GARDA (LAC DE GARDE)** Cette station sous influence tyrolienne convie parapentistes, voileux et autres amateurs de glisse à se mesurer aux vents qui soufflent sur le lac… non loin du fameux site d'escalade d'Arco (p.182).

EN VOILÀ DES IDÉES !

Personnalisez votre séjour en multipliant vos expériences selon vos goûts et vos envies.

Chefs-d'œuvre romans

Les maîtres bâtisseurs lombards, réputés dans toute l'Europe médiévale, ont doté la région de splendides églises et monastères romans.

Basilica di Sant'Ambrogio (Milan) (p.68) Une simplicité grandiose et de remarquables chapiteaux historiés.

Basilica di Sant'Eustorgio (Milan) (p.73) Un modèle d'équilibre !

Basilica di San Fedele (Côme) (p.119) Pour son portail sculpté et sa gracieuse abside.

Basilica di Santa Maria Maggiore (Bergame) (p.142) Sa façade en marbre polychrome illustre à merveille l'art roman lombard.

Museo di Santa Giulia (Brescia) (p.162) Son Oratorio di Santa Maria in Solario est un ravissement !

Splendeurs Renaissance

État puissant, la Lombardie des Sforza a su attirer les artistes de Toscane et d'ailleurs, pour mieux faire sienne la révolution artistique du Quattrocento.

Duomo (Milan) (p.42) Une façade grandiose et des volumes qui donnent le tournis.

Santa Maria presso San Satiro (Milan) (p.44) Conçue par Bramante, elle renferme un magistral trompe-l'œil.

Castello Sforzesco (Milan) (p.66) Le Filarète, Bramante et Léonard de Vinci ont pris part à la construction ou à la décoration du château des ducs de Milan.

San Maurizio al Monastero Maggiore (Milan) (p.67) La "chapelle Sixtine milanaise".

Basilica Santa Maria delle Grazie (Milan) (p.68) Elle doit sa coupole et son cloître à Bramante.

Chapelle Portinari de la basilique Sant'Eustorgio (Milan) (p.73) D'extraordinaires fresques du 15e s.

Ca' Granda (Milan) (p.74) Cet ancien hôpital fut le premier édifice Renaissance de Milan.

Duomo (Côme) (p.118) Un chef-d'œuvre lombard de style gothico-Renaissance.

Villa Serbelloni (Bellagio) (p.128) Un somptueux palais Renaissance transformé en résidence d'artistes.

Cappella Colleoni (Bergame) (p.142) Une chapelle funéraire d'une magnificence incroyable.

Piazza della Loggia (Brescia) (p.159) Marquée du sceau vénitien…

Féru(e) d'art classique ?

Vous serez ébloui(e), voire sidéré(e) : on ne compte plus les chefs-d'œuvre de la peinture et de la sculpture du Moyen Âge au 19e s. que recèlent les musées publics de la région.

Pinacoteca Ambrosiana (Milan) (p.44) Pour ses toiles de maîtres lombards et vénitiens.

Gallerie d'Italia (Milan) (p.45) Quelque 200 œuvres réalisées à Milan au 19e s.

Pinacoteca di Brera (Milan) (p.50) L'une des plus belles collections de peinture italienne au monde.

Museo Poldi Pezzoli (Milan) (p.51) Pour ses *Vierges à l'enfant* et autres tableaux Renaissance.

Museo Bagatti Valsecchi (Milan) (p.51) Une incroyable collection d'art lombard du 16e s. dans un palais néo-Renaissance.

Giovanni Battista Moroni, *Le Magistrat* (1560)

Castello Sforzesco (Milan) (p.66) Ses remparts abritent huit musées ainsi que la *Pietà Rondanini* de Michel-Ange.

Cenacolo Vinciano (Milan) (p.68) L'écrin de *La Cène* de Léonard de Vinci.

Galleria dell'Accademia Carrara (Bergame) (p.147) 600 chefs-d'œuvre italiens du 15e au 19e s.

Pinacoteca Civica Tosio Martinengo (Brescia) (p.162) Une remarquable collection de tableaux du 13e au 18e s.

Plutôt art moderne et contemporain ?

Revoyez vos modernes sous les cimaises des musées comme dans des demeures d'exception. La capitale lombarde étant aussi un haut lieu du design, vous allez vous régaler !

Museo del Novecento (Milan) (p.43) L'art italien du 20e s., dont une inégalable collection futuriste.

Gallerie d'Italia (Milan) (p.45) Les grands noms de l'art moderne et contemporain exposés par roulement.

Villa Necchi Campiglio (Milan) (p.52) Un manifeste rationaliste tout en volumes géométriques – jusque dans son jardin – et mobilier Art déco.

Villa Reale – Galleria d'Arte Moderna (Milan) (p.52) Une belle collection d'art moderne européen.

Casa-Museo Boschi Di Stefano (Milan) (p.61) Un appartement des années 1930 rempli à craquer d'art moderne italien.

Palazzo dell'Arte (Milan) (p.67) Expositions et manifestations autour du design, de l'architecture et de l'urbanisme.

Fiera Milano (Milan) (p.69) Son Salon du meuble est un rendez-vous incontournable... et festif pour les amateurs de design.

Arcumeggia (p.102) Un village perdu couvert de fresques par des artistes du 20e s.

Villa Panza (Varèse) (p.102) Cette majestueuse villa 18e, encore occupée, sert d'écrin à une prestigieuse collection d'art contemporain.

Villa Bernasconi (Cernobbio) (p.121) Une merveille Art nouveau.

Galleria d'Arte Moderna e Contemporanea (Bergame) (p.147) Elle fait la part belle au sculpteur bergamasque Giacomo Manzù (1908-1991)

Vittoriale degli Italiani (Gardone Riviera) (p.176) La dernière résidence du poète D'Annunzio : un fascinant capharnaüm.

Jardins d'exception

Le climat particulièrement doux de la région des grands lacs y a favorisé l'art des jardins. Les collections végétales dont se sont ainsi dotées d'aristocratiques villégiatures ont le chic pour susciter des cris d'admiration !

Villa Taranto, lac Majeur

Villa Taranto (Verbania) (p.90) Une extraordinaire collection botanique.

Palazzo Borromeo (Isola Bella) (p.91) Une enfilade de salles richement ornées, d'étonnantes "grottes" de rocaille et de somptueux jardins en terrasses.

Isola Madre (p.92) Le parc à l'anglaise de la plus grande île du lac Majeur est un paradis !

Villa del Balbianello (Lenno) (p.125) Ses jardins ont fait carrière au cinéma !

Villa Carlotta (Tremezzo) (p.126) Pour les marbres d'Antonio Canova qui ornent ses salons et ses jardins à l'italienne de toute beauté.

Villa Monastero (Varenna) (p.127) Un parc étagé en terrasses au-dessus des flots et une vue imprenable sur le Triangolo Lariano.

Giardino Botanico Fondazione Heller (Gardone Riviera) (p.176) Quand geste artistique rime avec botanique.

C'est un point de vue

D'une route panoramique, du haut d'un mont ou d'une tour, profitez de paysages inoubliables sur les lacs et les villes de la région.

- **Toit-terrasse du Duomo (Milan)** (p.42) Tout Milan à vos pieds !
- **Monte Mottarone** (p.89) Le lac Majeur et les Alpes en majesté.
- **Statua di San Carlo Borromeo (Arona)** (p.90) Vues plongeantes sur le lac Majeur de la "tête" d'un colosse de métal.
- **Sacro Monte di Varese (Varèse)** (p.102) En apothéose à ce chemin de croix : une époustouflante vue sur toute la région.
- **Santuario della Madonna del Sasso** (p.108) Sur les hauteurs du lac d'Orta...
- **Funicolare Como-Brunate** (p.121) Pour admirer de haut Côme et son lac.
- **Torre Civica (Bergame)** (p.146) Un belvédère un peu vertigineux sur la Città Alta de Bergame.
- **Tremosine sul Garda** (p.177) Un balcon sur le lac de Garde, au sommet d'une route en lacet bordée de précipices.
- **Punta San Vigilio (Garda)** (p.184) Le lac de Garde dans toute sa splendeur.
- **Funivia Malcesine-Monte Baldo (Malcesine)** (p.186) Panoramas somptueux sur la "petite mer" et les Préalpes.

Les plus beaux villages

Ruelles pavées, façades colorées et promenades aménagées au bord de l'eau campent le décor de ces villégiatures de carte postale.

- **Stresa** (p.88) La station balnéaire la plus chic du lac Majeur.
- **Verbania** (p.90) Villas 1900, végétation luxuriante... comment résister à son charme désuet ?
- **Castiglione Olona** (p.103) Une "cité idéale" bardée de monuments Renaissance !
- **Menaggio** (p.126) Le plus joli village de la rive occidentale du lac de Côme.
- **Varenna** (p.127) Décor magique et bonnes tables... L'Italie comme on la rêve !
- **Bellagio** (p.128) Immortalisé par Stendhal, rien de moins !
- **Lovere** (p.154) Un amour de village au bord du lac d'Iseo.
- **Tremosine sul Garda** (p.177) Des hameaux montagnards perchés au-dessus du lac de Garde : vertigineux !
- **Riva del Garda** (p.182) Le Tyrol en version balnéaire.
- **Malcesine** (p.183) Pittoresque et préservée. Une pépite à ne pas manquer.
- **Torri del Benaco** (p.183) Une autre perle de la rive vénète du lac de Garde.

Avec les *bambini*

Des visites instructives et/ou ludiques pour toute la tribu !

- **Fabbrica del Vapore (Milan)** (p.61) Pour la grande exposition interactive du moment.

Museo della Scienza e della Tecnologia Leonardo da Vinci (Milan) (p.69) Les maquettes des inventions de Léonard de Vinci.

Bagni Misteriosi (Milan) (p.75) Pour piquer une tête en pleine ville...

Villa Pallavicino (Stresa) (p.88) Un petit zoo, un petit train, une aire de jeux, des tables de pique-nique... dans un grand parc à l'anglaise !

Aquadventure Park (Baveno) (p.95) Piscines chauffées avec toboggans, parcours d'escalade et d'accrobranche...

Rocca Borromeo (Angera) (p.100) Une riche collection de poupées et de jouets anciens dans un château fort.

Parco Avventura Jungle Raider Park Xtreme (Caglio) (p.129) Un beau parcours d'accrobranche.

Museo Mille Miglia (Brescia) (p.163) Collection de bolides et souvenirs de fous du volant.

Gardaland (Castelnuovo del Garda) (p.185) L'un des plus grands parcs d'attractions d'Italie.

Gardaland

À l'heure de l'*aperitivo*

Un rituel que les Italiens ne manqueraient pour rien au monde ! Au bord de l'eau, sur un *rooftop* ou dans un café historique, cocktails créatifs et planches du terroir seront forcément de la partie...

Terrazza Aperol (Milan) (p.47) De sa terrasse perchée, on touche presque le Duomo du doigt !

Frida (Milan) (p.62) Goûtez la bohème milanaise...

Biffi (Milan) (p.70) Chic jusqu'à l'ourlet des nappes, la quintessence du café historique.

Bagni Misteriosi (Milan) (p.75) Pour siroter un verre les pieds dans l'eau.

Rita (Milan) (p.79) Des cocktails d'anthologie à savourer dans un cadre design.

Fonderie Milanesi (Milan) (p.79) Son buffet à volonté a conquis les Milanais.

La Casera (Verbania) (p.97) Avec ses planches du terroir XXL, voici "le" repaire des amateurs de bonne chère.

Balthazar Cafè (Varèse) (p.105) Le bar le plus populaire de la ville.

Pane e Vino (Orta San Giulio) (p.109) On passerait des heures sous les arcades de son exquise terrasse.

The Brothers Cafè (Côme) (p.123) C'est là qu'officient les rois de la mixologie !

Caffè Varenna (Varenna) (p.130) Un emplacement idyllique face à un adorable port de plaisance.

Marchino (Brescia) (p.164) Pour un bon cru accompagné de produits soigneusement sélectionnés.

Testez votre tonus

Randos, canyoning, escalade, sports nautiques… Un, deux, trois, foncez !

Lago Maggiore Canyoning (p.95) Dévalez gorges et torrents aux abords du lac Majeur.

Lago Maggiore Zipline (p.96) Pour une vertigineuse descente en tyrolienne avec le lac en panoramique.

Anello Azzurro (p.108) Le tour du lac d'Orta à pied.

Randonnée du Triangolo Lariano (p.130) Au bord du lac de Côme, l'un des plus beaux parcours pédestres de la région !

Antica Strada Valeriana (p.155) Crapahutez au bord du lac d'Iseo.

Ciclopista del Garda (p.178) Pédalez sur les hauteurs du lac de Garde.

Surf Segnana (p.185) Tous les sports nautiques à votre disposition.

Falesie d'Arco (p.186) Escaladez des falaises mythiques.

Monte Baldo (p.186) Dévalez ses pentes à VTT.

À goûter absolument et à rapporter

Fromages, charcuterie, miel, huile d'olive, vins, pâtisseries… la région saura assurément conquérir vos papilles.

Peck (Milan) (p.49) L'épicerie fine la plus élégante de la ville.

Eataly (Milan) (p.64) Toute la gastronomie italienne sur deux étages.

Mercato Intra (Verbania) (p.99) Les stands multicolores de ce marché historique sauront vous ouvrir l'appétit…

Il Buongustaio (Orta San Giulio) (p.109) La crème des produits locaux.

Pescheria Tosi Luigi (Menaggio) (p.133) Pour goûter aux *missoltini*, la spécialité du lac de Côme.

Gallo (Bergame) (p.140) Cette épicerie propose tous les goûts de l'Italie.

La Brugherata (Scanzorosciate) (p.151) Buvez le nectar à la source chez ce viticulteur passionné.

Enoteca Bonetti (Brescia) (p.165) L'adresse où foncer pour dénicher une bonne bouteille.

Azienda Agricola Rocca (Salò) (p.172) Une huile d'olive pressée avec amour !

Azienda Agricola e Frantoio Montecroce (Desenzano del Garda) (p.180) Sur la rive du lac de Garde, une huile d'olive maintes fois récompensée.

Cantina Avanzi (Manerba del Garda) (p.179) Pour vous initier aux vins de la Valtenesi : vous êtes plutôt pétillant, blanc, rouge ou rosé ?

ITINÉRAIRES

Trois itinéraires pour vous laisser guider selon vos inclinations et le temps dont vous disposez.

Laveno-Mombello

7 jours dans la région des lacs

Entre sommets alpins et plaine du Pô, les lacs du nord de l'Italie sont appréciés pour la douceur de leur climat, été comme hiver, et pour leurs paysages somptueux. De châteaux crénelés en villas romantiques, de villages de pêcheurs en chapelles perchées... une semaine bien remplie en perspective !

JOUR 1

Le lac Majeur et les féeriques îles Borromées à partir de Stresa.

Matinée À **Stresa** (p.88), villégiature la plus élégante du lac, commencez la journée sur la terrasse d'un café face à l'embarcadère. Savourez le panorama avant de prendre une navette pour les îles Borromées. Première étape, l'**Isola Bella** (p.91). Son palais de marbre blanc aux sous-sols aménagés en grottes rococo, ses jardins en terrasses peuplés de sculptures et de paons albinos... tout évoque le prestige de l'illustre famille Borromée. Gagnez ensuite l'**Isola dei Pescatori** (p.92), la plus petite des îles du golfe. À sa pointe se profile l'élégant **Albergo Ristorante Verbano** (p.98), tout indiqué pour un déjeuner avec vue.

Après-midi Reprenez le bateau pour la plus grande des Borromées, l'**Isola Madre** (p.92), dont l'extraordinaire jardin est le domaine des paons et des perroquets. De retour à Stresa, partez à l'assaut du **mont Mottarone** (p.89) pour une balade plus ou moins longue. Soirée et nuit à Stresa.

JOUR 2

De deux fabuleux jardins des environs de Stresa au lac d'Orta.

Matinée Au sud de Stresa, la **Villa Pallavicino** (p.88) vous ouvre son immense et somptueux parc à l'anglaise. Approfondissez vos connaissances botaniques à Verbania (15km au nord de Stresa) sur le domaine de la **Villa Taranto** (p.90). Conçue par un riche industriel écossais, sa collection végétale réunit quelque 20 000 spécimens, rares pour certains.

Après-midi Après un déjeuner sur la terrasse panoramique de **La Rampolina** (p.98), filez à **Orta San Giulio** (p.106), village de charme posté au bord du confidentiel lac d'Orta. Embarquez pour l'**Isola di**

San Giulio (p.107) et les trésors de sa basilique romane. Vous passerez la soirée sur la grand-place d'Orta et profiterez de sa *dolce vita* à la terrasse de **Pane e Vino** (p.109).

JOUR 3

Le lac de Côme et ses brumes romantiques, de Tremezzo à Bellagio et retour, puis Lenno.
Matinée En route pour Tremezzo, sur la rive ouest du lac de Côme. Admirez les trésors de peinture et de sculpture de la fameuse **Villa Carlotta** (p.126) ainsi que ses ravissants jardins à l'italienne avant de déjeuner au très distingué **Al Veluu** (p.131).
Après-midi De Tremezzo, rendez-vous en bateau à **Bellagio** (p.128), village de carte postale – et donc très touristique – qui s'étage à la jonction des deux bras méridionaux du lac. Découvrez deux de ses somptueuses maisons de plaisance : la **Villa Serbelloni** (p.128), palais Renaissance adossé à la montagne, et la **Villa Melzi** (p.129), édifice néoclassique posé sur le rivage. Retraversez le lac jusqu'à Tremezzo et allez passer la soirée et la nuit à **Lenno**.

JOUR 4

De Lenno à Côme.
Matinée À Lenno, grimpez jusqu'à la **Villa del Balbianello** (p.125) avant de retourner à Tremezzo prendre un ferry à destination de **Varenna** (p.127). Ce village pittoresque abrite d'excellents restaurants et la **Villa Monastero** (p.127), aux délicieux jardins néoclassiques bâtis en terrasse au-dessus du lac.
Après-midi Regagnez la rive occidentale et prenez la route de **Côme** (p.118). Flânez dans son agréable centre-ville piéton autour du **Duomo** (p.118) et du **Palazzo del Broletto** (p.118).

JOUR 5

Bergame.
Matinée Après une dernière balade dans Côme, direction **Bergame**, sa grande rivale ! Longtemps un avant-poste de Venise en terre lombarde, la cité en a gardé un sens aigu de sa singularité. La Città Alta abrite des merveilles, dont la **Cappella Colleoni** (p.142), à la façade ouvragée, et la **Basilica di Santa Maria Maggiore** (p.142), mêlant les styles Renaissance et baroque.
Après-midi Cap sur la ville basse ! Régalez-vous d'une délicieuse spécialité d'Idrissa Kaboré, chef du restaurant **Le Goût** (p.140), avant de vous rendre à la **Galleria dell'Accademia Carrara** (p.147) pour admirer l'une des plus belles collections de peintures de la région. Passez la nuit à **Iseo** (p.152), au bord de son lac.

JOUR 6

Des vignobles de la Franciacorta au lac de Garde via Brescia.
Matinée Empruntez la route des vins de la Franciacorta (p.156), au sud du lac d'Iseo. Pour déguster ce fameux "champagne italien", faites une pause à la **Ca' del Bosco** (p.156).

Taxi-boat, Varenna

Après-midi Après avoir testé une table d'hôtes de la région, roulez vers **Brescia** et son remarquable centre-ville où se télescopent les périodes architecturales. Ne manquez ni l'imposante **Piazza della Loggia** (p.159) ni les vestiges antiques du **Parco Archeologico di Brescia Romana** (p.162) ! De là, une petite heure de route vous amènera sur la presqu'île de **Sirmione** (p.174), l'une des perles du lac de Garde, qui retrouve un peu de tranquillité à la nuit tombée.

JOUR 7

Le lac de Garde.

Matinée À Sirmione, explorez les **Grotte di Catullo** (p.174), vestiges d'une vaste villa de la période romaine, avant de remonter la rive orientale du lac, jalonnée de villages romantiques : **Torri del Benaco** (p.183), **Malcesine** (p.183)...

Après-midi Rendez-vous à **Riva del Garda** (p.182), sur la rive nord du lac, pour goûter quelques spécialités tyroliennes au **Ristorante Alpino** (p.187). Concluez ce périple à Gargnano, par la visite d'un "jardin de citrons" entièrement réhabilité, la **Limonaia La Malora** (p.176).

Piazza del Duomo, Milan

3 jours à Milan

Architecture opulente, musées d'exception, traditions culinaires généreuses, créativité débordante… Embrassez le rythme effréné de la bouillonnante capitale lombarde et laissez-vous conter son histoire.

JOUR 1

Découverte du patrimoine architectural et gastronomique du centre de Milan et virée nocturne aux Navigli.

Matinée Commencez la journée en douceur au **Giacomo Caffè** (p.46), le chaleureux café du Palazzo Reale, autour d'un *cornetto* et d'un épais chocolat chaud.

Entamez la visite de la métrople lombarde par celle du **Duomo** (p.42), majestueuse cathédrale gothique qui en marque le cœur. Après avoir admiré la dentelle de marbre blanc de sa façade, ses impressionnants volumes intérieurs et ses vitraux multicolores, grimpez sur son toit-terrasse pour profiter d'un panorama imprenable sur la ville.

En sortant du Dôme, traversez la **Galleria Vittorio Emanuele II** (p.43), emblématique passage couvert du 19e s. doté de boutiques et de cafés chics. Après avoir tourné trois fois sur vous-même, talon posé sur sa mosaïque du Taureau, faites un vœu !

Déjeuner à la Pescheria Spadari (p.48) Au coude-à-coude avec les Milanais, savourez un plat de poisson original et ultrafrais.

Après-midi Enchaînez avec la visite d'un des grands musées du Centro Storico : chefs-d'œuvre de la Renaissance à la **Pinacoteca Ambrosiana** (p.44) ou art italien du 20e s. au **Museo del Novecento** (p.43). Une envie de shopping ? Mode tendance chez **Wait and See** (p.49) ou provision de gourmandises chez **Peck** (p.49)... Puis courez admirer les fresques Renaissance de la **Cappella Portinari**, discrète chapelle de la **Basilica di Sant'Eustorgio** (p.73).

Soirée Gagnez le quartier des **Navigli** (p.72) pour une agréable promenade le long de ses canaux bordés de bars, de restaurants et de boutiques...
Fonderie Milanesi (p.79) est l'endroit rêvé pour expérimenter le rituel de l'*aperitivo alla milanese*. Encore faim ? Pour une pizza d'anthologie à savourer dans un cadre jeune et décontracté, attablez-vous chez **Berberè** (p.77). Un cocktail pour digérer ? Mêlez-vous à la foule animée qui déborde sur les quais, devant chez **Rita** (p.79) ou rendez-vous au **Nidaba Theatre** (p.79) pour assister à l'un des nombreux concerts proposés.

JOUR 2

C'est le grand jour, celui de votre rendez-vous avec Léonard de Vinci et de votre soirée à la Scala, tous deux prévus de longue date.

Matinée Petit déjeuner chez **Biffi** (p.70) : *espresso* et panettone, deux valeurs sûres à savourer sous les boiseries de ce café historique. Puis cap sur le **Cenacolo Vinciano** et *La Cène* de Léonard de Vinci ! Sans doute le clou de votre séjour... si vous avez pensé à réserver longtemps avant. Ouvrez grand les yeux, car vous ne pourrez pas rester plus de quinze minutes devant le fragile chef-d'œuvre... Traversez le Corso Magenta pour aller méditer dans le paisible jardin de la **Casa degli Atellani** (p.68), près du carré de vigne planté à l'intention de Léonard de Vinci. De là, remontez le *corso* en direction du centre jusqu'à **San Maurizio al Monastero Maggiore** (p.67). Vous tomberez sûrement en arrêt devant les fresques de Luini qui ornent les murs de cette discrète église. Remettez-vous de toutes ces émotions esthétiques avec un panini bien garni chez **De Santis** (p.70). L'attente en vaut la chandelle ! Pour compléter ce déjeuner sur le pouce, faites votre choix parmi les pâtisseries colorées qui trônent dans la vitrine de la **Pasticceria Marchesi** (p.70).

Après-midi Crochet par l'une des églises les plus anciennes et les plus vénérées de Milan, la **Basilica di Sant'Ambrogio** (p.68). Ce chef-d'œuvre de l'art roman lombard abrite d'exquises mosaïques byzantines ainsi que les restes de plusieurs saints et rois. De là, partez à l'assaut de l'impressionnant **Castello Sforzesco** (p.66) et de sa kyrielle de musées. Un peu sonné par toutes ces collections d'art, besoin d'air ? Octroyez-vous une pause dans le **Parco Sempione** (p.66), au bord d'un de ses plans d'eau ou au **Risoelatte** (p.71), avant d'aller vous pomponner.

Terrazza Aperol, Milan

Soirée Vous avez, en effet, réservé de longue date une place sous les ors et la pourpre du plus mythique des théâtres lyriques, le **Teatro alla Scala** (p.45). Après le spectacle, soupez, comme le veut la tradition, dans le cadre Art nouveau du **Don Carlos** (p.48), ou régalez-vous d'une pizza ou de pâtes fraîches en toute décontraction chez **Paper Moon** (p.56). Finissez la soirée en beauté à la **Terrazza Aperol** (p.47) : un dernier spritz face au Duomo.

JOUR 3

Promenade dans les artères de la mode et du luxe, avant d'admirer une formidable collection de peintures et la nouvelle *skyline* milanaise.

Matinée Petit déjeuner raffiné à la **Pasticceria Cova** (p.55), *the place to be* pour observer la faune huppée (et stylée) du **Quadrilatero d'Oro** (p.51). Lèche-vitrines quatre étoiles dans ce quartier où les grands couturiers et designers italiens côtoient d'autres prestigieuses enseignes du luxe international. Foncez chez **Moroni Gomma** (p.64) et chez **Alessi** (p.59) pour des objets design accessibles ou chez **DMAG** (p.58) pour des vêtements de créateurs dégriffés. Déjeuner à la terrasse d'**Il Salumaio di Montenapoleone** (p.56) ou dans l'un des salons historiques de cette élégante institution milanaise.

Après-midi Visitez l'une des formidables maisons-musées du quartier, aménagées par de riches collectionneurs éclairés : le **Museo Poldi Pezzoli** (p.51) pour sa remarquable collection de peintures ou le **Museo Bagatti Valsecchi** (p.51) pour son abracadabrante décoration Renaissance... Flânez ensuite dans les charmantes ruelles préservées de **Brera** (p.50) en direction de sa célèbre **pinacothèque** (p.50). De ce temple de l'art, gagnez celui de la gastronomie italienne, **Eataly** (p.64), pour une glace ou une séance de shopping gourmand. Dirigez-vous ensuite vers le quartier des affaires de **Porta Nuova** (p.60) et prenez la (dé)mesure des buildings futuristes qui tutoient le ciel autour de la piazza Gae Aulenti.

Soirée **Isola** (p.60) n'est qu'à deux pas : offrez-vous un dîner *healthy* dans le "jardin" intérieur de **Capra e Cavoli** (p.64) – les présentations sont si jolies qu'on ose à peine y toucher – ou un festin lombard chez **Ratanà** (p.64), l'une des meilleures tables de la ville... que vous aurez réservée, bien sûr !

Une courte promenade digestive vous amènera au **Blue Note** (p.65), mythique salle où se produisent toutes les têtes d'affiche internationales de la scène jazz. Et pour une fin de soirée joyeuse, direction **Frida** (p.62), un entrepôt réhabilité où se donne rendez-vous la jeunesse *arty*.

Comme toutes les villes italiennes, Milan s'enorgueillit d'un important patrimoine architectural, dont son colossal Duomo est l'emblème. L'industrieuse capitale économique de la péninsule est aussi un centre international de la mode et du design. Conviviale en soirée, elle réunit journalistes, artistes et banquiers dans les trattorias raffinées de Brera, tandis que les fêtards foncent aux Navigli pour un *aperitivo*...

Milan

Galleria Vittorio Emanuele II

Plan 1
A
B
1
2
3
4
STRESA / FIERAMILANORHO
Piazza Firenze
Via Cenisio
CENISIO
CIMITERO MONUMENTALE
61
60
ISOLA
25
6
26
V. Pola
Corso Sempione
Via L. Castelvetro
GERUSALEMME
LA FABBRICA DEL VAPORE
Piazzale Cimitero Monumentale
MONUMENTALE
STAZIONE PORTA GARIBALDI
PIAZZA GAE AULENTI
27
GIOIA
V. Ceresio
Via C. Farini
GARIBALDI FS
CENTRO DIREZIONALE
43
Via Giulio Cesare Procaccini
5
1
3
4
23
Corso Como
24
41
42
VELODROMO VIGORELLI
FIERAMILANOCITY
PORTELLO
DOMODOSSOLA FN
Piazza Gramsci
Via Paolo Sarpi
2
40
22
QUARTIERE CINESE
Bastioni di Porta Volta
48
Piazza XXV Aprile
Bastioni di Porta Nuova
REPUBBLICA
PORTA NUOVA
A
Corso Garibaldi
MOSCOVA
Via Moscati
V. Melzi D'eril
Corso Sempione
LES QUARTIERS NORD p.60
STADIO SAN SIRO
CITYLIFE
Piazzale Giulio Cesare
Via Canova
V. M. Pagano
ARENA
Via Legnano
DE BRERA À PORTA VENEZIA p.50
Via Manin
V.Fatebenefratelli
Via Senato
Largo V. Alpini
PARCO SEMPIONE
CASTELLO ET MAGENTA p.66
CASTELLO SFORZESCO
PINACOTECA DI BRERA
BUONARROTI
CENACOLO VINCIANO
STAZIONE NORD
Foro Buonaparte
TEATRO ALLA SCALA
PAGANO
WAGNER
CONCILIAZIONE
MAGENTA
NOVARA
Corso Vercelli
73
Corso Magenta
Via G. Carducci
Corso Magenta
DUOMO
Corso Vittorio Emanuelle II
8
44
Via Matteo Bandello
MUSEO NAZIONALE LEONARDO DA VINCI
AUTOUR DU DUOMO p.42
DUOMO
Via Torino
Viale Papiniano
Via Olona
V. E. De Amicis
Via Porta Ticinese
Corso Italia
ANTICO OSPEDALE MAGGIORE
Via F. Sforza
S. AGOSTINO
ABBIATEGRASSO
Via Vincenzo Foppa
45
Piazza San Bolívar
Corso Genova
Conca del Naviglio
Via Vetere
Via Santa Sofia
CROCETTA
32
Via Cola di Rienzo
V. Andrea Solari
Via Privata Bobbio
F
MUSEO DIOCESANO
Corso di Porta Ticinese
V. Andrea Solari
31
V. Savona
46
28
Viale G. d'Annunzio
SANT'EUSTORGIO
DES NAVIGLI À PORTA ROMANA p.72
70
Via Vigevano
PORTA GENOVA FS
47
72
10
V. Savona
MUDEC
V. Torona
ARMANI / SILOS
Ripa di Porta Ticinese
Viale Beatrice d'Este
Via Gentilino
63
Via Valenza
9
NAVIGLIO GRANDE
62
NAVIGLI
NAVIGLIO PAVESE
Via Cardinale Ascanio Sforza
Corso S. Gottardo
Via Giovenale
30
PARCO RAVIZZA
29
BARONA
Viale Cássala
Via Mario Pichi
64
Via G. Meda
Viale Toscana
ROMOLO
GENOVA, ALESSANDRIA
PAVIA

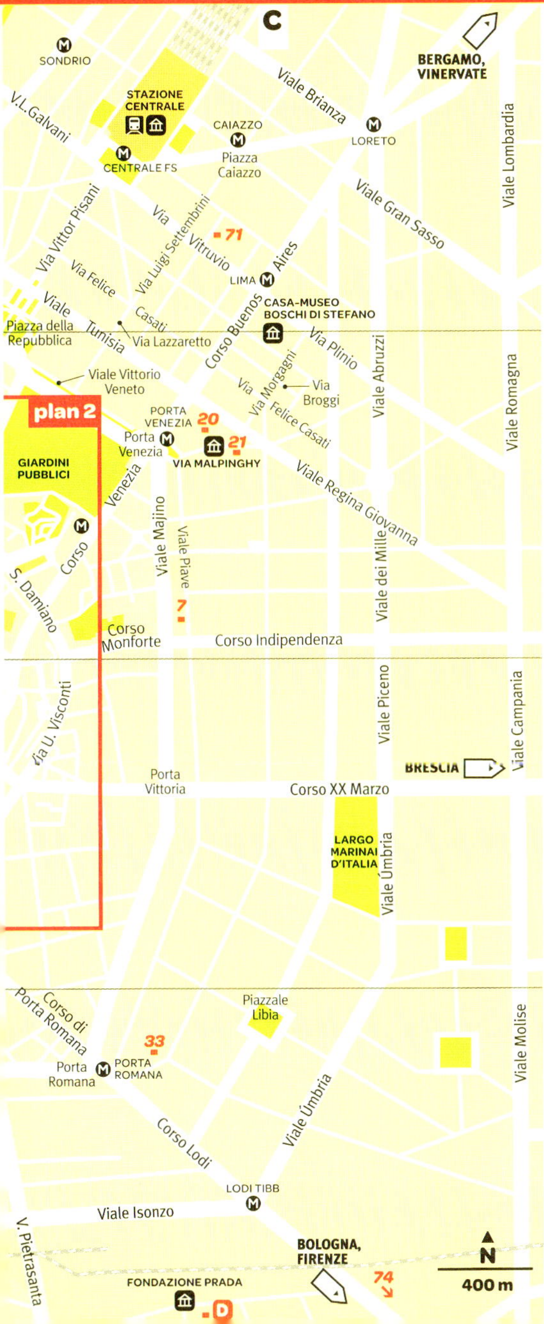

Pauses (n°1 à 10)
- **10** BASE - *p.77* A4
- **8** Biffi - *p.70* A3
- **3** Cantine Isola - *p.62* B1
- **5** Ceresio 7 Pools & Restaurant - *p.62* B1
- **6** Frida - *p.62* B1
- **9** Mag Cafè - *p.76* A4
- **1** Moka Hodeidah - *p.62* A1
- **7** Nottingham Forest - *p.56* C2
- **4** oTTo - *p.62* B1
- **2** Ravioleria Sarpi - *p.62* B1

Restaurants (n°20 à 33)
- **21** Adulis - *p.58* C2
- **31** Al Fresco - *p.77* A4
- **24** Alla Cucina delle Langhe - *p.63* B1
- **23** Antica Trattoria della Pesa - *p.63* B1
- **28** Berberè - *p.77* B4
- **26** Capra e Cavoli - *p.64* B1
- **25** Ghe Sem Borsieri - *p.64* B1
- **22** Hua Cheng - *p.63* B1
- **32** Pizza Am - *p.78* C3
- **20** Radicetonda - *p.57* C2
- **27** Ratanà - *p.64* B1
- **29** Trattoria della Gloria - *p.77* B4
- **30** Trattoria Madonnina - *p.77* B4
- **33** Trattoria Trippa - *p.78* C4

Shopping (n°40 à 48)
- **43** 10 Corso Como - *p.65* B1
- **40** Cappelleria Melegari - *p.64* B1
- **42** Cargo HighTech - *p.65* B1
- **41** Eataly - *p.64* B1
- **48** Moroni Gomma - *p.64* B1
- **45** Nonostante Marras - *p.79* A3
- **44** Rossana Orlandi - *p.71* A3
- **47** Salvatore + Marie - *p.79* A4
- **46** Tenoha - *p.79* A4

Sorties (n°60 à 64)
- **61** Alcatraz - *p.65* B1
- **60** Blue Note - *p.65* B1
- **63** Fonderie Milanesi - *p.79* B4
- **62** Rita - *p.79* A4
- **64** Nidaba Theatre - *p.79* B4

Hébergements (n°70 à 74)
- **73** Antica Locanda Leonardo - *p.228* A3
- **74** Borgo Nuovo - *p.228* C4
- **70** CasaBASE - *p.227* A4
- **71** Charly Hotel - *p.228* C1
- **72** Maison Borella - *p.228* B4

RENDEZ-VOUS AVEC...

Les adresses d'Elise Brasca

Pauses
- **A** Caffè Radetzky Milano - *p.40* . B1
- **D** Torre - *p.40* C4

Shopping
- **F** Memém - *p.41* A4

Plan 2
A
B
1
2
3
4
Piazza Sempione
PORTA SEMPIONE
ARENA
Viale Malta
Viale Cervantes
Via Barbaro
Viale Emilio Alemagna
Viale Goethe
ACQUARIO
TORRE BRANCA
PARCO SEMPIONE
PALAZZO DELL'ARTE
Viale Schiller
Viale Malta
Via Gadio
Foro Buonaparte
Viale Emilio Alemagna
Viale Molière
Viale Shakespeare
CASTELLO ET MAGENTA p.66
Piazza Castello
Via Emilio Zola
Via Gadio
Piazza Castello
CASTELLO SFORZESCO
Via Jacini
STUDIO MUSEO ACHILLE CASTIGLIONE
Via A. Saffi
Via Leopardi
Via Paleocapa
Via Minghetti
STAZIONE NORD
44
MAGENTA
CADORNA FN
Piazza Castello
Piazzale Cadorna
Via Ricasoli
Piazza Virgilio
Via Boccaccio
Via Leopardi
Via Carducci
V. S. Nicolao
V. Carducci
V. Vincenzo Monti
CENACOLO VINCIANO
SANTA MARIA DELLE GRAZIE
PALAZZO LITTA
V. Illica
Via Puccini
V. Brentano
Via San Giovanni s. Muro
Corso Magenta
Corso Magenta
CASA DEGLI ATELLANI E VIGNA DI LEONARDO
75
CIVICO MUSEO ARCHEOLOGICO
14
15
SAN MAURIZIO AL MONASTERO MAGGIORE
Via Panzacchi
Via Marradi
Via Terraggio
Via S. Agnese
Via Nirone
74
V. Luini
Via Brisa
Via Vigna
Via G. De Grassi
Via De Togni
Via Mellerio
Via Carducci
Piazza S. Ambrogio
Via Santa Valeria
Via Cappuccio
Via Morigi
Via San Vittore
MUSEO NAZIONALE DELLA SCIENZA E DELLA TECNOLOGIA LEONARDO DA VINCI
SANT' AMBROGIO
Via Necchi
PALAZZO STANGA
Via S. Orsola
S. AMBROGIO
UNIVERSITÀ CATTOLICA
Via Circo
Via Lanzone
Via Lanzone
Via Olona
V. Carroccio
Via Edmondo De Amicis
16
Via Caminadella
Via Ausonio
Via Ariberto
V. M. d'Oggiono
Via C. Correnti
92
Via G. G. Mora
Via San Vincenzo
Via San Calocero
Corso Genova
E
45
Via d. Fabbri
Via E. De Amicis
17
N
200 m
Via T. da Cazzaniga
Via L. Mantegazza
Via Legnano
Corso Garibaldi
38
Via Palermo
Via Statuto
Via Solferino
Via San Marco
Via della Moscova
7
B
V. S. Fermo d. Battaglia
Via Montebello
V. Anfiteatro
Via Solferino
V. Goito
Via San Marco
Via Cernaia
SAN SIMPLICIANO
V. C. d. S. Sepolcro
Via S. Simpliciano
Piazza S. Marco
9
S. MARCO
SAN MARCO
V. Rivoli
TEATRO STUDIO
PICCOLO TEATRO
LANZA
V. Tivoli
Via Pontaccio
65
66
Via Brera
Via Fiori Oscuri
V. Fiori Chiari
V. Lanza
Via Mercato
V. San Carpoforo
PALAZZO CUSANI
PINACOTECA DI BRERA
Piazzetta di Brera
ORTO BOTANICO
Via Madonnina
S. MARIA DEL CARMINE
BRERA
Foro Buonaparte
V. Arco
68
Via del Carmine
V. Sella
Via Landolfo
67
V. Ponte Vetero
Via Melone
Via Brera
Piazza Castello
Via Sacchi
69
V. dell'Orso
Via Monte di Pietà
S. GIUSEPPE
Via Beltrami
CAIROLI
Via Cusani
V. d. Lauro
Via Boito
V. Verdi
Via Andegari
Via Broletto
Via Rovello
Largo Cairoli
Foro Buonaparte
TEATRO ALLA SCALA - MUSEO TEATRALE ALLA SCALA
V. d. Bossi
Via Clerici
V. Filodrammatici
V. S. Tomaso
31
GALLERIE D'ITALIA
Via Camperio
Via Dante
PICCOLO TEATRO
Via Broletto
PALAZZO CLERICI
Via S. Dalmazio
V. S. Margherita
V. Marino
V. Porlezza
Via Sta Maria alla Porta
41
CORDUSIO
V. Porrone
GALLERIA VITTORIO EMANUELE II
Via Meravigli
M. Segreta
V. S.
V. T. Grossi
Via Sta Maria alla Porta
BORSA
V. Negri
PIAZZA MERCANTI
Via Mengoni
HIGHLINE GALLERIA
6
Piazza d. Affari
POSTA
Via Mercanti
5
DUOMO
V. Gorani
Via Borromei
V. S. M. Fulcorina
V. d. Posta
Via Bocchetto
Via Armorari
PALAZZO D. RAGIONE
FONDAZIONE PRADA OSSERVATORIO
Piazza del Duomo
Via Moneta
Piazza Edison
V. Orefici
MUSEO DEL NOVECENTO
Via M. Teresa
Piazza Borromeo
Via Spadari
V. Dogana
PINACOTECA AMBROSIANA
62
V. Torino
4
30
PAL. BORROMEO
V. d. Bollo
Via Marconi
V. Sta Marta
34
Piazza S. M. Beltrade
SAN SATIRO
61
Via Mazzini
Piazza Diaz
Piazza Mentana
V. Speronari
Via S. Maurilio
SAN SEBASTIANO
3
63
Via Santa Marta
Via dell'Unione
V. S. Sisto
Via Nerino
S. GIORGIO AL PALAZZO
V. Gonzaga
V. Medici
90-91
Via Piatti
Piazza Missori
S. ALESSANDRO
Via P. da Cannobbio
Via Torino
Via S. M. Valle
Largo Carrobbio
64
35
Via Fieno
MISSORI
TORRE VELASCA
Corso di Porta
Corso di Porta Ticinese
Via Stampa
Via Olmetto
V. Amadei
Via San Vito
Corso Italia
Via Celestino IV
V. Card. Carpara
Via Disciplini
Via Rugabella
V. S. Senatore
46
SAN LORENZO MAGGIORE
Piazza della Vetra
Via d. Chiusa

RENDEZ-VOUS AVEC...

Les adresses d'Elise Brasca

Pauses

- **E** Cucchi - *p.40* A4
- **C** LùBar - *p.41* C1

Restaurant

- **B** Fioraio Bianchi - *p.41* B1

Pauses (n°1 à 17)

- **3** Alla Vecchia Latteria - *p.46* .. B4
- **7** Bech - *p.55* B1
- **5** Camparino in Galleria - *p.46*. B3
- **14** De Santis - *p.70* A3
- **10** Emporio Armani Caffè - *p.55* C2
- **2** Giacomo Caffè - *p.46* C3
- **13** Grand Hotel et de Milan - Gerry's bar - *p.56* C2
- **17** Mascherpa - *p.77* A4
- **16** Morgan's - *p.70* A4
- **9** N'Ombra de Vin - *p.55* B1
- **4** Panarello - *p.46* B3
- **11** Pasticceria Cova - *p.55*....... C2
- **15** Pasticceria Marchesi - *p.70* .. A3
- **12** Sant'Ambroeus - *p.56* C3
- **6** Terrazza Aperol - *p.47* B3
- **1** Zia Esterina Sorbillo - *p.46* ... C3

Restaurants (n°30 à 46)

- **37** Biancolatte - *p.56* C1
- **46** Cantina della Vetra - *p.78* B4
- **30** Casa Lodi - *p.47* B3
- **44** Chiù - *p.71* A2
- **36** Don Carlos - *p.48* C2
- **45** Drogheria Milanese - *p.77* A4
- **40** Il Salumaio di Montenapoleone - *p.56* ... C2
- **38** Lobster & More - *p.56* B1
- **39** Paper Moon - *p.56* C3
- **35** Pescheria Spadari - *p.48* B4
- **41** Risoelatte - *p.71* B3
- **33** Salsamenteria di Parma - *p.48* C3
- **31** Taberna San Tomaso - *p.48*. B3
- **32** Trattoria Da Pino - *p.48* C3
- **34** Trattoria Milanese - *p.48* B3
- **42** Cantina Piemontese - *p.71* ... C4

Shopping (n°60 à 75)

- **72** Alessi - *p.59* C2
- **68** Alfonso Garlando - *p.58* B2
- **75** Buscemi Dischi - *p.71* A3
- **69** Cavalli e Nastri - *p.58* B2
- **65** Clan Upstairs - *p.58* B2
- **70** DMAG - *p.58* C2
- **67** Fabriano Boutique - *p.58* B2
- **73** Fornasetti - *p.59* C2
- **64** Foto Veneta – Ottica - *p.49* . B4
- **74** Galleria L'Affiche - *p.71* A3
- **61** Iginio Massari - *p.49* B3
- **66** Il Segno del Tempo - *p.58* B2
- **60** La Rinascente Duomo - *p.49* C3
- **62** Peck - *p.49* B3
- **63** Wait and See - *p.49* B4

Hébergements (n°90 à 92)

- **91** Hotel Ariston - *p.228* B4
- **92** Hotel Regina - *p.228* A4
- **90** Ostello Bello - *p.227* B4

QUATRE BONNES RAISONS...

... de visiter la capitale de l'élégance à l'italienne.

LE DUOMO (p.42), pour se laisser éblouir par sa façade de marbre au coucher du soleil.

LES ANCIENS TRAMWAYS, pour voyager dans le temps et découvrir Milan autrement !

LES BOUTIQUES DE MODE (p.59), pour réviser son *dress code* et prendre le pouls des dernières tendances.

☀ **LES *PALAZZI* MILANAIS**, pour leurs jardins secrets, leurs galeries ou leurs boutiques confidentielles : la ville se dévoile à ceux qui osent pousser ses portes !

RENDEZ-VOUS AVEC...

Après avoir travaillé notamment chez Dior et Chanel, puis créé un site de e-commerce consacré à la petite enfance, **Elise Brasca** est revenue à sa passion première : la mode. Si elle navigue sans cesse entre Milan et Paris, c'est dans la ville italienne qu'elle a élu domicile. Elle nous présente ses adresses préférées.

Mon café préféré

A Caffè Radetzky Milano

Une institution milanaise, établie en plein Brera, mon quartier coup de cœur. Le matin, on y travaille dans le calme sur un fond de musique classique. Changement d'ambiance à midi, quand les hommes d'affaires s'y retrouvent pour déjeuner, puis à l'heure de l'*aperitivo*, quand des Milanais ultra-lookés envahissent les lieux. Je commande toujours un spritz, qui arrive accompagné de focaccia et de chips maison. Le spot tout indiqué pour voir et être vu !

SAN MARCO Corso Garibaldi, 105
02 657 26 45 www.radetzky.it
Tlj. 8h-2h

SI MILAN ÉTAIT...
Une odeur Ce serait celle des *caldarroste*, ces châtaignes grillées qui s'achètent l'hiver dans la rue.

Mon *aperitivo* de haut vol

D Torre

Lorsque j'ai envie d'un *aperitivo* avec vue, je me rends au restaurant de la Fondazione Prada, imaginé par l'architecte Rem Koolhaas. Le lieu est magnifique, truffé d'œuvres d'art et de mobilier design, et sa terrasse panoramique est idéale pour voir Milan d'un autre œil.

VIGENTINO Via Lorenzini, 14
02 23 32 39 10 Mer.-ven. 18h-0h, sam.-dim. 12h-0h

Mon QG

E Cucchi

Cette pâtisserie-salon de thé ouverte en 1936, qui baigne dans une atmosphère délicieusement surannée, est un point de repère pour les Milanais. Je m'installe en général sur sa petite terrasse afin d'observer les passants tout en buvant un café, et j'y donne rendez-vous à mes copines à l'heure de l'*aperitivo*.

TICINESE Corso Genova, 1 02 89 40 97 93
Mar.-dim. 7h30-21h30

Rue de Brera

Ma boutique coup de cœur

F Memém

J'adore cette boutique située au tout début de la via Savona. La sélection de vêtements, chaussures, sacs, bijoux et accessoires est toujours au top. J'y trouve des griffes françaises que j'aime beaucoup (ba&sh, Sœur...).

ZONA TORTONA Via Savona, 1
02 36 75 38 46 Mar.-sam. 10h30-13h30 et 15h30-19h30

Mon musée gourmand

G Mudec – Museo delle Culture

Je fréquente en famille ce musée des Cultures depuis son ouverture, en 2015 (p.72), et je ne manque aucune de ses passionnantes expositions. J'en profite pour réserver une table au Bistrot, le restaurant raffiné du 3ᵉ étage Si vous vous présentez en début de matinée au musée, allez y prendre votre petit déjeuner avant la visite : on peut s'y régaler de véritables croissants français.

ZONA TORTONA Via Tortona, 56
025 49 17 www.mudec.it
Lun. 14h30-19h30, mar.-mer., ven. et dim. 9h30-19h30, jeu. et sam. 9h30-22h30 € Entrée libre Tarif expos 8-15€

ENVIE DE FLÂNER

À Brera, j'adore me promener dans les ruelles et déjeuner au Fioraio Bianchi (p.55), lieu unique en son genre qui propose une cuisine excellente et une belle carte des vins. M'arrêter à la Pinacoteca di Brera est un autre de mes petits plaisirs. J'aime aussi me balader aux Giardini di Villa Reale, un parc un peu reculé juste à côté du musée d'Art moderne. On peut boire un verre ou un *aperitivo* chez LùBar, qui bénéficie d'un cadre exceptionnel.

B Fioraio Bianchi
SAN MARCO Via Montebello, 7
02 29 01 43 90 Lun.-sam. 8h-0h

C LùBar
PORTA VENEZIA Villa Reale – GAM Via Palestro, 16 02 83 52 77 69 www.lubar.it
Mar.-sam. 8h-0h, dim.-lun. 8h-23h

AUTOUR DU DUOMO

Resplendissant dans sa livrée de marbre blanc, le Duomo veille sur le Vieux Milan. Si l'architecture disparate du centre-ville reflète une histoire mouvementée, il fait bon y déambuler de musées en boutiques et galeries luxueuses, et de cantines de quartier en trattorias chics.

À VOIR

"Hérisson de marbre"

Duomo ★ (plan 2, C3)

Par ses dimensions superlatives, cette cathédrale est la troisième d'Europe après Saint-Pierre de Rome et Notre-Dame-du-Siège, à Séville. Lancé en 1386, dans le style gothique, le chantier ne prit fin qu'en... 1965 ! La façade, commencée en 1616, présente un registre inférieur baroque (17e s.) et un registre supérieur néogothique (début 19e s.). Couronnée de 135 flèches, elle est animée par plus de 3 400 statues. L'intérieur est plus austère, et ses volumes donnent le tournis : 158m de longueur, 93m de largeur au niveau du transept et 25m de haut pour les 52 piliers de la nef. Les vitraux, du 15e s. pour certains, sont d'une remarquable richesse. La crypte abrite la châsse de saint Charles Borromée (1538-1584), archevêque de Milan et grand artisan de la Contre-Réforme. Grimpez sur le **toit-terrasse** pour son panorama sur la ville, les Alpes et ses milliers de statues de marbre blanc. Et poussez jusqu'à la galerie de la grande flèche, sous l'effigie de la Madonnina (1774), protectrice de la ville.

Piazza del Duomo ☎ 02 36 16 91 www.duomomilano.it ⌚ Tlj. 9h-19h (terrasse à partir de 9h) € Cathédrale 6€ Terrasse 10€ (escalier) ou 15€ (ascenseur)

ACCÈS ET INFOS

- Accès cf. Transports (p.215). Pass et réductions dans les musées cf. Bons plans (p.220).
- ATM (Azienda Trasporti Milanesi) Galerie du métro, Piazza del Duomo ☎ 02 48 60 76 07 www.atm.it ⌚ Lun.-sam. 7h45-20h, dim. 10h15-13h15 et 14h-17h30
- Info Milano Piazza Duomo, 14 ☎ 02 88 45 55 55 www.yesmilano.it ⌚ Tlj. 9h30-17h30

Un écrin princier pour des trésors d'art sacré

Palazzo Reale – Museo del Duomo (plan 2, C3)

Le palais royal de style néoclassique qui remplaça la résidence ducale dans les années 1770 fut gravement endommagé par les bombardements alliés de 1943, et sa splendide salle de bal, dite des Cariatides, n'a été que partiellement restaurée. L'édifice accueille désormais de grandes expositions d'art ainsi que le **Museo del Duomo**, qui retrace l'histoire de la cathédrale (15e-20e s.) par une exposition s'appuyant sur des maquettes, dessins, fragments d'architectures et vitraux. On y admire aussi son trésor, dont un diptyque en ivoire ciselé de la fin du 5e s., l'évangéliaire en argent et le *Crucifix* dits d'Aribert (11e s.) ainsi qu'une maquette en bois de l'édifice commencée en 1519.

Piazza del Duomo, 12 ☎ 02 88 44 51 81 www.palazzorealemilano.it ⌚ Mar.-mer. et ven.-dim. 10h-19h30, jeu. 10h-22h30 € 15€

À NE PAS MANQUER

- Duomo ★
- Galleria Vittorio Emanuele II
- Museo del Novecento
- Pinacoteca Ambrosiana

Galleria Vittorio Emanuele II

Un prestigieux passage couvert

Galleria Vittorio Emanuele II (plan 2, B3)

Cette galerie marchande est l'un des monuments emblématiques de Milan. Reliant la piazza del Duomo à la Scala, elle abrite depuis 1878 sous ses verrières des cafés, restaurants et boutiques élégantes. Deux allées transversales croisent l'allée centrale sur une vaste place octogonale dont la coupole culmine à 47m du sol. Les lunettes de ce dôme sont ornées de mosaïques représentant l'Art, l'Agriculture, la Science, l'Industrie et quatre continents. Au sol, les 12 signes du zodiaque complètent ce décor. Le Taureau fait l'objet d'un rituel particulier : la légende veut que si l'on pose le talon sur son bas-ventre et que l'on tourne trois fois sur soi-même, on voit ses vœux exaucés. Au dernier étage, le Milano Osservatorio de la fondation Prada accueille des expositions de photos.

Entre la piazza del Duomo et la via Marino
Fondazione Prada Osservatorio 02 56 66 26 11 www.fondazioneprada.org
Mer.-lun. 10h-19h € 12-15€ avec accès à la fondation Prada de la Porta Romana

Tout l'art moderne italien

Museo del Novecento (plan 2, B3)

Dédié à l'art italien du 20e s., il occupe le palais dell'Arengario, un bâtiment de 1939 aux lignes claires et aux immenses baies vitrées. Après les futuristes célébrant la vitesse et la modernité (le musée en détient la plus grande collection au monde), le parcours chronologique vous fera découvrir les toiles surréalistes de Giorgio De Chirico, le mouvement spatialiste – créé vers 1950 par l'Italo-Argentin Lucio Fontana et interrogeant le rapport de l'œuvre à l'espace-temps – et l'Arte Povera, né dans les années 1960 en réaction à la société de consommation. La collection comprend aussi des sculptures du

Toscan Marino Marini (1901-1980) et une “renversante” série de portraits photographiques (1970) signée Giuseppe Penone...

Piazza del Duomo, 8 ☏ 02 88 44 40 61 www.museodelnovecento.org
🕒 Mar.-mer. et ven.-dim. 10h-19h30, jeu. 10h-22h30 € 10€

Museo del Novecento

Illusion d’optique

Santa Maria presso San Satiro (plan 2, B3)

Cette église Renaissance recèle un chœur en trompe-l’œil (1482-1486), imaginé par le génial Donato Bramante pour donner l’illusion d’un plan en croix grecque. À voir également, le Sacello di San Satiro (879), oratoire de style byzantin garni de fresques, et, à l’extérieur, le majestueux campanile de style roman lombard, lui aussi du 9e s.

Via Torino, 19 🕒 Mar.-sam. 9h30-17h30, dim. 14h-17h30 € Entrée libre

Une somptueuse collection de peinture

Pinacoteca Ambrosiana 👍 (plan 2, B3)

Dans le palais érigé en 1603 par le cardinal Frédéric Borromée pour accueillir la première bibliothèque publique d’Europe, puis donner à voir sa propre collection de peinture, vous attend une éblouissante collection d’art du 15e au 20e s., enrichie au fil du temps par des legs successifs. Peint sur bois par Léonard de Vinci, le *Portrait de musicien* (v. 1485) vaut à lui seul la visite pour son jeu d’ombres et de lumières. Plus émouvant, le carton préparatoire de Raphaël pour *L’École d’Athènes* (1510) déploie en grandeur réelle l’ébauche de la fameuse fresque ornant la salle de la Signature au Vatican. Vous serez également ébloui par des œuvres de Botticelli, Titien, Tiepolo, Bruegel de Velours... La Biblioteca recèle le *Codice Atlantico*, recueil de projets et de croquis de Léonard de Vinci, *La Corbeille de fruits* (1598) qui aurait lancé la carrière du Caravage, mais aussi des œuvres de Virgile annotées par Pétrarque... et une mèche de cheveux de Lucrèce Borgia !

Piazza Pio XI, 2 ☏ 02 80 69 21 www.ambrosiana.it ⌚ Jeu.-mar. 10h-18h € 15€

Reliques médiévales

Piazza dei Mercanti (plan 2, B3)

Sur la place des Marchands se dressent les derniers vestiges du Milan médiéval. À voir, la lourde silhouette du Palazzo della Ragione (ou Broletto, 1233), la Loggia degli Osii (1316) aux belles lignes gothiques alternant marbre blanc et marbre noir, et la Casa Panigarola (15e s.) aux ornements de terre cuite.

Milan, capitale artistique du 19e s.

Gallerie d'Italia (plan 2, B3)

Les collections d'art de la fondation Cariplo et de la banque Intesa Sanpaolo se partagent les ors des palais Anguissola Traversi (18e s.) et Brentani (19e s.). La section "Da Canova a Boccioni", qui regroupe près de 200 œuvres du 19e s., souligne l'importance de Milan et de la production lombarde, des grands tableaux historiques de Francesco Hayez aux paysages naturalistes de Domenico et Gerolamo Induno. Les quelque 3 000 œuvres du 20e s. que détient ce musée sont, quant à elles, exposées par roulement dans la section "Cantiere del '900". Celle-ci couvre tous les courants qui se sont épanouis dans la Péninsule (et ailleurs), du futurisme au pop art et à la trans-avant-garde italienne. Régulièrement, de grandes expositions thématiques créent l'événement.

Piazza della Scala, 6 ☏ 800 16 76 19 www.gallerieditalia.com
⌚ Mar.-mer. et ven.-dim. 9h30-19h30, jeu. 9h30-22h30 € 5€

Les coulisses de l'histoire

Museo Teatrale alla Scala (plan 2, B2)

Le théâtre de la Scala – cf. Allez à l'opéra (p.45) – a lui aussi son musée ! Affiches, décors, costumes, instruments, livrets et partitions retracent son histoire, évoquant ses représentations mythiques, les compositeurs et interprètes qui s'y sont distingués.

Largo Ghiringhelli, 1 ☏ 02 88 79 74 73 www.museoscala.org ⌚ Tlj. 9h30-17h30 € 12€

À FAIRE

Allez à l'opéra

Teatro alla Scala (plan 2, B2)

Temple de l'art lyrique célèbre entre tous, la Scala résonne encore des créations des plus grands maestros – Rossini, Bellini, Donizetti et Verdi – et des voix de sublimes divas comme la Callas et la Tebaldi. De facture néoclassique, elle a été construite par Giuseppe Piermarini (1778) à l'emplacement de l'église Santa

Maria della Scala. Dotée d'une acoustique exceptionnelle, la salle rouge et or dispose de six étages de loges et peut accueillir 2 800 spectateurs. Deux heures avant le début du spectacle, la billetterie solde les places encore disponibles.

Via Filodrammatici, 2 ☎ 02 72 00 37 44 www.teatroallascala.org

NOS ADRESSES

PAUSES

Street food napolitaine
Zia Esterina Sorbillo

Originaire de Naples, la fameuse pizza frite de la famille Sorbillo a conquis Milan ! Les puristes goûteront la recette originale (au provolone, tomate et poivre), tandis que les audacieux l'agrémenteront de *cicoli* (grattons de porc). Pizza 4,50€.

DUOMO (plan 2, C3 n°1) Via Agnello, 19 ☎ 02 45 49 16 28 www.sorbillo.it ⏲ Tlj. 11h-21h

Café littéraire
Giacomo Caffè ♥

Murs lambrissés, grands miroirs, banquettes de cuir rouge... Le chaleureux café du Palazzo Reale se veut un refuge à tout moment de la journée : pour une pause sucrée sur la mezzanine garnie de beaux livres ou pour un *aperitivo* animé à son vieux zinc.

DUOMO (plan 2, C3 n°2) Piazza del Duomo, 12 ☎ 02 89 09 66 98 www.giacomocaffe.com ⏲ Ven.-mer. 8h-20h, jeu. 8h-22h30

Pour une assiette *veggie*
Alla Vecchia Latteria

Ce restaurant de poche proche du Duomo sert un excellent *misto forno* réunissant gnocchis, aubergines grillées, gratin d'épinards, etc. Il vous faudra certainement patienter un peu à l'heure du déjeuner. À partir de 15€ à la carte.

DUOMO (plan 2, B4 n°3) Via dell'Unione, 6 ☎ 02 87 44 01 ⏲ Lun.-sam. 12h-15h30

Douceurs avec ou sans gluten
Panarello

Ce pâtissier génois de renom, installé depuis 1930 à Milan, compte parmi ses classiques la *torta Panarello* à l'amande, le *cannoncino* (rouleau de pâte feuilletée fourré de crème pâtissière) et le *kranz* (brioche tressée garnie de raisins secs et d'écorces de cédrat confites). Également des gourmandises sans gluten ou sans sucre.

DUOMO (plan 2, B3 n°4) Via Speronari, 3 ☎ 02 86 46 22 64 www.panarello.com ⏲ Tlj. 9h-19h30

Apéro historique
Camparino in Galleria

Ce café aux mosaïques Art nouveau, inauguré en 1867, est une institution ! Au comptoir, à l'étage ou en terrasse, on déguste un verre de

L'*APERITIVO ALLA MILANESE*

À la sortie des bureaux, les Milanais ont un rituel : ils foncent prendre l'*aperitivo* dans un bar. Pour le prix d'une consommation, cet apéritif dînatoire donne accès à un buffet à volonté ou droit à une copieuse assiette garnie. Charcuterie, fromage, canapés, petits plats... chaque établissement a sa formule, bien loin des sempiternelles chips-cacahouètes !

Pause face au Duomo

Rabarbaro Zucca (amer à base de rhubarbe), un Campari ou un negroni.

DUOMO (plan 2, B3 n°5) Galleria Vittorio Emanuele II, Piazza del Duomo, 21
02 86 46 44 35 www.camparino.it
Lun.-sam. 9h30-23h, dim. 9h30-22h

Un spritz avec vue

Terrazza Aperol

À l'étage du Mercato del Duomo, une terrasse d'où l'on pourrait presque toucher les pinacles de la cathédrale ! À l'*aperitivo*, spritz et autres cocktails accompagnés de tapas gourmets.

DUOMO (plan 2, B3 n°6) Mercato del Duomo, Angle Galleria Vittorio Emanuele II/Piazza del Duomo 335 735 67 73 www.aperol.com
Dim.-ven. 11h-23h, sam. 11h-1h

RESTAURANTS

Cantine-épicerie

Casa Lodi €

En plein centre, partagez une grande table avec les habitués du quartier pour savourer la crème des produits lombards : charcuteries, fromages et, surtout, d'insolites risottos (champignons-framboises ou pistache-céleri fumé !). Épicerie attenante. Plats 7-16€.

DUOMO (plan 2, B3 n°30) Via Cappellari, 3
02 89 77 72 17 www.casa-lodi.it
Mer.-dim. 11h-23h, lun. 11h-15h30, mar. 11h-21h30

Bonne adresse de quartier

Taberna San Tomaso ♥€

À l'écart des sentiers battus, une sympathique cantine dans une ruelle tranquille. On y déguste de généreuses salades et de bons plats à base de produits frais : risotto aux cèpes, assortiment de viandes et de légumes grillés et un délicieux tiramisu. Bon rapport qualité-prix : autour de 10€ l'entrée, 12€ le plat.

DUOMO (plan 2, B3 n°31) Via San Tomaso, 5 02 87 45 10 Lun.-ven. 12h-15h et 19h-22h, sam. 19h-22h

Convivial et économique

Trattoria Da Pino €

Cette adresse chaleureuse sert de nourrissantes spécialités lombardes à des prix tout doux. Pour un *risotto alla parmigiana* ou *al limone* (citron) et un morceau de *salame di cioccolato* (roulé au chocolat en forme de saucisson), comptez 12€. Menu (lun.-ven.) 16€. Attention, l'endroit est souvent bondé !

DUOMO (plan 2, C3 n°32) Via Cerva, 14 02 76 00 05 32 Lun.-sam. 12h-15h

Cantine régionale

Salsamenteria di Parma €

L'adresse idéale pour goûter aux spécialités de Parme et d'Émilie-Romagne : planches de charcuterie (*culatello*, mortadelle, lard...) et de fromages, gnocchis au gorgonzola, *tortelli* en bouillon... et vin servi dans un bol ! Plats 9-18€.

DUOMO (plan 2, C3 n°33) Via San Pietro all'Orto, 9 02 76 28 13 50 www.salsamenteriadiparma.com Tlj. 12h-23h

100 % lombard

Trattoria Milanese €€

Décor rustique – trophées de chasse et batteries de casseroles en cuivre – pour cette trattoria qui célèbre la tradition lombarde depuis 1933. Au choix, *risotto al salto* (risotto sauté), *ravioli di zucca* (raviolis au potiron), *cotoletta alla milanese* (escalope à la milanaise), *foiolo* (tripes) et *zabaione caldo* (sabayon). Comptez 35-50€ le repas.

DUOMO (plan 2, B3 n°34) Via Santa Marta, 11 02 86 45 19 91 Page FB Lun.-sam. 12h-14h45 et 19h-22h45

Saveurs iodées

Pescheria Spadari ♥€€

Une cuisine aussi fraîche et colorée que les poissons qu'elle accommode : tartare de thon, poulpes grillés et petite friture, accompagnés de fromage crémeux, d'agrumes ou de légumes de saison. Ne manquez ni la soupe de poissons ni les desserts maison. Plats 18-25€.

DUOMO (plan 2, B4 n°35) Via Santa Maria Valle, 2 02 87 82 50 www.pescheriaspadari.eu Mar.-dim. 12h30-14h30 et 18h30-22h30, dim. 12h30-14h30

Après le spectacle

Don Carlos €€€

Une institution milanaise, toujours très fréquentée à la sortie de la Scala. Dans un décor Art nouveau intimiste, chacun commente le spectacle, attablé autour de savoureux plats traditionnels revisités. Impossible de prédire le menu, il change tous les mois ! Plats 28-48€, menu dégustation 85€. Mieux vaut réserver.

MILAN (plan 2, C2 n°36) Via Manzoni, 29 02 72 31 46 40 Tlj. 19h30-22h30 (fermeture exceptionnelle 30 min après la fin des spectacles à La Scala)

SHOPPING

Au bonheur des dames

La Rinascente Duomo

Le premier grand magasin d'Italie (1877) déploie sur sept niveaux l'essentiel de la mode féminine et masculine, des cosmétiques, un rayon consacré à la maison, un autre à l'épicerie fine... Offrez-vous un rafraîchissement bien mérité sur la terrasse du dernier étage.

DUOMO (plan 2, C3 n°60) Piazza del Duomo, 3
029 138 73 88 www.rinascente.it
Dim.-jeu. 10h-21h, ven.-sam. 10h-22h

Pâtisserie fine

Iginio Massari

Le très médiatique roi de la pâtisserie italienne, originaire de Brescia, a ouvert une boutique à deux pas du Duomo. Ses desserts sont de vraies créations artistiques qui ravissent les yeux autant que le palais.

DUOMO (plan 2, B3 n°61) Via Marconi, 4
www.iginiomassari.it Lun.-jeu. 8h-19h30, ven.-sam. 8h30-20h, dim. 9h-20h

Panier garni

Peck ♥

Ce temple de la gastronomic italienne décline depuis 1883 un choix incroyable de spécialités régionales : *caciocavallo* (fromage calabrais), *bettelmatt* (fromage piémontais), huile d'olive de Toscane ou de Sicile, *coppa* et *pancetta* maison, pâtes fraîches, conserves fines. Un grand nom qui s'exporte jusqu'au Japon ! Cave et café-restaurant.

DUOMO (plan 2, B3 n°62) Via Spadari, 9
02 80 23 161 www.peck.it
Mar.-sam. 9h-19h30, lun. 15h-19h30

Mode pop

Wait and See ♥

"La vie est belle ! " Telle est la devise de cette boutique de mode pleine de peps, qui propose accessoires, jupes, chemisiers et robes aux couleurs de l'arc-en-ciel et aux imprimés joyeux.

DUOMO (plan 2, B4 n°63) Via Santa Marta, 14
02 72 08 01 95 www.waitandsee.it
Mar.-sam. 10h30-19h30, lun. 15h30-19h30

Peck

Lunettes vintage

Foto Veneta – Ottica

Au premier étage d'un immeuble, la boutique-atelier d'un lunetier et photographe à l'ancienne, doublé d'un collectionneur. À voir, ne serait-ce que pour ses modèles psychédéliques !

DUOMO (plan 2, B4 n°64) Via Torino, 57
02 80 55 735 www.fotovenetaottica.com
Lun.-sam. 10h-19h

DE BRERA À PORTA VENEZIA

Des pittoresques ruelles de Brera et San Marco au prestigieux Quadrilatero della Moda en passant par les délicieux jardins Indro Montanelli, vous voilà au cœur du Milan élégant et bourgeois ! Boutiques de luxe, éblouissantes collections d'art, villas d'architectes et restaurants huppés ponctueront une promenade décidément très chic.

ACCÈS ET INFOS

- Soldes : en janvier et juillet

À VOIR

BRERA ET SAN MARCO

Rayonnant autour de sa merveilleuse pinacothèque, voici Brera, îlot préservé dont les ruelles pavées et les façades fleuries évoquent une Italie de carte postale. C'est là qu'ont élu domicile boutiques confidentielles et parfumeurs, à deux pas de terrasses animées où se côtoient touristes et étudiants de l'Académie des beaux-arts. Plus au nord, le corso Garibaldi, artère éternellement chic de San Marco, est l'un des rendez-vous nocturnes de la jet-set milanaise.

Chefs-d'œuvre de la Renaissance italienne

Pinacoteca di Brera ★ (plan 2, B2)

"Le" musée à voir à Milan ! Inaugurée en 1809 en présence de Napoléon Ier, la pinacothèque vint compléter un institut scientifique créé en 1773 – avec observatoire, bibliothèque, jardin botanique et Académie des beaux-arts. Rassemblant les chefs-d'œuvre confisqués par les Français lors de la campagne d'Italie, elle possède une exceptionnelle collection de peinture vénitienne du 14e au 16e s., dont la *Pietà* de Giovanni Bellini (v. 1465-1470), la *Lamentation sur le Christ mort* d'Andrea Mantegna (v. 1483) et le *Baptême et tentations du Christ* de Véronèse (v. 1582). L'école lombarde est aussi bien représentée par le *Polyptyque de la Vierge et des saints* (1500-1505) de Vincenzo Foppa et la *Madone au buisson de roses* (1500-1510) de Bernardino Luini. Ajoutons le saisissant *Retable Montefeltro* de Piero della Francesca et l'émouvant *Mariage de la Vierge* de Raphaël (1504). Quelques salles sont dédiées aux 19e et 20e s.

Via Brera, 28 ☎ 02 72 26 32 30 www.pinacotecabrera.org 🕒 Mar.-dim. 8h30-19h15 € 15€

Dans le plus simple appareil

Basilica di San Simpliciano (plan 2, B1)

Solennnelle et émouvante, cette basilique est l'une des quatre fondées au 4e s. par saint Ambroise. Presque dénudée, sa voûte romane s'élance dans son plus simple appareil de brique. Derrière sa robuste silhouette se cachent deux splendides cloîtres des 15e et 16e s. (accessibles par la faculté de théologie).

Piazza San Simpliciano, 7 ☎ 02 86 22 74 www.sansimpliciano.it 🕒 Lun.-sam. 7h30-12h et 15h-19h, dim. 7h30-12h30 et 16h-19h

À NE PAS MANQUER

- Pinacoteca di Brera ★
- Museo Poldi Pezzoli
- Museo Bagatti Valsecchi
- Villa Reale – Galleria d'Arte Moderna

Gherardo Starnina, *Saint Hugh de Lincoln exorcisant un possédé*, Museo Poldi Pezzoli

QUADRILATERO DELLA MODA (QUADRILATERO D'ORO)

L'épicentre de la haute couture et du luxe milanais : le périmètre délimité par la via Manzoni, la via Monte Napoleone, la via Sant'Andrea et la via della Spiga abrite une impressionnante concentration d'enseignes prestigieuses.

Chez un grand collectionneur

Museo Poldi Pezzoli (plan 2, C2)

Le comte Gian Giacomo Poldi Pezzoli (1822-1879) était banquier, mais aussi grand collectionneur d'art ! Resté en l'état, son hôtel particulier du 18e s. témoigne de son goût pour la peinture de la Renaissance italienne (Botticelli, Mantegna, Bellini, Guardi...), notamment pour les Vierges à l'Enfant. Ne manquez pas le fameux *Portrait d'une jeune femme* de Piero del Pollaiolo (v. 1470).

Via Manzoni, 12 ☎ 02 79 48 89 www.museopoldipezzoli.it ⏲ Mer.-lun. 10h-13h et 14h-18h € 14€

Un palais-musée néo-Renaissance

Museo Bagatti Valsecchi (plan 2, C2)

L'hôtel particulier construit par les frères Fausto et Giuseppe Bagatti Valsecchi dans les années 1880 ne manquera pas de vous surprendre ! Ces mécènes et amateurs d'objets d'art voulaient en effet que leur demeure évoque une maison patricienne de la Renaissance. L'austère façade de brique et de pierre cache un intérieur mêlant trésors des 15e et 16e s. et copies du 19e s. : peintures, meubles, tapisseries et objets décoratifs à découvrir dans les salons de réception, les appartements et la chapelle.

Via Gesù, 5 ☎ 02 76 00 61 32 www.museobagattivalsecchi.org
⏲ Mer. 13h-20h, jeu.-ven. 13h-17h45, sam.-dim. 10h-17h45 € 12€

Mode et peinture

Palazzo Morando – Costume Moda Immagine (plan 2, C2)

Deux expositions occupent le premier étage de ce beau palais Renaissance. Côté cour, des tableaux et gravures illustrent l'histoire sociale de Milan du 16e au 19e s. dans des appartements richement meublés dans le goût du 18e s. Consacrées à l'évolution de la mode milanaise, les salles sur rue exposent par roulement une fastueuse collection de vêtements et d'accessoires.

Via Sant'Andrea, 6 ☎ 02 884 65735 www.costumemodaimmagine.mi.it ⌚ Mar.-dim. 10h-17h30 € Entrée libre

PORTA VENEZIA

Un parfum de fantaisie flotte sur Porta Venezia, quartier de prédilection de la bourgeoisie industrielle du début du 20e s., qui y fit construire d'étonnantes villas Liberty et Art déco. Un élégant jardin public bordé de grands musées contribue à sa douceur de vivre.

Manifeste rationaliste

Villa Necchi Campiglio (plan 2, C2)

Dans cette villa conçue en 1932 pour de riches industriels, le rationaliste milanais Piero Portaluppi s'est ingénié à développer son vocabulaire géométrique, des espaces au mobilier Art déco et jusqu'au délicieux jardin planté de magnolias, avec piscine et court de tennis. Un écrin de rêve, tout en fluidité, pour des œuvres de Campigli, Casorati, De Chirico, Martini, Sironi, mais aussi de Matisse, Picasso, Modigliani ou Fontana.

Via Mozart, 14 ☎ 02 76 34 01 21 www.fondoambiente.it/luoghi/villa-necchi-campiglio ⌚ Mer.-dim. 10h-18h Café Tlj. 10h-18h € 14€

De l'art moderne...

Villa Reale – Galleria d'Arte Moderna 👍 (plan 2, C1)

Assortie d'un ravissant jardin à l'anglaise, la villa (1790-1796) du comte Ludovico Barbiano di Belgiojoso hébergea Napoléon et Joséphine de Beauharnais en 1803. Dessinée par l'Autrichien Leopoldo Pollack dans un style néoclassique des plus aboutis, elle abrite depuis 1921 le Museo dell'Ottocento, devenu la Galleria d'Arte Moderna Milano (GAM). Les ors, les plafonds peints et les lustres de ses salles offrent un cadre somptueux aux œuvres d'artistes italiens des 19e et 20e s. : Canova, Mosè Bianchi, Segantini, De Nittis, Previati, Medardo Rosso... Au deuxième étage, des toiles de Manet, Renoir, Van Gogh, Modigliani, Matisse ou encore Picasso.

Via Palestro, 16 ☎ 02 88 44 59 43 www.gam-milano.com ⌚ Mar.-dim. 10h-17h30 € 10€

... à l'art contemporain

Padiglione d'Arte Contemporanea (plan 2, C1)

Expositions de haute volée (peinture, sculpture, photographie, vidéo, performances...) dans la salle éclairée par une verrière du pavillon d'Art contemporain. Les anciennes écuries de la Villa Reale, remaniées en 1954 par le

MODE ET DESIGN

À l'aube du 20e s., le désir de progrès de la jeune Italie unifiée s'exprime, notamment, dans les arts décoratifs. Né de la collaboration d'artistes et d'artisans d'art, le design italien suit de près les avant-gardes artistiques – Liberty, futuriste puis rationaliste. Il affiche son originalité dès les années 1920 avec des créateurs comme Gio Ponti (p.202), qui renouvellent les codes de l'ameublement. Le "miracle économique" des années 1960 favorise le développement du prêt-à-porter. Dans les années 1980, la mode italienne acquiert ses lettres de noblesse aux États-Unis. Pôle économique de la Péninsule, Milan impose alors sur la scène internationale l'élégance, l'audace et le savoir-faire de ses couturiers et de ses décorateurs. Plusieurs centres de formation aux métiers de la mode et du design et la présence de grandes enseignes du luxe comme de jeunes stylistes en vue en font aujourd'hui la capitale de la créativité transalpine. La métropole lombarde accueille plusieurs salons du design, dont la fameuse Milan Design Week en avril, tandis que ses *fashion weeks* de printemps et d'automne en ont fait l'une des quatre capitales mondiales de la mode avec Paris, Londres et New York. À défaut de vous offrir un meuble ou un vêtement griffé, vous pourrez toujours admirer les luxueuses vitrines du Quadrilatère et de la galerie Vittorio Emanuele II !

10 Corso Como

rationaliste Ignazio Gardella, ont été reconstruites à l'identique en 1996, après un attentat perpétré par Cosa Nostra.

Via Palestro, 14 ☎ 02 88 44 63 59 www.pacmilano.it 🕒 Mar.-dim. 10h-19h30 € 8€

Giardini Pubblici Indro Montanelli

Poumon vert

Giardini Pubblici Indro Montanelli (plan 2, C1)

Le premier parc public de Milan, aménagé en 1784 "à la française" (géométrie des parterres floraux, jeux de perspectives, allées ombragées...) se vit adjoindre en 1856 un jardin anglais bien plus "sauvage", rochers, plans d'eau et collines artificielles ponctuant les vastes pelouses occidentales. Avec ses manèges, stands de restauration et bâtiments de différentes époques – dont un planétarium et plusieurs musées –, cet espace vert fait le bonheur des promeneurs de tout âge par tous les temps !

Entrées Corso Venezia / Via Manin / Via Palestro 🕒 Tlj. 6h30-coucher du soleil € Entrée libre

DRÔLE D'HISTOIRE

Au n°10 de la via Serbelloni s'élève la **Cà dell'Oreggia** (ou Casa dell'Orecchio). Cette belle maison Liberty des années 1920 doit son nom à la grande oreille en bronze encastrée dans le mur, à côté de la porte d'entrée : cette œuvre d'Adolfo Wildt, maître de l'Art nouveau italien, servait jadis d'interphone.

Échappée en Liberty

Via Malpighi (plan 1, C2)

Sur cette rue donnent deux des plus belles villas Liberty de la ville. Au n°3, motifs floraux et jolies dames légèrement vêtues de voiles évanescents agrémentent la façade de la **Casa Galimberti**, tandis que de délicats balcons de fer forgé parent la **Casa Guazzoni**, au n°12.

À FAIRE

Allez chiner

Mercatino dell'Antiquariato di Brera (plan 2, B2)

Une centaine de stands qui brillent de tous leurs feux : tableaux, porcelaine, miroirs, bijoux de collection, vêtements et accessoires, livres anciens...

Via Fiori Chiari / Via Madonnina / Via Formentini Brera 🕒 3e dim. du mois (sauf en août) 9h-18h

Et pourquoi pas un rasage à l'ancienne ?

Antica Barbieria Colla (plan 2, C2)

Dans son salon historique (1904), Franco Bompieri propose un luxe d'un temps révolu : savonnage au blaireau, rasage au coupe-choux, serviette chaude, soins et massage... En résumé, une vingtaine de minutes de pur délice !

Via Gerolamo Morone, 3 Quadrilatero d'Oro ☎ 02 87 43 12 www.anticabarbieriacollashop.com
🕒 Mar.-sam. 9h30-13h et 14h30-19h

NOS ADRESSES

PAUSES

Paninis de chef

Bech ♥

Des paninis gourmets (7-11€) aux saveurs inattendues, confectionnés avec des produits de première qualité. Goûtez le poire-gorgonzola-jambon ou encore le *bresaola*-orange et accompagnez-le d'un cocktail, l'autre spécialité de Bech !

SAN MARCO (plan 2, B1 n°7) Via San Marco, 20
☎ 320 383 88 88 www.bechmilano.it
🕒 Lun.-jeu. 12h30-15h et 18h30-1h, ven.-sam. 12h-15h et 18h30-2h

Hors du temps

Fioraio Bianchi

Une institution depuis plus de quarante ans. Chez ce fleuriste, qui fait aussi bar, pâtisserie et restaurant (env. 50€ le repas), le temps ralentit sa course effrénée. Fréquentée par l'intelligentsia milanaise, cette oasis raffinée sert des petits déjeuners et des goûters infiniment gourmands...

SAN MARCO (plan 2, B1 B) Via Montebello, 7
☎ 02 29 01 43 90 www.fioraiobianchicaffe.it
🕒 Lun.-sam. 8h-0h

Pour trinquer à l'ombre

N'Ombra de Vin

Rendez-vous de la jeunesse de Brera, ce bar à vins est installé dans l'ancien réfectoire des frères augustiniens de San Marco. Dans une ambiance bruyante, on savoure des salades, des assiettes de charcuterie ou fromages, servies avec un grand choix de vins. Soirées dégustation et concerts.

SAN MARCO (plan 2, B1 n°9) Via San Marco, 2
☎ 02 65 99 650 www.nombradevin.it
🕒 Tlj. 12h-1h

The place to be

Emporio Armani Caffè

Le point de ralliement des accros de la mode, à deux pas du Quadrilatère d'or. Un café, un verre de vin, un martini ou une assiette gourmande ? Peu importe, l'essentiel est d'y être vu !

BRERA (plan 2, C2 n°10) Via Croce Rossa, 2
☎ 02 72 31 86 80 🕒 Lun.-ven. 8h-19h30, dim. 9h-19h30

Péché mignon

Pasticceria Cova

Voilà l'un des plus anciens salons de thé de Milan, fondé en 1817 par... un soldat de l'armée napoléonienne ! Ce repaire d'intellectuels du Risorgimento est devenu un rendez-vous des *beautiful people*. À Noël, ses *panettoni*, fourrés d'une crème au caramel, remportent un franc succès.

QUADRILATERO D'ORO (plan 2, C2 n°11)
Via Monte Napoleone, 8 ☎ 02 76 00 05 78
www.pasticceriacova.com
🕒 Lun.-sam. 8h30-20h, dim. 9h30-19h30

Toute la sainte journée

Sant'Ambroeus

Un café fameux, ouvert en 1936. On y passe à 9h pour un *ristretto* corsé accompagné d'un *cornetto* (croissant), et l'on y revient goûter les excellents petits-fours de son *aperitivo* à la milanaise.

QUADRILATERO D'ORO (plan 2, C3 n°12)
Corso Matteotti, 7 02 76 00 05 40
www.santambroeusmilano.com
Lun.-sam. 8h-21h, dim. 9h-21h

Bar d'hôtel

Grand Hotel et de Milan - Gerry's bar

Le distingué café du plus bel hôtel de la ville. Pour savourer une pâtisserie maison, confortablement installé dans une bergère Empire.

QUADRILATERO D'ORO (plan 2, C2 n°13)
Via Manzoni, 29 02 72 31 41
www.grandhoteletdemilan.it Tlj. 15h30-1h

Cocktails de choc

Nottingham Forest

Dario Comini, pionnier de la "mixologie" moléculaire, est un alchimiste qui crée des cocktails décoiffants... tant pour leur goût que leur présentation. La foule témoigne du succès de ce bar !

PORTA VENEZIA (plan 1, C2 n°7)
Viale Piave, 1 02 79 83 12
www.nottingham-forest.com
Mar.-dim. 20h-2h

Voir aussi **Caffè Radetzky Milano** (p.40) et **Lù Bar** (p.41).

RESTAURANTS

Non stop

Biancolatte €

Une cafétéria où vous pourrez croquer à toute heure une salade, une *piadina* (galette de blé garnie de produits frais), des pâtes, une pâtisserie ou l'une des fameuses glaces maison. Le soir, l'ambiance se fait plus tamisée et les plats plus élaborés ; le week-end, le brunch est roi ! Plats 10-19€.

SAN MARCO (plan 2, C1 n°37) Via Turati, 30
02 62 08 61 77 www.biancolatte.it
Lun.-ven. 7h30-23h, sam.-dim. 8h-23h

Pour une escalope milanaise

Lobster & More €

Les fondamentaux de la gastronomie milanaise, brillamment exécutés ! C'est là qu'il faut commander un risotto *con ossobuco* ou une *cotoletta* (escalope) *alla milanese*. Comptez 25-35€ à la carte.

SAN MARCO (plan 2, B1 n°38) Via Palermo, 20
02 65 40 60 Mar.-sam. 12h-14h30 et 18h30-23h, dim.-lun. 12h-14h30

Pizza au top

Paper Moon €

Un restaurant d'habitués, en plein cœur du Quadrilatero d'Oro. Si vous vous contentez d'une pizza bien croustillante ou d'un *antipasto* suivi du plat de pâtes du jour (aux courgettes et crevettes par exemple...), la note sera des plus honnêtes ! Comptez 35-50€ le repas.

QUADRILATERO D'ORO (plan 2, C3 n°39)
Via Bagutta, 1 02 76 02 22 97
www.papermoonrestaurants.com
Dim.-ven. 12h30-15h30 et 19h-22h30, sam. 12h30-15h30

Voir et être vu

Il Salumaio di Montenapoleone €€

Le rendez-vous des *beautiful people* après un shopping dans le Quadrilatero d'Oro. Attablé sous un oranger, dans le patio du palais Bagatti Valsecchi, ou sous les lambris d'un de ses salons historiques, on fait son choix parmi des classiques de la cuisine italienne : pâtes fraîches à la crème de truffe, risotto, gnocchis... Espace bistrot plus décontracté et coin traiteur. Comptez 35-50€ à la carte.

QUADRILATERO D'ORO (plan 2, C2 n°40)
Via Santo Spirito, 10 02 76 00 11 23
www.ilsalumaiodimontenapoleone.it
Lun.-sam. 12h-22h30

Végan

Radicetonda €

Pâtes *al forno*, lasagnes, quiches, burgers végans, sandwichs, soupes et salades : tout est ici préparé scrupuleusement à base de produits végétaux bio. Beau choix de desserts, à accompagner d'une bière ou d'un vin naturel. Plats 8-17€.

PORTA VENEZIA (plan 1, C2 n°20)
Via Spallanzani, 16 02 36 73 79 24
www.radicetonda.it Lun.-jeu. 8h30-22h30, ven.-sam. 9h30-22h30

LA RECETTE

OSSO BUCO *ALLA MILANESE*

Pour 4 pers.
4 rouelles de veau dans le jarret
1/2 oignon
1 carotte
1 c. à s. de concentré de tomate
50g de beurre
1 verre de vin blanc sec
1 c. à s. d'huile d'olive
1 citron (zestes)
2 filets d'anchois
1 bouillon cube
1 bouquet de persil plat
Farine

Farinez les rouelles et saisissez-les dans une poêle avec le beurre et l'huile d'olive. Réservez. Dans la même poêle, faites blondir l'oignon et la carotte émincés sans cesser de remuer, puis ajoutez les rouelles, le vin blanc et laissez réduire. Pendant ce temps, diluez un bouillon cube dans 1l d'eau chaude. Une fois le vin évaporé, ajoutez le concentré de tomate délayé dans la moitié du bouillon. Rectifiez l'assaisonnement, couvrez et laissez mijoter à feu doux pendant 1h-1h30, en remuant de temps à autre et en mouillant de bouillon au besoin. Préparez la *gremolada* en hachant menu les anchois, les zestes de citron et le persil, et ajoutez-la à la préparation 3min avant la fin de la cuisson. Servez bien chaud, accompagné d'un risotto *alla milanese*.

Saveurs d'Afrique

Adulis €

Pour changer de la *pasta*, un restaurant érythréen dépaysant avec son décor typique de la corne de l'Afrique. Ici, on partage et on mange avec les doigts de copieux *zighinis*, plats traditionnels mêlant viande épicée et légumes, servis sur une galette. Plats 13-18€.

PORTA VENEZIA (plan 1, C2 n°21)
Via Melzo, 24 02 29 51 58 16
Mar.-dim. 11h-15h et 18h-23h

SHOPPING

Concept-store

Clan Upstairs

Qualité et innovation, voilà les maîtres mots de cette boutique épurée qui privilégie les pièces intemporelles, loin des tendances passagères. Sur les portants : Cédric Charlier, Aspesi, Moschino... et de nombreux labels émergents.

BRERA (plan 2, B2 n°65) Via Pontaccio, 15
02 87 57 59 www.clanupstairs.com
Tlj. 10h-19h30

Cabinet de curiosités

Il Segno del Tempo

Memento mori, bustes anatomiques, instruments scientifiques, globes terrestres, cannes... On pourrait passer des heures à détailler les trésors insolites de ce magasin d'antiquités.

BRERA (plan 2, B2 n°66) Via Fiori Chiari, 20
02 72 09 36 61 www.ilsegnodeltempo.com
Lun.-sam. 10h-19h

Papeterie peps

Fabriano Boutique

Carnets rouges, verts ou roses (à prix doux), feuilles de papier, crayons multicolores, pochettes en carton plissé : la gamme du fameux papetier italien pimente devoirs et corvées administratives !

BRERA (plan 2, B2 n°67) Via Ponte Vetero, 17
02 76 31 87 54 www.fabrianoboutique.com
Lun.-sam. 10h-19h30

La vraie chaussure italienne !

Alfonso Garlando

Des chaussures pour dames plus ou moins habillées, confectionnées artisanalement à Parabiago (près de Milan) et à Florence. Sandales (env. 100€), escarpins, boots... des souliers stylés, ultra confortables et qui dureront longtemps !

BRERA (plan 2, B2 n°68) Via Madonnina, 1
02 87 46 65 www.alfonsogarlando.it
Lun. 11h30-19h30, mar.-sam. 10h-19h30, dim. et j. fér. 11h-13h30 et 14h30-19h

Palais de la friperie

Cavalli e Nastri

C'est l'adresse que les adeptes de la sape vintage se refilent sous le manteau : une sélection pointue de vêtements et d'accessoires des années 1920-1980. Plusieurs boutiques en ville, mais celle de Brera reflète à merveille l'image bohème et créative du quartier.

BRERA (plan 2, B2 n°69) Via Brera, 2
02 72 00 04 49 https://cavallienastri.com
Lun.-sam. 10h30-13h30 et 14h30-19h30, dim. 12h-19h30

Outlet de luxe

DMAG

Le luxe à la portée de tous, au cœur du Carré de la mode. Ce magasin propose un grand choix d'articles dégriffés (Kenzo, Armani, Dolce & Gabbana, Paul Smith...).

QUADRILATERO D'ORO (plan 2, C2 n°70)
Via Manzoni, 44 ☏ 02 36 51 43 65
www.dmag.eu ⏲ Tlj. 10h-19h30

Design chic et ludique
Alessi

Attention, accessoires de table et ustensiles de cuisine complètement décalés ! Depuis 1921, la maison collabore avec de grands noms du design pour des créations devenues iconiques : plateau signé Norman Foster, presse-agrumes de Philippe Starck, tire-bouchon Socrates d'Alessandro Mendini, cafetière Conica due à Aldo Rossi, bouilloire musicale conçue par Richard Sapper ou encore objets Girotondo signés KingKong.

QUADRILATERO D'ORO (plan 2, C2 n°72)
Via Manzoni, 14-16 ☏ 02 79 57 26
www.alessi.com ⏲ Tlj. 10h-19h

Encore plus chic !
Fornasetti

L'univers onirique du peintre, sculpteur et décorateur milanais Piero Fornasetti (1913-1988) : céramiques, meubles, parfums et accessoires à en perdre la tête.

QUADRILATERO D'ORO (plan 2, C2 n°73)
Corso Venezia, 21/A ☏ 02 84 16 13 74
www.fornasetti.com ⏲ Mar.-sam. 10h-19h

TOUTES GRIFFES DEHORS

Dans le Quadrilatero della Moda sont installés tous les grands créateurs qui ont fait de Milan une capitale de la mode. Dans la seule via Monte Napoleone se côtoient les griffes **Armani** (au n°2), **Ferragamo** (au n°3), **Prada** (n°4), **Gucci** (n°s 5-7) et **Versace** (n°11). **Missoni** tient boutique au n°2 de la via Sant'Adrea, **Dolce & Gabanna** au n°15 du corso Venezia. Les designers de renom ne sont pas en reste : pour le mobilier, courez chez **De Padova** (via Santa Cecila, 7), et pour les luminaires chez **Artemide** (corso Monforte, 19).

Quadrilatero della Moda

LES QUARTIERS NORD

Ancien faubourg ouvrier, la périphérie nord du vieux Milan se laisse doucement gagner par la gentrification. Les bars tendance ont colonisé le Quartiere Cinese (*chinatown* milanais) et les entrepôts d'Isola, les boutiques "pointues" fleurissent près de la Porta Garibaldi et le quartier des affaires dresse ses tours futuristes près de la Porta Nuova.

À VOIR

Dernières fantaisies

Cimitero Monumentale 👍 **(plan 1, B1)**

Un peu excentré au nord-est du Parco Sempione, ce cimetière paysager inauguré en 1866 est l'un des lieux les plus insolites de Milan. Reproduction de la *Cène* de Léonard de Vinci en sculpture, minitour de Pise... Certains de ses monuments funéraires illustrent les fantasmes et les lubies des familles de la grande bourgeoisie milanaise de la fin du 19e s.

Piazzale Cimitero Monumentale ☎ 02 88 44 57 06 monumentale.comune.milano.it
🕒 Mar.-dim. 8h-18h (entrée jusqu'à 17h30) € Entrée libre, point info et visites guidées

Îlot branché

Isola (plan 1, B1)

Au nord des voies de chemin de fer, cet ancien faubourg ouvrier n'a rien perdu de son atmosphère. Bars de quartier, trattorias familiales et commerces traditionnels y côtoient de nouvelles adresses branchées dans un grand melting-pot culturel qui culmine les jours de marché – le mardi et le samedi. Amateurs de vieilles pierres, ne manquez pas le cloître de l'**église Santa Maria alla Fontana** (16e s.), orné de fresques très bien conservées.

La City milanaise

Porta Nuova (plan 1, B1-B2)

Sorti de terre dans les années 2010 entre la gare de Porta Garibaldi et la gare Centrale, le nouveau quartier des affaires de Porta Nuova est un terrain de jeu pour les architectes, qui remodèlent la *skyline* milanaise à grand renfort de buildings avant-gardistes ! À l'horizon se découpent la silhouette à facettes de la **Torre Diamante** (Studio KPF, 2012) et celle de la **Torre Unicredit** (2012), conçue par l'Argentin César Pelli – tout comme la **Piazza Gae Aulenti**, podium circulaire toisant la rue du haut de ses 6m. Ne manquez pas les deux tours résidentielles du **Bosco Verticale** (Studio Boeri, 2014), dont près de 900 arbres, des milliers d'arbustes et autres plantes verdissent les balcons, sur 110m de hauteur pour la plus élevée des deux !

Via Melchiorre Gioia / Via Galilei

Quartiere Cinese

Gare monumentale

Stazione Centrale di Milano (plan 1, C1)

Mêlant les styles néoclassique, Art nouveau et Art déco, la gare principale de Milan impressionne ! Il faut dire que la construction de cet immense bâtiment immaculé prit près de vingt ans (1912-1931). Due à Ulisse Stacchini, sa monumentale façade se déploie sur 200m de large, tandis qu'une remarquable verrière à armature métallique conçue par Alberto Fava protège ses quais.

Piazza Duca d'Aosta

Maison-musée

Casa-Museo Boschi Di Stefano (plan 1, C1)

Légèrement excentré, ce musée logé au 2e étage d'un immeuble Art déco vaut le détour ! Il donne à voir l'appartement d'Antonio et Marieda Boschi Di Stefano, mécènes qui léguèrent en 1974 leur formidable collection d'art moderne italien à la municipalité. Sélectionnés parmi plus de 2 000 œuvres, quelque 300 sculptures, gravures et tableaux tapissent les pièces.

Via Giorgio Jan, 15 ☎ 02 88 46 36 14 www.fondazioneboschidistefano.it
Mar.-ven. 10h-17h30 € Entrée libre Rés. obligatoire

À FAIRE

Amusez les enfants

Fabbrica del Vapore (plan 1, B1)

Il se passe toujours quelque chose dans cet ancien atelier de construction de tramways, dont plus de 7 000m² sont aujourd'hui dévolus à des projets culturels. Elle accueille régulièrement de grandes expositions interactives et multi sensorielles destinées aux plus jeunes ("Léonard de Vinci 3D", "Harry Potter", "Retour au jurassique"...). Consultez le programme sur Facebook.

Via Giulio Cesare Procaccini, 4 02 02 02 www.fabbricadelvapore.org
Tlj. 8h-19h30 (horaires variables selon expos)

NOS ADRESSES

PAUSES

Café et chocolat
Moka Hodeidah

Une délicieuse odeur de café fraîchement moulu s'échappe de cette petite boutique, où l'on peut acheter et goûter un grand choix de cafés, de thés ou de chocolats...

QUARTIERE CINESE (plan 1, A1 n°1)
Via Piero della Francesca, 8 02 34 24 72
www.hodeidah.it Jan.-nov. : lun.-sam. 7h-19h30 ; déc. : tlj. 7h-19h30

Street food chinoise
Ravioleria Sarpi

Ces deux échoppes de la via Sarpi font le bonheur des passants avec leurs raviolis chinois et leurs *baozi* (petits pains farcis cuits à la vapeur), confectionnés avec des ingrédients de qualité. 5€ la portion.

QUARTIERE CINESE (plan 1, B1 n°2)
Via Paolo Sarpi, 25-27 331 88 70 596
Tlj. 10h30-15h et 16h-22h

In vino veritas
Cantine Isola

La cave de ce bar à vins centenaire compte plus de 2 000 références et ses patrons débouchent les bouteilles à la demande. Verre à partir de 6€. Sur le comptoir, des amuse-bouches maison n'attendent que d'être croqués.

QUARTIERE CINESE (plan 1, B1 n°3)
Via Paolo Sarpi, 30 02 331 52 49
Tlj. 10h-22h

Havre bobo
oTTo

Vaste, lumineux, garni de plantes vertes et de meubles de récup', ce café apprécié des free-lances cultive la décontraction. On remplit soi-même sa commande avant de l'apporter au bar ! En été, la grande terrasse ensoleillée est un spot de choix où picorer un *aperitivo* à la carte.

QUARTIERE CINESE (plan 1, B1 n°4)
Via Paolo Sarpi, 8 www.sarpiotto.com
Lun.-ven. 12h-2h, sam.-dim. 10h-2h

Rooftop de choc
Ceresio 7 Pools & Restaurant

Un bar-restaurant avec terrasse panoramique et deux piscines... On pourrait se croire à New York ou à Berlin ! Un espace à la fois rétro et sophistiqué, conçu par les stylistes de la marque Dsquared sur le toit d'un immeuble des années 1930. La carte du restaurant est alléchante, mais on peut se contenter de siroter un cocktail au bord d'un des bassins turquoise en admirant la vue (env. 10€).

QUARTIERE CINESE (plan 1, B1 n°5)
Via Ceresio, 7 02 31 03 92 21 www.ceresio7.com
Tlj. 12h30-1h Restaurant tlj. 12h30-15h, 19h30-23h Piscine Juin-sep. : tlj. 10h-17h30

Repaire bohème
Frida

Installé dans un ancien entrepôt d'Isola, ce café remporte tous les suffrages auprès des créatifs du quartier avec sa déco psychédélique, ses tables en extérieur, ses tartes maison et son brunch dominical. Un must à l'heure de l'*aperitivo*, qu'accompagnent de généreuses assiettes garnies.

ISOLA (plan 1, B1 n°6) Via Pollaiuolo, 3
02 68 02 60 www.fridaisola.it
Dim.-lun. 17h-1h, mar. 12h-1h, mer.-sam. 12h-2h

Du petit déj' au goûter

Pavè

Cette confortable boulangerie-pâtisserie attire les gourmands au petit déjeuner (café, pain, confiture, viennoiserie...), au déjeuner (soupes de légumes, salades, croissants salés, paninis) comme au goûter (tarte au citron meringuée...) !

Ceresio 7

PORTA NUOVA (plan 1, C1 n°7)
Via Felice Casati, 27 02 37 90 54 91
www.pavemilano.com Tlj. 8h-19h

RESTAURANTS

L'autre pays des pâtes

Hua Cheng €

L'un des meilleurs restaurants asiatiques de la ville, dont la variété des plats de pâtes n'a pas grand-chose à envier aux livres de recettes des *nonne* italiennes ! À la farine de riz ou de soja (et donc sans gluten), ces pâtes peuvent être accompagnées de légumes, de viande ou noyées dans un bouillon réconfortant. Plats 5-10€.

QUARTIERE CINESE (plan 1, B1 n°22)
Via G. Bruno, 13 02 345 1613 Tlj. 12h-23h30

Cantine historique

Antica Trattoria della Pesa €€

Une trattoria classée dont les rideaux blancs ajourés dissimulent un intérieur sobre et élégant où trône la balance (*pesa*) qui lui a donné son nom. Au 19e s., en effet, les paysans y pesaient leur production avant de se régaler d'un risotto *alla milanese* ou d'un osso buco, resté fameux. Comptez 30€ le repas.

GARIBALDI (plan 1, B1 n°23)
Viale Pasubio, 10 02 655 57 41
www.anticatrattoriadellapesa.com
Lun.-sam. 12h30-14h30 et 19h30-23h

Le Piémont dans l'assiette

Alla Cucina delle Langhe €€

Dans une immense salle fort animée, les garçons s'activent pour satisfaire une clientèle pressée de savourer des *tajarin* (fines tagliatelles) ou un risotto *al barolo con grattata di Castelmagno* (risotto au vin rouge et fromage du Piémont). Un peu cher mais excellent. *Primi* 10-18€, *secondi* 22-28€.

GARIBALDI (plan 1, B1 n°24) Corso Como, 6
02 655 42 79 www.allacucinadellelanghe.it
Tlj. 12h-15h et 19h-23h30

À toute vapeur
Ghe Sem Borsieri €

Des dim sum à l'italienne qui mettent à l'honneur les spécialités des différentes régions de la péninsule : Ligurie (morue et pommes de terre), Mantoue (potiron et *amaretti*), Milan (safran). Coup de cœur pour les bouchées végétariennes, telles la *trevigiano* (gorgonzola et noix) et la *cacio e pepe* (peccorino et poivre). À partir de 3€ la portion. Menus 9-19€.

ISOLA (plan 1, B1 n°25) Via Borsieri, 26
024 953 50 80 Tlj. 12h30-15h et 18h-22h

Au jardin
Capra e Cavoli ♥€€

Parasols, mobilier d'extérieur en bois cérusé, papier peint fleuri et plantes à gogo : l'illusion de dîner dans un jardin est totale dans cette vaste salle nantie d'une pergola ! Faisant la part belle aux légumes de saison, les assiettes, artistiquement dressées, se savourent aussi avec les yeux. Comptez 30-35€ le repas.

ISOLA (plan 1, B1 n°26) Via Pastrengo, 18
02 87 06 60 93 www.capraecavolimilano.it
Mar.-sam. 19h30-23h30, dim. 12h30-14h30

Valeur sûre
Ratanà ♥€€

Un peu perdue au milieu des gratte-ciel de Porta Nuova (p.60), la villa Liberty sert d'écrin à l'un des meilleurs restaurants de la ville. Ses deux recettes vedettes ? Le risotto *alla milanese con ossobuco* et la *fassona* (bœuf) aux légumes en cocotte. L'été, on s'attable sur la grande terrasse avec vue sur le Bosco Verticale. Comptez 40€ le repas. Réservation impérative !

ISOLA (plan 1, B1 n°27)
Via Gaetano de Castillia, 28 02 87 12 88 55
www.ratana.it Tlj. 12h-14h30 et 19h-23h

SHOPPING

Chapelier historique
Cappelleria Melegari

Le royaume des chapeaux, caché au deuxième étage d'une boutique de vêtements. Bérets, borsalinos, panamas et capelines de toutes les couleurs s'empilent du sol au plafond, mêlant modèles de marques et production maison réalisée dans l'atelier du fond.

QUARTIERE CINESE (plan 1, B1 n°40)
Via Paolo Sarpi, 19 029 147 49 01
www.cappelleriamelegari.com Lun. 15h-19h30, mar.-sam. 9h30-13h et 15h-19h30

Design accessible
Moroni Gomma

Une référence de longue date en matière de design : tout ce qu'il faut pour la cuisine, la chambre et la salle de bains, mais aussi pour le voyage et le sport, sans oublier les accessoires de mode et gadgets.

GARIBALDI (plan 1, B1 n°48) Corso Garibaldi, 123
02 79 62 20 www.moronigomma.it
Mar.-dim. 11h-19h30, lun. 14h-19h30

Un temple de la gastronomie
Eataly

Eataly, le jeu de mots est éloquent ! Cet immense magasin de bouche vous fera tourner la tête : fromages de Lombardie, charcuterie des Abruzzes, chocolat piémontais et vins toscans, on y trouve toutes les spécialités de la Botte, triées sur le volet. On peut se sustenter à l'un de ses comptoirs thématiques (*pasta*, pizza, poisson cru, végétarien...) ou au Viva, le restaurant de la cheffe étoilée Viviana Varese, au dernier étage.

GARIBALDI (plan 1, B1 n°41)
Piazza XXV Aprile, 10 02 49 49 73 01
www.eataly.net Tlj. 8h30-23h

Shopping surprise
Cargo HighTech

Vêtements et accessoires, objets décoratifs, parfums, gadgets électroniques, meubles... on trouve absolument tout dans cette surprenante caverne d'Ali Baba cachée dans l'arrière-cour d'un immeuble. Prenez un panier à l'entrée : vous ne ressortirez sûrement pas les mains vides !

GARIBALDI (plan 1, B1 n°42)
Piazza XXV Aprile, 12 02 624 11 01
www.cargomilano.it Mar.-ven. 11h-19h30, sam.-dim. 10h30-19h30

10 Corso Como

Hypissime !
10 Corso Como ♥

Un concept-store en vue, imaginé par la papesse de la mode Carla Sozzani. Un lieu quatre en un, puisque l'on peut y acheter des articles de mode triés sur le volet, y feuilleter des livres d'art, voir de bonnes expositions dans la galerie du dernier étage ou boire un verre tranquillement installé dans la cour.

GARIBALDI (plan 1, B1 n°43) Corso Como, 10
02 29 00 26 74 www.10corsocomo.com
Tlj. 10h30-19h30 Bar Tlj. 11h-0h

SORTIES

Jazz toujours
Blue Note

Petit frère du Blue Note new-yorkais, ce temple du jazz a accueilli des têtes d'affiche comme Chick Corea, Dee Dee Bridgewater, Chucho Valdes, The Manhattan Transfer, The Blues Brothers... Une programmation éclectique, avec jusqu'à deux concerts par jour.

ISOLA (plan 1, B1 n°60) Via Borsieri, 37
02 69 01 68 88 www.bluenotemilano.com
Spectacles Mar.-dim. 20h30 et parfois 22h30

Jusqu'au bout de la nuit
Alcatraz

Difficile de faire le tour de cet immense club, le plus grand de la ville avec ses 3 000m^2, soit plusieurs salles aux ambiances variées (latino, rock, hip-hop, disco, techno...) et une ribambelle de bars. Soirées à thème, concerts... Consultez le programme sur Facebook !

ZONA FARINI (plan 1, B1 n°61) Via Valtellina, 25
02 69 01 63 52 alcatrazmilano.it
Jeu.-sam. 23h-4h30

CASTELLO ET MAGENTA

Véritable bouffée d'oxygène en pleine ville, le Parco Sempione borde une imposante forteresse médiévale, le Castello Sforzesco, dont les austères murailles protègent aujourd'hui de nombreux musées. Au sud, les palais baroques, églises et anciens monastères du corso Magenta cachent bien des trésors, dont la célébrissime *Cène* de Léonard de Vinci.

À VOIR

AUTOUR DU CASTELLO SFORZESCO

Huit musées dans un château fort

Castello Sforzesco (plan 2, A2)

Ce quadrilatère en brique de 200m de côté fut longtemps la résidence des Sforza, ducs de Milan, et plusieurs grands architectes de la Renaissance s'y sont illustrés. Ainsi, l'entrée et sa tour (1452) sont l'œuvre du Filarète. Bramante a conçu la Ponticella, passerelle entre deux bâtiments, et une cour à arcades, le Cortile della Rocchetta (1495). Quant à la Sala delle Asse (1498), elle est due à Léonard de Vinci. Au rez-de-chaussée s'admirent la *Pietà Rondanini* de Michel-Ange et la collection de sculptures lombardes du Museo d'Arte Antica – ne manquez pas le gisant de Gaston de Foix (16e s.). Autres incontournables, les toiles de maîtres de la Pinacoteca (Mantegna, Bellini, Tiepolo, Lotto...) qui partage le premier étage avec un Museo dei Mobili. Le Museo delle Arti Decorative et le Museo degli Strumenti Musicali (plus de 600 instruments à vent ou à cordes) occupent deux niveaux de l'aile Rocchetta. Le sous-sol héberge les sections "Préhistoire" et "Art égyptien" du Civico Museo Archeologico (p.67).

Piazza Castello 02 88 46 37 00 www.milanocastello.it Tlj. 7h-19h30 Entrée libre Musées : mar.-dim. 10h-17h30 € Entrée libre

Écrin de verdure

Parco Sempione (plan 2, A1-A2)

Prolongez la visite du Castello Sforzesco par une balade dans le plus grand espace vert de la ville (47ha), aménagé sur l'ancienne place d'armes de la citadelle. Romantique à souhait avec ses vallonnements et ses étangs, ce parc à l'anglaise abrite plusieurs monuments, dont l'Arena Civica (1807), inspirée des amphithéâtres romains, et l'Arco della Pace (1752-1833). À voir également, la Torre Branca (1933), structure métallique qui offre par temps clair un beau panorama du haut de ses 108m, un aquarium installé dans un adorable bâtiment Liberty de l'Exposition universelle de 1906 et, enfin, le Palazzo dell'Arte.

Piazza Sempione Mai-sept. : tlj. 6h30-23h30 ; oct.-avr. : tlj. 6h30-22h € Entrée libre
Torre Branca 02 33 14 120 museobranca.it Mer.-dim. (horaires variables)
€ 6€ (visite de 7 min, 5 pers. max.)

À NE PAS MANQUER

- Castello Sforzesco
- San Maurizio al Monastero Maggiore
- Cenacolo Vinciano ★
- Basilica di Sant'Ambrogio

Castello Sforzesco

Quand l'art rencontre l'industrie

Palazzo dell'Arte / Triennale di Milano (plan 2, A2)

Au sein du Parco Sempione, le palais des Arts (ou palais de la Triennale) conçu en 1931-1933 par Giovanni Muzio accueille les nombreuses manifestations sur le design, l'architecture et l'urbanisme de la Fondazione Triennale di Milano, ainsi que les expositions thématiques annuelles du musée du Design. Programmation en ligne et restaurant sur le toit.

Viale Alemagna, 6 02 72 43 42 44 www.triennale.org Mar.-dim. 11h-20h 11-22€

MAGENTA

La "chapelle Sixtine" milanaise

San Maurizio al Monastero Maggiore (plan 2, A3)

Derrière la façade anodine de cette église conventuelle (1503) se cache un véritable trésor : *Adoration des Mages* (v. 1578) d'Antonio Campi, qui domine le maître-autel, et surtout le cycle de fresques (1530) de Bernardino Luini, qui tapisse les murs de la clôture et des chapelles latérales. La restauration de 2004 a redonné à cet ensemble pictural ses splendides couleurs d'origine. Il a valu à Saint-Maurice le surnom de "chapelle Sixtine" milanaise... Le campanile, visible de la via Luini, est un vestige de l'époque romaine.

Corso Magenta, 13 02 86 45 00 11 Mar.-dim. 10h-17h30
Réservation conseillée sur www.touringclub.it Entrée libre

Retour à l'Antique

Civico Museo Archeologico (plan 2, A3)

Ce musée, qui occupe les vestiges du couvent de bénédictines de San Maurizio évoque le lointain passé de Milan, de la période étrusque aux invasions barbares. Ne manquez ni la *patera di Parabagio*, un plat en argent du 4e s. mettant en scène la déesse Cybèle, ni la *coppa Trivulzio*, un gobelet en verre de même époque, délicatement décoré. Également des antiquités grecques (dont de beaux vases attiques à figures rouges) et de l'art gréco-bouddhique du Gandhara. Les sections consacrées à la préhistoire et à l'Égypte ancienne se trouvent au Castello Sforzeco (p.66).

Corso Magenta, 15 ☎ 02 88 44 52 08 ⏲ Mar.-dim. 10h-17h30 € 5€

Pour la divine *Cène* de Léonard de Vinci

Basilica Santa Maria delle Grazie (plan 2, A3)

Cette église conventuelle de style gothique tardif fut édifiée dans les années 1460 pour les dominicains. Une trentaine d'années après, l'illustre Bramante en conçut la majestueuse coupole à seize pans et la tribune, ainsi que la sacristie et le dernier des trois cloîtres. Dans le réfectoire du couvent annexe, on peut admirer *La Cène* (1495-1498), chef-d'œuvre de Léonard de Vinci.

Piazza Santa Maria delle Grazie, 2 ☎ 02 467 61 11 legraziemilano.it ⏲ Lun.-sam. 9h-12h20 et 15h30-17h50, dim. 16h-17h50 € Basilique : entrée libre

Cenacolo Vinciano ★ (plan 2, A3)

C'est sur un mur du réfectoire conventuel de Santa Maria delle Grazie que Léonard de Vinci peignit sa célébrissime *Cène* de 1495 à 1498a. La fresque de 8,80m sur 4,60m représente le Christ annonçant, lors de son dernier repas, pris avec ses apôtres, que l'un d'eux va le trahir (Judas, le quatrième à partir de la gauche). Admirez la façon dont l'œuvre joue habilement de la perspective pour donner l'impression de prolonger la salle. Elle a été réalisée *a secco* (sur plâtre sec), technique qui rend sa conservation délicate... aussi n'aurez-vous que quelques instants pour la graver dans votre mémoire.

☎ 02 92 80 03 60 www.cenacolovinciano.org ⏲ Mar.-sam. 8h15-19h, dim. 14h-19h Se présenter au moins 20min avant la visite (sur rés. en ligne ou par tél., plusieurs semaines à l'avance) € 15€

Havre de paix

Casa degli Atellani e Vigna di Leonardo (plan 2, A3)

En face de Santa Maria delle Grazie s'élève l'ancienne demeure des Atellani (15e s.), une noble famille de la cour des Sforza. Dans son jardin a été reconstitué le carré de vigne que Ludovic Sforza offrit à Léonard de Vinci pour le remercier d'avoir peint *La Cène*.

Corso Magenta, 65 ☎ 02 48 16 150 www.vignadileonardo.com ⏲ Mar.-dim. 9h-18h Visite toutes les 30min par groupes limités avec audioguide € 10€

Seize siècles d'histoire

Basilica di Sant'Ambrogio 👍 (plan 2, A3)

Ce chef-d'œuvre roman lombard fut élevé au 11e-12e s. sur les restes de la première basilique de Milan, fondée en 379 par l'évêque Ambroise – le saint patron de la ville. Un atrium à portique précède la façade et ses deux campaniles : à droite la Torre dei Monaci (9e s.), à gauche la Torre dei Canonici (12e s.). L'intérieur, composé de trois nefs avec galeries supérieures (réservées aux femmes), est somptueux. Dans la nef centrale, remarquez l'ambon (pupitre) de style byzantin et le parement du maître-autel de style carolingien. Au fond à droite resplendissent les mosaïques (5e s.) de la chapelle San Vittore in Ciel d'Oro. La nef gauche communique avec le jardin où s'élève le portique de la Canonica réalisé par Bramante en 1492. Ne repartez pas sans avoir visité la crypte qui conserve les reliques des saints Ambroise, Gervais et Protais.

Piazza Sant'Ambrogio, 15 ☏ 02 86 45 08 95 www.basilicasantambrogio.it
◷ Lun.-sam. 10h-12h et 14h30-18h, dim. 15h-17h € Entrée libre

Sciences et techniques

Museo della Scienza e della Tecnologia Leonardo da Vinci

(plan 2, A3-A4)

Près de 40 000m² dévolus à l'histoire des sciences et des techniques, des moyens de transport aux télécommunications et de l'horlogerie à l'informatique, dans un ancien monastère. Foncez au premier étage examiner les maquettes d'une trentaine d'inventions de Léonard de Vinci. À l'extérieur, sous deux immenses halles, trônent des avions, des reconstitutions de navires et des locomotives ! L'attraction phare ? Le sous-marin *Enrico Toti* (1967). Pensez à réserver.

Via San Vittore, 21 ☏ 02 48 55 51
www.museoscienza.org ◷ Mar.-ven. 9h30-17h, w.-e. et j. fér. 9h30-18h30 € 10€

Museo della Scienza e della Tecnologia

À FAIRE

Humez les tendances

Constitué de deux pôles, Fiera Milano City (54 000m² de surface bâtie) dans le quartier Piazzale Lotto, sur la commune de Milan, et Fiera Milano Rho (345 000m²), dans la banlieue nord-ouest, **Fiera Milano** est l'un des plus vastes parcs des expositions d'Europe. Il accueille, notamment, un Salon international du meuble en avril. Celui-ci se double d'une ébouriffante Semaine du design dans le centre-ville, le Fuori Salone : expositions, installations, fêtes, apéritifs... tous les acteurs de la mode, du design et de l'architecture rivalisent alors de créativité ! Attention, les prix des hôtels flambent !

Fiera Milano City (plan 1, A1) Piazzale Carlo Magno, 1 M°5 (Portello)
Fiera Milano Rho (hors plan 1 par A1) Rho Milano M°1 (Rho) ☏ www.fieramilano.it
www.fuorisalone.it www.salonemilano.it

Assistez à un match de foot

Fan de foot ? Pourquoi ne pas suivre un match de l'Inter et du Milan AC dans l'impressionnant stade San Siro ? Et à défaut d'avoir pu obtenir un billet, visitez ce complexe sportif bâti en 1925 et modernisé depuis. Il peut accueillir 80 000 *tifosi*.

Stadio San Siro (hors plan 1 par A2) Piazzale Angelo Moratti M° San Siro Stadio (L5) 02 48 79 82 01 www.sansirostadium.com Musée et visite du stade : tlj. 9h30-17h (19h oct.-avr.) 30€

NOS ADRESSES

PAUSES

À se lécher les doigts

De Santis

Les meilleurs paninis de la ville, avec plus de 200 garnitures salées ou sucrées (9-16€). Mais il vous faudra vous armer de patience à midi si vous voulez consommer sur place ! Sinon, emportez et allez vous asseoir sur le parvis de Santa Maria delle Grazie, tout près.

MAGENTA (plan 2, A3 n°14) Corso Magenta, 9 02 72 09 51 24 Tlj. 12h-0h

Mini panettone

Au goûter

Pasticceria Marchesi

Les vitrines et les plafonds moulurés de cette illustre pâtisserie n'ont guère changé depuis 1824. Passé la porte, on est enveloppé par une douce odeur de chocolat, à moins que ce ne soit l'arôme du panettone maison... ou des tartelettes aux pommes du présentoir ?

MAGENTA (plan 2, A3 n°15) Via Santa Maria alla Porta, 11/A 02 86 27 70 www.pasticceriamarchesi.com Mar.-sam. 7h30-19h30, dim. 8h30-13h

Dans son jus

Biffi

Un café-pâtisserie milanais d'une autre époque (il a ouvert ses portes en 1847), réputé pour ses tartes, ses marrons glacés, ses pralines et son panettone ! Et il propose d'excellents *aperitivi*.

MAGENTA (plan 1, A3 n°8) Corso Magenta, 87 02 48 00 67 02 www.biffipasticceria.it Tlj. 6h30-20h30

Cocktails au top

Morgan's ♥

Signalé par un néon rose, un bar à l'ambiance feutrée, idéal pour refaire le monde sur un fond musical jazzy. Si aucun des cocktails du mois ou de la carte ne vous tente, le barman vous en composera un sur mesure !

MAGENTA (plan 2, A4 n°16) Via Francesco Novati, 2 02 86 76 94 Lun.-sam. 18h-2h

RESTAURANTS

Toute l'Italie

Risoelatte €€

Un plongeon dans les années 1960 et une cuisine aux différentes couleurs de la péninsule : *pizzoccheri* de la Valteline, boulettes de *fassona* (bœuf piémontais) et tarte aux oranges sanguines de Sicile. Plats 14-32€.

CASTELLO (plan 2, B3 n°41) Via Camperio, 6
02 39 83 10 40 Tlj. 12h30-15h et 19h30-23h

Ambiance rétro

Cantina Piemontese €€

Le chef crée des plats de saison (raviolis aux châtaignes...) ou revisite des spécialités (*vitello tonnato*...). Les convives prennent place dans une salle décorée à la manière des maisons milanaises des années 1930 ou sous les arches de l'ancien dépôt de charbon. Belle carte des vins. *Primi* 14-20€, *secondi* 22-35€.

MAGENTA (plan 2, C4 n°42)
Via Laghetto, 2 02 78 46 18
www.cantina-piemontese.it
Tlj. 12h30-14h30 et 19h30-22h30

Explosion de saveurs

La Sala Bistrot €

Un micro-restaurant où le chef Tommaso Sorgentone s'adonne à de savants mélanges. Piochant dans les traditions italiennes (Vénétie, Ligurie, Toscane...), il invente des recettes étonnantes : calamars aux poivrons frits, bavette d'aloyau aux oignons aigre doux, thon aux endives marinées... Plats 15-20€.

MAGENTA (hors plan) Via Giuseppe Prina, 2
340 219 5759 Mar.-sam. 12h30-15h et 19h-23h

Tout frais !

Chiù €

D'excellents ingrédients pour des recettes 100% régionales. Soupes bio, *piadine* de Romagne, carpaccios de viande ou de poisson. On peut aussi y prendre *l'aperitivo* ou acheter des produits frais. Plats 10-17€.

MAGENTA (plan 2, A2 n°44)
Via Vincenzo Monti, 32 02 39 40 06 94
www.chiu.eu Lun.-sam. 9h30-22h

SHOPPING

Temple de l'illustration

Galleria L'Affiche

À foison, des reproductions de peintures et de vieilles publicités, des copies de gravures anciennes, des cadres et des cartes en tout genre.

MAGENTA (plan 2, A3 n°74) Via Nirone, 11
02 86 45 01 24 www.affiche.it
Lun. 14h30-20h, mar.-sam. 10h-20h

Passion design

Rossana Orlandi

Dans "la" ville du design, cette galerie présente tout ce qui se fait de tendance en Italie et ailleurs (Patricia Urquiola, Nacho Carbonell, etc.). On peut repartir avec un set de table comme avec un objet *arty* non identifié.

MAGENTA (plan 1, A3 n°44)
Via Matteo Bandello, 14-16 02 46 744 71
www.rossanaorlandi.com Sur rdv

Galettes d'anthologie

Buscemi Dischi

Des centaines de vinyles se partagent les rayons de ce magasin de disques historique ! Également des CD.

MAGENTA (plan 2, A3 n°75)
Via Terraggio, 31 02 80 41 03
Mar.-sam. 10h-13h et 15h-19h30

DES NAVIGLI À PORTA ROMANA

Un vent de bohème souffle le long des Navigli, du côté de Porta Ticinese et de Porta Romana, quartiers décontractés et alternatifs où il fait bon prendre l'*aperitivo* entouré d'étudiants et de créatifs, loin du luxe parfois ostentatoire du centre-ville.

ACCÈS ET INFOS

• Festa dei Navigli Spectacles, expositions, marchés d'antiquités et de produits régionaux, et illuminations nocturnes. www.navigliogrande.mi.it 1er dim. de juin

À VOIR

NAVIGLI

Bien qu'établie à distance d'un fleuve, Milan est reliée par des voies d'eau au Pô et aux grands lacs – un chantier lancé au 12e s. et auquel Léonard de Vinci contribua au 15e s. Si la plupart des canaux qui irriguaient la ville ont été comblés dans les années 1930, de l'ancien port fluvial partent encore le Naviglio Grande (50km) en direction du Tessin, et le Naviglio Pavese (33km) vers Pavie. Navigli (plan 1, A4-B4) est un quartier en vogue avec ses ateliers de designers, ses bars et ses restaurants. Cocktails, tapas, cuisines locale ou d'ailleurs... les tentations ne manquent pas !

La mode au musée

Armani / Silos (plan 1, A4)

La fondation Armani occupe un silo à grains des années 1950 remodelé par le Japonais Tadao Ando en 2015. Si le bâtiment a conservé son enveloppe d'origine, les volumes intérieurs, tout en gris, blanc et noir, ont été réorganisés autour d'un atrium. Après avoir visité l'exposition temporaire du rez-de-chaussée (photographie, architecture, design, etc.), on déambule dans les étages, parmi les quelque 200 accessoires et 600 silhouettes tour à tour glamours, ethniques ou androgynes, qui illustrent l'évolution du travail du styliste Giorgio Armani (né en 1934).

Via Bergognone, 40 02 91 63 00 10 www.armanisilos.com Mer.-dim. 11h-19h 12€

Art ethnique

Mudec – Museo delle Culture (plan 1, A4)

Conçu par le Britannique David Chipperfield, ce bâtiment qui conjugue lignes géométriques et parois vitrées ondulantes abrite les collections ethnographiques de la ville de Milan, avec plus de 7 000 objets (textiles, instruments de musique, parures, etc.) provenant d'Asie, d'Afrique, d'Amérique et d'Océanie. Il accueille régulièrement de grandes expositions d'art moderne et contemporain – Frida Kahlo, Kandinsky, Basquiat, Banksy. Café et boutique.

Via Tortona, 56 025 49 17 www.mudec.it Lun. 14h30-19h30, mar.-mer., ven. et dim. 9h30-19h30, jeu. et sam. 9h30-22h30 Entrée libre Tarif expos 8-15€

À NE PAS MANQUER

- Armani / Silos
- Basilica di Sant'Eustorgio
- Basilica di San Lorenzo Maggiore
- Fondazione Prada

Canal Naviglio Grande

AU NORD DE LA PORTA TICINESE

Jalonné de monuments qui rappellent que Milan fut de 286 à 402 la capitale de l'Empire romain d'Occident, le corso di Porta Ticinese cultive une ambiance jeune et alternative. Les étudiants de l'université voisine apprécient ses boutiques de *streetwear* et ses bars décontractés.

Chapelle-bijou

Basilica di Sant'Eustorgio (plan 1, B4)

Dédiée à l'évêque Eustorge, qui fit transférer en 344 les reliques des Rois mages de Constantinople à Milan, cette église paléochrétienne a été relevée au 11e et 12e s. dans le style roman. Elle se visite pour sa nécropole antique et pour ses chapelles commandées aux 14e-15e s. par de puissantes familles milanaises, dont les Visconti. Trésor de la Renaissance lombarde, la **Cappella Portinari** (1462-1468) renferme le plus grand cycle de fresques du 15e s. milanais, peint par Vincenzo Foppa et illustrant la vie de saint Pierre de Vérone. Le sépulcre en marbre du saint est dû à Giovanni di Balduccio (1339).

Piazza Sant'Eustorgio, 1 02 58 10 15 83 www.santeustorgio.it Lun.-sam. 7h45-12h et 15h30-18h30, dim. 8h45-13h et 15h30-18h30 Entrée libre

Collection d'art sacré

Museo Diocesano (plan 1, B3)

Dans le cloître de Sant'Eustorgio, le patrimoine du diocèse de Milan (mobilier liturgique, enluminures, peintures, etc.) bénéficie d'une remarquable scénographie. La collection comprend des œuvres d'art moderne et contemporain – et une section dédiée au peintre et sculpteur argentin Lucio Fontana (1899-1968).

Corso di Porta Ticinese 95 02 8940 2671 www.museodiocesano.it Mar.-dim. 10h-18h 9€

Impériale !

Basilica di San Lorenzo Maggiore (plan 2, B1)

Plusieurs fois relevée (les ailes furent ajoutées au 17e s. et le vestibule date de 1894), cette église du 4e-5e s. a conservé son plan centré d'origine. De la majestueuse nef à coupole et déambulatoire, gagnez la **Cappella di Sant'Aquilino**, pour admirer ses fresques médiévales et ses mosaïques du 4e s. figurant le *Christ entouré des apôtres* et *L'Enlèvement d'Élie*. En avant de la façade s'élève un magistral portique composé de seize colonnes corinthiennes hautes de 8,50m : l'un des derniers vestiges de Mediolanum, la Milan antique.

Corso di Porta Ticinese, 35 02 89 40 41 29 www.sanlorenzomaggiore.com
Lun.-ven. 8h-12h30 et 15h-18h30, w.-e. 9h-13h et 15h-19h Cappella di Sant'Aquilino Tlj. 9h-18h30 Entrée libre Chapelle 2€

AUTOUR DE LA PORTA ROMANA

La Porta Romana marquait jadis l'entrée sud de la ville. Fief de l'université, le quartier qui a pris son nom fut copieusement bombardé lors de la Seconde Guerre mondiale. D'imposantes églises et des bâtiments administratifs sans âme se côtoient le long de ses grandes artères. La fondation Prada lui a récemment apporté une note *arty*.

Temple du savoir

Ca' Granda – Università degli Studi (plan 2, C4)

Dénommé **Ca' Granda**, la “Grande Maison”, par les Milanais, l'Ospedale Maggiore (hôpital) bâti à partir du 15e s. à l'initiative des Sforza est le premier édifice lombard de style Renaissance. Toutefois, seule la façade de l'aile droite est restée fidèle aux plans d'origine, conçus par le Filarète. Son rez-de-chaussée

Ca' Granda – Università degli Studi

à arcades est surmonté de fenêtres festonnées de motifs en terre cuite dessinés par Guiniforte Solari (1429-1481). L'hôpital ne cessa de s'agrandir au fil des siècles et il finit par déménager en banlieue en 1939. La Ca' Granda devint alors le siège de l'université de Milan. Elle héberge une faculté de lettres et de droit.

Via Festa del Perdono, 7 ☎ 02 50 31 11 www.unimi.it ⌚ Cour centrale Lun.-sam. 8h-19h30 (18h sam.) € Entrée libre

Plus étonnant que macabre

San Bernardino alle Ossa (plan 2, C3)

D'un abord quelconque, cette petite église (13e s.) mérite le détour pour l'une de ses chapelles, en fait un ossuaire des 17e et 18e s. Les portes, les murs et les corniches qui courent sous sa voûte peinte sont tapissés de crânes et d'ossements dessinant des croix et des symboles mortuaires. Rococo en diable !

Via Verziere, 2 ☎ 334 181 1664 ⌚ Lun.-ven. 8h-18h, sam. 9h30-18h, dim. (l'église mais pas l'ossuaire) 9h30-12h

Art contemporain

Fondazione Prada 👍 (plan 1, C4)

Un peu excentrée, cette distillerie réhabilitée par Rem Koolhaas abrite depuis 2015 la fondation artistique de Miuccia Prada, papesse de la mode milanaise. Au programme, une collection permanente regroupant des œuvres signées de grands noms de l'art contemporain (Jeff Koons, Damien Hirst...), des expositions temporaires d'envergure, un cinéma et un café très "instagrammable" conçu par le réalisateur Wes Anderson.

Largo Isarco, 2 ☎ 02 56 66 26 11 www.fondazioneprada.org ⌚ Mer.-lun. 10h-19h € Prix 15€ (collection permanente et expositions temporaires)

À FAIRE

Naviguez sur les Navigli

Navigazione Navigli (plan 1, A4)

Cette compagnie fluviale organise des balades sur le Naviglio Grande, de la Darsena (vieux port) à l'église San Cristoforo. L'aller-retour (1h) vous permettra de tout savoir sur l'histoire des canaux et leur fonctionnement. Comptez 15€/pers.

Les départs se font au niveau de l'Alzaia Naviglio Grande, 4 ☎ 02 94 92 11 77 www.in-lombardia.it ⌚ Lun.-jeu. 15h, 16h, 17h, ven.-dim. 11h, 12h, 14h, 15h, 16h, 17h, 18h

Piquez une tête

Bagni Misteriosi (plan 1, C3)

Au cœur de Milan, deux bassins dans lesquels se rafraîchir durant les chaudes journées d'été. Le mieux est encore d'arriver tard pour profiter de l'*aperitivo* (19h-21h30, 15€/pers.) au bord de la piscine, le seul que vous pourrez savourer

Mercatone dell'Antiquariato

pieds nus ! Bonnet de bain obligatoire. Comptez 25€ la journée (15€ la demi-journée) en juin, 12-14€ la journée (7€ la demi-journée) de juil. à sept.

Via Carlo Botta, 18 Porta Romana 02 89 73 18 00 www.bagnimisteriosi.com
Fin mai-sept. : ven.-lun. 10h-18h, mer.-jeu. 10h-22h

Allez chiner

Mercatone dell'Antiquariato (plan 1, B4)

Cette immense brocante déploie ses stands le long des Navigli et dans les rues attenantes. À vous de trouver la perle rare !

Alzaia Naviglio Grande / Ripa di Porta Ticinese Dernier dim. du mois

NOS ADRESSES

PAUSES

Du p'tit noir au drink du soir

Mag Cafè ♥

En plein cœur des Navigli, voici un petit bar idéal pour siroter un cocktail à base de fruits frais, sur la terrasse au bord du canal ou en intérieur dans une salle chaleureuse à la déco originale.

NAVIGLI (plan 1, A4 n°9)
Ripa di Porta Ticinese, 43
02 39 56 28 75 Tlj. 7h30-1h30

Hot spot

BASE

Bien plus qu'un bar, un centre culturel hyperactif logé dans un immense entrepôt ! Les créatifs du quartier vont y travailler devant un café avant d'assister à la projection ou au concert du jour. *Trendy* en diable.

ZONA TORTONA (plan 1, A4 n°10) Via Bergognone, 34 ☎ 392 997 70 49 (réservation) www.base.milano.it ⌚ Lun.-sam. 9h-2h, dim. 10h-2h

Tiramisu mon amour…

Mascherpa

Produit star de cette micro-*pasticceria*, le tiramisu se décline en une pléiade de parfums : pistache, noisette, mangue, framboise… à accompagner d'un café (excellent).

TICINESE (plan 2, A4 n°17) Via E. de Amicis, 7 ☎ 02 36 64 20 55 www.mascherpatiramisu.com ⌚ Lun.-sam. 10h-22h, dim. 12h-21h

Voir aussi **Cucchi** (p.40).

RESTAURANTS

Pizza *hype*

Berberè ♥€

Le secret de cette pizzeria ultra-populaire ? Un cadre convivial et branché, de la bonne musique et, surtout, une pizza à la pâte légère et aérée, confectionnée avec des produits bio. Pizzas 6,50-12€.

NAVIGLI (plan 1, B4 n°28) Via Vigevano, 8 ☎ 02 36 75 84 28 www.berberepizza.it ⌚ tlj. 12h30-14h30 et 19h-23h30

Cucina della mamma

Trattoria della Gloria €

Le patron s'active en salle, et son épouse en cuisine. Les plats suivent les saisons (gibier à l'automne), avec toujours un vaste choix d'*antipasti*, de pâtes et de légumes feuilles (chicorée, cardes, etc.). Une cuisine généreuse à prix tout doux. Prévoyez 10-15€ à midi, 25-45€ le soir, *vino della casa* inclus.

NAVIGLI (plan 1, B4 n°29) Via Mario Pichi, 5 ☎ 02 45 47 47 10 ⌚ Mer.-dim. 20h-23h30, sam.-dim. 12h-14h30

Comme à la maison

Trattoria Madonnina €€

Ambiance décontractée dans cet ancien relais de poste, qui réunit gens du cru et touristes autour d'une cuisine de ménage : risotto, osso buco, *cotoletta*… selon le jour de la semaine. L'été, on s'attable sous la pergola de la cour. Carte autour de 25€ le midi et 40€ le soir.

NAVIGLI (plan 1, B4 n°30) Via Gentilino, 6 ☎ 02 89 40 90 89 ⌚ Lun.-mar. et jeu. 12h30-14h, mer. et ven.-sam. 12h30-14h et 19h30-21h

Un coin de verdure

Al Fresco €€

Dîner "au frais" dans le jardin de ce restaurant méditerranéen est un pur délice quand il fait chaud ; sinon, ses douillettes salles à manger sont dignes d'un cottage anglais ! Dans l'assiette, une cuisine de saison ensoleillée et moderne, comme les délicieux beignets de morue et leur crème à l'orange. Plats 15-29€.

NAVIGLI (plan 1, A4 n°31) Via Savona, 50 ☎ 02 49 53 36 30 www.alfrescomilano.it ⌚ Tlj. 12h30-15h30 et 19h30-0h

Bistrot d'ambiance

Drogheria Milanese €€

La droguerie des années 1960 n'a rien perdu de son atmosphère. Côté bar, une carte d'amuse-bouches (jambon serrano, poêlée de seiches à l'encre, anchois farcis... 4,80-10,50€). Côté restaurant, des plats traditionnels de saison : risotto aux algues et crevettes, hamburger au crabe, côtelettes de *pata negra* à la milanaise... Comptez 30-35€ le repas.

TICINESE (plan 2, A4 n°45)
Conca del Naviglio, 7 ☎ 02 58 11 48 43
www.drogheriamilanese.it 🕒 Tlj. 19h-1h, dim. 12h30-15h30 et 19h-1h

Cantine *"radical chic"*

Cantina della Vetra €€

Derrière de grandes baies vitrées, à l'ombre de San Lorenzo Maggiore, cette spacieuse cantine propose charcuteries, fromages, *gnocchi fritti* (spécialité de la maison), fleurs de courgette frites farcies à la mozzarella, tartare de bœuf, agneau aux amandes et à la citrouille... Comptez 35-40€ à la carte.

TICINESE (plan 2, B4 n°46) Via Pio IV, 3
☎ 02 89 40 38 43 www.cantinadellavetra.it
🕒 Tlj. 12h-15h et 19h-23h

Pizza *caliente*

Pizza Am €

Musique latino, couleurs peps et service aux petits soins : cette micro-pizzeria cultive la bonne humeur. Pour ne rien gâcher, les pizzas, ultra-légères (la pâte lève pendant 48h), sont confectionnées avec la crème des produits DOP et IGP par Pasquale Pometto, l'un des meilleurs pizzaiolos de la péninsule. Attention, on ne vous laissera pas repartir sans vous avoir fait boire quelques (petits) verres de liqueur... Pizzas 8-13€.

PORTA ROMANA (plan 1, C3 n°32)
Corso di Porta Romana, 83
☎ 02 551 0579 🕒 Mer.-sam. 12h-14h30 et 19h-23h30, dim. 19h-23h30

Simplement bon

Trattoria Trippa €

Une trattoria à l'ancienne, avec son bar bien garni et son décor de bois et d'ocre, où vous pourrez déguster une saine cuisine de marché. Le menu change tous les jours, mais parmi les indétrônables figurent le risotto à la milanaise et son os à moelle grillé et la *busecca* (tripes, haricots blancs, carottes et céleri en sauce tomate saupoudrés de parmesan). Comptez 25€ le repas. Mieux vaut réserver !

PORTA ROMANA (plan 1, C4 n°33)
Via Giorgio Vasari, 1 ☎ 327 668 79 08
www.trippamilano.it
🕒 Lun.-sam. 19h15-23h30

Trattoria Trippa

SHOPPING

Oasis bohème

Nonostante Marras ♥

Caché dans une ancienne usine aux murs tavelés, le concept-store du styliste sarde Antonio Marras tient davantage de la galerie d'art que de la boutique. Après avoir admiré ses créations brodées à la main, farfouillé parmi les portants et dans la bibliothèque, on peut se poser sur un vieux canapé en velours pour se régaler d'une pâtisserie sarde.

ZONA SOLARI (plan 1, A3 n°45) Via Cola di Rienzo, 8 ☎ 02 89 07 50 02 www.antoniomarras.com ⏲ Lun.-sam. 10h-19h

Concept-store japonais

Tenoha

Un lieu trois-en-un – boutique, bar-restaurant et espace de coworking – dédié à l'art de vivre japonais. On y trouve une foule d'articles variés : papeterie, vaisselle, ustensiles de cuisine ou accessoires, sublimés par un design mêlant simplicité et innovation.

NAVIGLI (plan 1, A4 n°46) Via Vigevano, 18 ☎ 02 80 88 91 47 www.tenoha.it ⏲ Tlj. 10h30-20h30 Restaurant Tlj. 9h-22h30

Pour un souvenir original

Salvatore + Marie

Une boutique atypique et colorée où se mêlent sacs, céramiques, vêtements et objets déco graphiques, tous réalisés par un couple touche-à-tout débordant d'imagination.

NAVIGLI (plan 1, A4 n°47) Via Vigevano, 33 ☎ 02 89 42 21 52 ⏲ Mar.-sam. 10h30-13h et 15h30-19h30, lun. 15h30-19h30

SORTIES

Cocktails de maître

Rita

Même si les Navigli regorgent de bars, Rita semble indétrônable en matière de cocktails – ingrédients sélectionnés, présentation soignée et noms recherchés ! D'ailleurs, l'endroit est bondé dès son ouverture. Pas de buffet, mais des assiettes pour un apéritif mémorable. Et quelques plats (sandwichs, burgers, salades) pour les affamés.

NAVIGLI (plan 1, A4 n°62) Via Angelo Fumagalli, 1 ☎ 02 837 28 65 ⏲ Tlj. 17h30-1h30

Aperitivo à volonté

Fonderie Milanesi ♥

Cachée au fond d'une cour, cette ancienne fonderie est plébiscitée à l'heure de l'*aperitivo* pour ses cocktails créatifs et son buffet à volonté. Quand le temps le permet, on s'installe sous les lampions de sa verdoyante cour.

NAVIGLI (plan 1, B4 n°63) Via Giovenale, 7 ☎ 02 36 52 79 13 ⏲ Mar.-ven. 19h-1h, sam.-dim. 12h30-15h et 19h-1h Sonner à l'interphone

Toutes les musiques

Nidaba Theatre

Depuis 1996, les mélomanes se donnent rendez-vous dans ce petit café concert pour se déhancher sur de la musique rock, blues, soul ou funk. Chaque soir, la programmation éclectique attire des spectateurs de tous âges et des artistes d'ici et d'ailleurs. Réservation indispensable !

NAVIGLI (plan 1, B4 n°64) Via Emilio Gola, 12 ☎ 339 34 77 512 https://nidaba.it ⏲ Mar.-sam. à partir de 21h Concerts à 22h30.

Miroitant entre montagnes suisses, piémontaises et lombardes, voilà le lac Majeur, le plus long des lacs italiens (65km, pour 212km^2 de superficie). Le plus glamour aussi, avec son climat particulièrement doux et ses villégiatures chics d'aujourd'hui ou d'hier – les îles-jardins du golfe Borromée. À une vingtaine de kilomètres à l'ouest, le bien plus modeste lac d'Orta (18km^2) invite à une escapade romantique loin des sentiers battus.

Lac Majeur et lac d'Orta

Stresa

Plan 3
SUISSE
MONTE LOCCIA DI PEVE 2 127 M
Santa Maria Maggiore
MONTE LIMIDARIO 2 187 M
MELEZZA
Locarno
Ascona
N13
SS337
Brissago
San Nazzaro
MONTE TORRIGIA 1 703 M
Piaggio di Valmara
LAGHI DELIO
MONTE TAMARO 1 961 M
CIMA DELLA LAURASCA 2 193 M
SP75
SS34
GIONA
PARCO NAZIONALE DELLA VAL GRANDE
Cannobio
Curiglia
Carmine
Maccagno
PIEMONTE
LE LAC MAJEUR CÔTÉ PIÉMONT p.88
Cannero Riviera
Aurano
SPIAGGIA DI CANNERO
Luino
DOMODOSSOLA
LAGO MAGGIORE
MARGORABBIA
TRESA
Ponte Tresa
A26
Mergozzo
LAGO DI MERGOZZO
SACRO MONTE DI GHIFFA
LAGO DI LUGANO
SS33
Fondotoce
Ghiffa
Pallanza
SS34
Grantola
PARCO NATURALE REGIONALE CAMPO DEI FIORI
Feriolo
Gravellona Toce
GOLFO BORROMEO
Verbania
LOMBARDIA
S344
Baveno
ÎLES BORROMÉES
Laveno
Arcumeggia
S394
Carciano
Casalzuigno
Campino
Omegna
Stresa
Reno
LE LAC MAJEUR CÔTÉ LOMBARDIE p.100
Orino
S233
MONTE MOTTARONE 1 491 M
Alpino
Leggiuno
Santa Maria del Monte
Gignese
SS33
Santa Caterina del Sasso
MONTE CAMPO DEL FIORI 1 226 M
SP229
SACRO MONTE DI VARESE
LAGO D'ORTA
LE LAC D'ORTA p.106
Belgirate
AGOGNA
Gavirate
ISOLA DI SAN GIULIO
Armeno
Varese
SACRO MONTE DI ORTA
Orta S. Giulio
LAGO DI VARESE
SANTUARIO DELLA MADONNA DEL SASSO
Ranco
LAGO DI MONATE
Malnate
Meina
Angera
Gozzano
Arona
LAGO DI COMABBIO
Mornago
A26
PARCO REGIONALE LAGONI MERCURAGO
Sesto Calende
SS629
SP17
Castiglione Olona
PIEMONTE
SP142
SS33
Borgomanero
Castelletto
PARCO REGIONALE VALLE DEL TICINO
A8
Tradate
A8
Castelseprio
Somma Lombardo
A26
TISSINO
N
5 km
SS32
Gallarate
MILANO
NOVARA

CINQ BONNES RAISONS...

... de faire le tour du lac Majeur et du lac d'Orta.

L'ISOLA MADRE (p.92), pour un interlude "enchan-thé" dans l'ancienne serre du Palazzo Borromeo.

LE SACRO MONTE DI GHIFFA (p.90), pour prendre un grand bol d'air parmi les châtaigniers et les bouleaux qui s'étagent en belvédère sur le lac Majeur.

LA LAGO MAGGIORE ZIPLINE (p.96), pour se faire une frayeur en survolant le lac Majeur en tyrolienne !

☀ **ORTA SAN GIULIO** (p.106), pour un plongeon face aux montagnes depuis les pontons de sa discrète promenade.

☀ **LE LUNGOLAGO DE STRESA** (p.88), pour jouer les aristocrates en villégiature en flânant le long des grands hôtels et des opulentes villas Liberty.

RENDEZ-VOUS AVEC...

Giulia Grassi est diplômée en histoire de l'art et spécialisée dans le patrimoine historique artistique. **Sara Magnone** est architecte et designer de formation. Les deux jeunes femmes ont fait converger leurs passions pour ouvrir une galerie d'art sur les rives du lac Majeur. Elles partagent leurs adresses favorites !

Notre galerie d'art

A Al Minuto'

Le nom de notre galerie fait référence aux magasins historiques de vente de détail (qui se traduit en italien par *vendita al minuto*), où chaque article était sélectionné avec soin. C'est dans cet esprit que nous proposons à l'exposition et à la vente les œuvres d'une vingtaine d'artistes : photographies, toiles, dessins, sculptures, bijoux, gravures...

VERBANIA Via Ruga, 5 (Pallanza)
349 090 48 88 www.alminuto.it
Horaires variables

Notre pause détente

B Caffè Latte

La terrasse de ce petit café du centre historique d'Intra se déploie au pied de la basilique San Vittore. À l'intérieur, la salle est chaleureuse avec ses murs couverts de papier peint fleuri et ses gâteaux sous cloche. Nous nous y arrêtons souvent pour siroter une boisson chaude et déguster une pâtisserie maison en bavardant avec l'équipe toujours souriante.

VERBANIA Piazza San Vittore, 84 (Intra)
329 443 7306 Lun.-sam. 7h30-20h

SI LE LAC MAJEUR ÉTAIT...
Un parfum Ce serait celui des camélias et des magnolias porté par un vent de montagne aux senteurs de pins et de châtaigniers.

Notre péché mignon

C Pasticceria Pinton

Nichée dans une ruelle de Pallanza, cette pâtisserie regorge de biscuits et de gâteaux d'exception. Le matin, nous faisons souvent escale ici pour nous approvisionner en douceurs sucrées et les déguster au bord du lac, tout proche. Nos préférées ? Incontestablement, les *margheritine di Pallanza* !

VERBANIA Via Ruga, 39 (Pallanza)
0323 502 305 Mar.-dim. 7h-12h et 15h-19h

Parc du Museo del Paesaggio, Verbania

Notre table fétiche

D Caffè delle Rose Bistrot

Nous apprécions particulièrement le restaurant de Max Celeste, aménagé dans un bâtiment historique récemment rénové. Le chef, plusieurs fois primé, conjugue les classiques de la gastronomie avec un style innovant. La cuisine est visible depuis l'une des deux salles. Demandez à visiter la cave circulaire, où se trouve une belle collection de millésimes italiens et internationaux.

VERBANIA Via Ruga, 35 (Pallanza)
0323 28 83 71 Jeu.-lun. 11h-15h et 18h-22h30, mer. 18h-22h30

Notre musée préféré

E Museo del Paesaggio

Ce musée installé dans le Palazzo Viani-Dugnani rassemble une collection exceptionnelle de peintures et de sculptures. Les œuvres racontent la fascination que ce territoire a inspirée aux artistes des 19 et 20e s. Depuis son ouverture en 1909, ce musée porte la mission de son fondateur, Antonio Massara : étudier et préserver l'affinité qui unit l'âme humaine aux paysages.

VERBANIA Via Ruga, 44 (Pallanza)
0323 502 254 Mai-oct. : mar.-dim. 10h-18h ; nov.-avr. : w.-e. 10h-17h 5€

NOTRE ESCAPADE NATURE

F Réserve naturelle del Sacro Monte di Ghiffa

Cette réserve naturelle est inscrite au patrimoine de l'Unesco. Les sentiers sillonnent les bois et offrent de splendides vues sur le lac. Ils sont ponctués de chapelles de pèlerinage et de terrasses autrefois plantées de vignes. Avec ses roches gravées, le sentier archéologique "Segni sulla pietra" est particulièrement intéressant. Une promenade parfaite pour ceux qui, comme nous, aiment explorer la région en mode *slow* et durable.

GHIFFA 0323 59 870
www.sacrimonti.org

LE LAC MAJEUR CÔTÉ PIÉMONT

Fréquentée par la bourgeoisie lombarde depuis la Belle Époque, la rive piémontaise du lac Majeur est de loin la plus courue. Les palaces et les élégantes villas de Stresa et Verbania, lieux de villégiature renommés, font face aux enchanteresses îles Borromées. Il suffira aux sportifs de prendre un peu de hauteur pour profiter de grands espaces propices à la marche, au VTT ou au canyoning.

À VOIR

AUTOUR DE STRESA

La villeggiatura

Stresa

Le village de pêcheurs installé depuis le Moyen Âge sur la rive piémontaise du lac devint dans les années 1860 un lieu de séjour élégant doté de certains des palaces les plus spectaculaires des Alpes italiennes, grâce à la proximité des îles Borromées. Une verdoyante promenade, le *lungolago*, relie les grands hôtels de Stresa au village, dont les ruelles tortueuses débordent de restaurants et de bars et à son embarcadère. Sur les hauteurs s'alignent des villas Liberty toutes plus somptueuses les unes que les autres. À l'entrée sud de la station s'élève la villa Pallavicino, réalisation néoclassique dont le somptueux parc à l'anglaise, riverain du lac, abrite un petit zoo.

90km au nord-ouest de Milan Villa Pallavicino Via Sempione Sud, 8 ☎ 0323 93 34 78 www.isoleborromee.it ⌚ Fin mars-sept. : tlj. 10h-17h30 ; oct. : tlj. 10h-16h30 € 13€

ACCÈS ET INFOS

- De 70km à 90km séparent Milan de la rive ouest du lac Majeur.
- Hors saison, on circule et on se gare aisément autour du lac. L'été, en revanche, le *lungolago* est embouteillé et les places de stationnement sont rares… et chères – surtout près des embarcadères. De fin mars à début octobre, les bacs reliant Verbania-Intra à Laveno transportent les véhicules d'une rive à l'autre (toutes les 20-30min de 5h à 0h)
- Distretto Turistico dei Laghi Accueil et informations touristiques sur les lacs et la région. Corso Italia, 26 Stresa ☎ 032 33 04 16 www.distrettolaghi.it ⌚ Lun.-ven. 9h-17h, dim. 9h30-13h30
- Navigazione Laghi assure des liaisons régulières entre les différentes localités du lac, y compris l'ermitage de Santa Caterina del Sasso et Locarno, en Suisse. Fréquence et lignes variables selon la saison. L'été, elle organise des mini-croisières à partir de Pallanza, Baveno, Stresa, Angera et Arona. Piazzale Baracca, 1 Arona ☎ 032 223 32 00 www.navigazionelaghi.it

IL ÉTAIT UNE FOIS

Au 18e s., de grandes familles lombardes se font bâtir des résidences secondaires au bord du lac Majeur. Ces villégiatures se multiplient au 19e s. après l'ouverture de la route du Simplon, puis d'une voie ferrée. C'est ainsi que **Pallanza** et **Castagnola** détrônent Stresa dans les années 1870. De nos jours, certaines propriétés ouvrent leurs portes au public, mais la plupart ne se laissent voir que du pont d'un bateau.

À NE PAS MANQUER

- Monte Mottarone
- Villa Taranto
- Îles Borromées ★

Isola dei Pescatori, archipel des Borromées

Point de vue sur les Alpes
Monte Mottarone

Cette éminence offre des panoramas grandioses sur le lac et, par temps clair, sur les cimes du Monviso à l'ouest et du Monte Rosa à l'est. Le téléphérique (*funivia*) reliant Stresa au Mottarone est momentanément fermé suite à un accident survenu en mai 2021. Les férus de botanique visiteront le Giardino Botanico Alpinia (4ha), où sont conservées plus de 700 variétés de plantes alpines et médicinales. Au sommet (1 491m) est installée une petite station de ski qui accueille randonneurs et vététistes en été. Depuis le drame survenu en 2021, le téléphérique qui reliait Stresa au Monte Mottarone n'est plus en service. L'accès peut se faire à pied via un sentier de randonnée (4h) ou en voiture (péage 10€).

20km à l'ouest de Stresa **Giardino Botanico Alpinia** Viale Mottino, 26 Alpino di Stresa 0323 927 173 http://giardinobotanicoalpinia.altervista.org Avr.-début nov. : tlj. 9h30-18h 5€

Le saint homme de fer
Arona

Cette localité qui s'est développée autour d'une abbaye bénédictine possède d'opulentes villas des 18e et 19e s. Sa principale curiosité est toutefois une gigantesque statue de saint Charles Borromée (1538-1584), archevêque de Milan né à Arona. Commandé par son cousin et successeur, Frédéric Borromée, ce colosse de métal rend hommage au grand artisan de la Contre-Réforme, canonisé en 1610 – cf. Les Borromée (p.94). Dressée sur un socle en granit, la statue mesure plus de 23m de hauteur. À l'intérieur, un escalier en colimaçon puis une échelle à crinoline permettent de grimper jusque dans sa tête : vue imprenable sur le lac et le village d'Angera, sur sa rive orientale !

18km au sud de Stresa **Statua di San Carlo Borromeo** Piazzale San Carlo 0322 249 669 www.statuasancarlo.it Mi-mars-fin juin, sept. : mer.-dim. 10h-18h30 ; juil.-août : tlj. 10h-18h30 ; oct. : ven.-dim. 10h-18h30 5-7€

VERBANIA ET SES ENVIRONS

Le jardin sur le lac

Verbania

Comme Stresa, Verbania devint au 19e s. l'une des villégiatures de la grande bourgeoisie lombarde. Divisée en quatre localités et presque autant d'ambiances (Pallanza, Intra, Fondotoce et Suna), la station possède deux embarcadères, d'où l'on peut rayonner facilement autour du lac. Les boutiques, bars et restaurants se concentrent dans les ruelles animées d'Intra, tandis que Pallanza regroupe les principales curiosités culturelles, dont la Villa Taranto et le Museo del Paesaggio – qui expose de beaux paysages de la région peints aux 19e et 20e s., des sculptures de la même époque et une petite collection archéologique (p.87).

15km au nord de Stresa Museo del Paesaggio Via Ruga, 44 (Pallanza) 0323 502 254 www.museodelpaesaggio.it Mar.-dim. 10h-18h 5€

Villa Taranto

À défaut d'en imposer par son architecture, cette villa du 19e s. possède un opulent jardin botanique, créé en 1931 par le capitaine Neil Boyd McEacharn, son propriétaire de l'époque. Sur les 16ha poussent plus de 20 000 spécimens, et les passionnés s'émerveilleront des essences rares que l'on peut y admirer – *Emmenopterys henryi* originaire de Chine, *Dicksonia antarctica* provenant des forêts humides d'Australie, *Victoria cruziana* rapporté du bassin de l'Amazone... Le parc abrite aussi un herbier, une jolie fontaine et un mausolée.

Via Vittorio Veneto, 111 (Pallanza) 0323 404 555 (billetterie) www.villataranto.it Mars, oct. : tlj. 9h-17h ; avr.-sept. : tlj. 9h-18h 12€

Haut perché

Sacro Monte di Ghiffa

Blotti au cœur d'une réserve naturelle de 200ha dominant le lac, ce calvaire dédié à la Sainte-Trinité est l'un des neufs *sacri monti* classés au patrimoine mondial de l'Unesco – cf. Couleur locale (p.107). Contrairement aux autres, celui-ci est resté inachevé : après la construction du sanctuaire principal, en 1605, seuls trois chapelles et un portique en granit sortirent de terre. De là, de nombreux sentiers balisés traversent la réserve parmi des châtaigniers, des pins et des bouleaux.

9km au nord-est de Verbania

LES ÎLES BORROMÉES ★

Le lac Majeur tire sa réputation du petit archipel qui émerge du golfe Borromée entre Stresa et Verbania. Seuls trois de ces "cailloux" se visitent : l'Isola Bella ("île Belle"), dont les jardins en terrasse et le palais baroques symbolisent le raffinement, la pittoresque Isola dei Pescatori ("île des Pêcheurs") et l'Isola Madre ("île Mère"), dont le jardin botanique donne à voir une nature parfaitement maîtrisée.

BON À SAVOIR
L'été, entre 7h et 19h, des bateaux à destination des Borromées partent toutes les 30min de Stresa, Verbania-Pallanza, Verbania-Intra, Baveno et Carciano. À l'embarcadère de Stresa, l'achat d'un billet à 16,90€ permet de visiter les trois îles.
www.navigazionelaghi.it

Tel un vaisseau

Isola Bella

C'est l'île la plus célèbre du lac. Elle n'abritait qu'un hameau de pêcheurs et deux chapelles quand les Borromée décidèrent d'y faire construire une résidence de plaisance. Le projet, conçu vers 1632, devait évoquer un navire, les jardins figurant la poupe, le palais le gaillard d'avant, et la terrasse supérieure le pont de commandement. Le chantier fut achevé en 1671.

Dans les jardins de l'Isola Bella

Palazzo Borromeo

Le palais compte une cinquantaine de pièces dont seules se visitent les salles d'apparat et les collections d'œuvres d'art – les appartements étant encore occupés une partie de l'année. Stucs néoclassiques, marbres précieux, mobilier raffiné, tapisseries de soie, statues et toiles de maîtres... L'ensemble dénote une opulence certaine ! Au sous-sol, six grottes de style rocaille, tapissées de galets et de coquillages, permettaient jadis aux occupants du palais d'échapper à la canicule estivale. Elles abritent une belle collection de marionnettes et des maquettes de bateaux, tandis que la galerie qui donne sur l'extérieur renferme six tapisseries flamandes du 16e s. représentant des luttes entre animaux féroces et fantastiques. Le jardin vous invite à flâner sur ses dix terrasses fleuries, plantées d'essences exotiques et agrémentées de statues, où se pavanent des paons. Leur point d'orgue est le Teatro Massimo, étonnante composition baroque évoquant les ruines d'un théâtre antique.

Piazza Giardino Borromeo 0323 933 478 www.isoleborromee.it Mi-mars-mi-avr. : ven.-dim. 10h-17h30 ; mi-avr.-oct. : 10h-17h 20€ avec Isola Madre, 28€ avec Isola Madre et Rocca di Angera 33€

L'île-jardin
Isola Madre

Sur la plus grande île de l'archipel (7,8ha), la nature règne en maître ! Avec ses glycines, magnolias, bambous géants, cyprès, arbres fruitiers et essences rares du monde entier, le parc à l'anglaise est un véritable conservatoire botanique, et l'on croise des oiseaux exotiques dans ses allées ombragées. Au cœur de ce paradis végétal trône une édifiée au 16e s. par les Borromée et amplement remaniée aux 17e et 18e s. On y découvre des souvenirs d'une riche histoire familiale, une remarquable collection de poupées et des théâtres de marionnettes des 18e et 19e s.

0323 933 478 www.isoleborromee.it Mi-mars-mi-avr. : ven.-dim. 10h-17h30 ; mi-avr.-oct. : tlj. 10h-17h30 17€ (avec Isola Bella 28€, avec Isola Bella et Rocca di Angera 33€)

Mouchoir de poche
Isola dei Pescatori

Aussi appelée Isola Superiore, la plus petite des trois îles (350m de longueur sur 100m de largeur) fut la première peuplée. Dans son hameau se déverse chaque jour un flot de touristes attirés par ses ruelles bordées de maisons de pêcheurs et sa modeste église romano-gothique. Si la prolifération des restaurants et des cafés a mis à mal son authenticité, son panorama sur ses voisines et la rive du lac reste inchangé !

Accès libre

VERS LA FRONTIÈRE SUISSE

Le plus nordique des *sacri monti*
Sacro Monte Calvario di Domodossola

Les hauteurs de Domodossola furent élues en 1656 par deux pères capucins pour accueillir un parcours de dévotion – cf. Couleur locale (p.107) –, dont l'aménagement prit près de deux siècles. Ses quinze chapelles sont ornées de fresques et de statues grandeur nature figurant les différentes stations de la Passion du Christ. Les sept premières s'inscrivent dans de splendides jardins, les huit dernières dans l'enceinte du sanctuaire principal, qui attend les pèlerins au col de Mattarella, à proximité des vestiges d'un château médiéval.

28km au nord-est de Verbania

Bourgade inaltérée
Cannobio

Dernière localité avant la frontière suisse, Cannobio coule des jours paisibles entre ses murs médiévaux. Signalons le Palazzo della Ragione et de son campanile du 13e s., le splendide Palazzo Pironi (15e s.) et le Santuario della Santissima Pietà (1578). Le village au séduisant *lungolago* a su conserver toute son authenticité. Les escarpements sauvages des **Orrido di Sant'Anna** (gouffre Sainte-Anne), à 3km du centre en remontant le cours de la Cannobio, combleront les randonneurs (comptez 1h aller).

20km au nord-est de Verbania

Isola Madre

À FAIRE

Allez à la plage

Les plages ne manquent pas au bord du lac Majeur, mais la qualité de l'eau varie d'un site à l'autre – renseignez-vous dans les offices de tourisme pour savoir si la baignade est autorisée. Voici les plus belles de la rive piémontaise :

Spiaggia di Suna
À l'ouest de Verbania (1,5km), dans le golfe Borromée, une plage de gravier léchée par une eau profonde (et froide !). Deux piscines, bars de plage, location de transats et de pédalos.

Spiaggia di Cannero
À deux pas du port de plaisance de Cannero Riviera, une vaste plage de fins galets aux faux airs de Côte d'Azur : palmiers, citronniers, fleurs et cafés chics.

Lido di Cannobio
Large et venteux : le rendez-vous des amateurs de sports nautiques ! Cours et loueurs de matériel, tel que Tomaso Sail & Surf (p.95).

Prenez l'air en famille

Les parcs des grandes villas-musées, pour la plupart payants, sont de parfaits endroits pour les enfants. La Villa Pallavicino (p.88) cache un zoo dans son

LES BORROMÉE

Cette illustre famille lombarde marque de son empreinte l'histoire du lac Majeur depuis des siècles. Originaires de Rome – leur patronyme dérive de *Buon Romei*, "Bon Romain" –, les Borromée s'établissent banquiers à Milan après un passage par la Toscane. Trésorier de la famille Visconti, qui gouverne alors la cité lombarde, Vitaliano Borromée reçoit en 1440 le fief d'Arona, sur le lac Majeur, puis le titre de comte. Par la suite, les Borromée se substituent aux seigneurs de la région, les Visconti. Cette lignée compte d'éminents personnages, dont le plus illustre est Charles Borromée (1538-1584), fils du comte Gilbert II et de Marguerite de Médicis. Nommé cardinal et secrétaire d'État du Vatican par son oncle, le pape Pie IV, il devient peu après archevêque de Milan. Principal artisan de la Contre-Réforme, il sera canonisé en 1610. Au cours des siècles, les possessions des Borromée n'ont cessé de s'étendre autour du lac. Le palais de l'Isola Bella en est certainement le plus magnifique symbole. Leurs descendants actuels demeurent les plus grands propriétaires terriens du lac, sur lequel ils possèdent également des droits de pêche exclusifs.

Statue de saint Charles Borromée, Arona

immense jardin. Un parc d'aventure (piscines chauffées avec toboggans, parcours d'escalade et d'accrobranche, notamment) vous attend à Baveno, un centre nautique à Cannobio. Certains hôtels disposent d'un club nautique.

Aquadventure Park Via Cavalli, 18 Baveno (5km au nord-ouest de Stresa) 0323 919 799 lagomaggioreadventure.com Avr.-mai : lun.-ven. 9h-21h, sam.-dim. 9h-19h ; juin-mi-sept. : tlj. 10h-13h et 16h-20h ; mi-sept.-mars Sur rés. 23€ **Tomaso Sail & Surf** Parco Lido Cannobio 333 700 0291 www.tomaso.com Tlj. 10h-19h

Crapahutez sur les sentiers du lac Majeur

Parchi del Lago Maggiore

Les amateurs de grands espaces trouveront leur content dans le parc national du Val Grande (146km^2), dont les sentiers balisés offrent de fabuleux panoramas sur les Alpes. Au sud du lac Majeur, près d'Arona, le parc régional des Lagoni di Mercurago protège une zone humide à la faune particulièrement riche. Plus modestes, les réserves naturelles de Fondotoce et du Sacro Monte della Santa Trinità (au-dessus de Ghiffa) promettent de belles randonnées dans les châtaigneraies qui dominent le lac. Le Distretto Turistico dei Laghi publie des brochures détaillées sur les différents circuits ainsi que *Réserves et parcs naturels du lac Majeur*, 300 pages pour tout savoir sur les espaces protégés qui cernent le lac.

www.distrettolaghi.it www.parcovalgrande.it

Pédalez au bord du lac

Tous les dimanches de printemps, d'impressionnants regroupements de cyclistes se forment sur la rive piémontaise. Dans la réserve naturelle de Fondotoce, des pistes ont été tracées à leur intention. Les amateurs de VTT disposent aussi de parcours dédiés sur les pentes du Mottarone.

Stresa Bike Rental Via de Martini, 35 Stresa 0323 315 98 www.stresabikerental.com Tlj. 9h-18h **Vagamondo** Corso Europa, 41 Verbania 0323 504 419 www.vagamondo.com lun.-sam. 9h-13h et 15h-19h, dim. sur rdv

Descendez des cascades en rappel

Lago Maggiore Canyoning

La région recèle une soixantaine de gorges et autres ravins que dévalent des torrents. Descendez un ou plusieurs de ces canyons sous la conduite d'un guide de montagne certifié. Sensations fortes et sécurités garanties ! Les prix vont de 65€/pers. (débutant, 2h) à 100€ (confirmé, 4h).

Via Cominazzini, 1 Mergozzo (10km au nord-ouest de Verbania) 345 870 1427 www.lagomaggiorecanyoning.it

Partez en excursion

Lago Maggiore Express

Combinant bateau et train (et pas moins de quatre compagnies de transport !), ce parcours permet d'explorer à son rythme le lac Majeur et les pittoresques vallées alpines qui s'étagent au nord-ouest : la Valle Vigezzo (en Italie) et les Centovalli (en Suisse). Reliant Angera à Domodossola en passant par Locarno, l'itinéraire peut débuter dans n'importe quelle localité desservie

Lago Maggiore Express

et être interrompu à tout moment. Le billet (33€ AR), valable pour toutes les compagnies utilisées (Navigazione Lago Maggiore, Trenitalia, Centovalli et Ferrovia Vigezzina), s'achète aux guichets.

SSIF Domodossola 0324 242 055 www.vigezzinacentovalli.com

Survolez le lac Majeur

Lago Maggiore Zipline

Cette tyrolienne longue de 1 850m vous offrira un panorama extraordinaire sur le lac. Avec un dénivelé de 350m, la descente ne dure guère plus d'une minute trente, mais les pointes à 120km/h, accroché à un filin, vous procureront sans doute quelques frissons ! 38€ par personne. Réservez en ligne ou par téléphone après avoir consulté le calendrier.

Alpe Segletta (sur la SP55 dir. Piancavallo) 333 946 7147 www.lagomaggiorezipline.it

NOS ADRESSES

PAUSES

Effeuillez la marguerite

Pasticceria Marcolini ♥

Les gourmandises de cette pâtisserie installée près de la place Cardona, à Stresa, rallient tous les suffrages. Goûtez ses *margheritine*, créées au 19e s. à l'occasion d'une visite de la princesse Marguerite de Savoie. Vendus au poids ou dans de jolies boîtes, ces biscuits au beurre en forme de marguerites fondent presque instantanément dans la bouche.

STRESA Via De Vit, 14 0323 303 64
Mer.-lun. 7h-12h30 et 14h-19h

Tchin-tchin !

Enoteca Da Giannino

À l'heure de l'apéritif, la meilleure cave de Stresa se mue en bar à vins. L'ambiance est détendue et le choix des vins pléthorique, et le verre

GOÛTEZ LES SPÉCIALITÉS RÉGIONALES
L'offre est pléthorique : dans le registre salé, on peut citer le jambon de montagne vigezzino et de nombreux fromages comme le bettelmatt, l'ossolano, le gorgonzola ou la toma del Mottarone. Côté douceurs, nous vous recommandons les *margheritine di Stresa* (biscuits), la *credenzin* (pain noir doux aux noix, raisins et figues) ou encore le *stinchett*, fine crêpe de sarrasin originaire de la vallée du Vigezzo.

(ou la bouteille) peut s'assortir de planches de fromage et de charcuterie. L'occasion de goûter avant d'acheter !

STRESA Piazza Cadorna, 9 0323 307 81 Mai-oct. : tlj. 9h-23h ; nov.-avr. : mer.-lun. 9h-22h

Planche de salut
La Casera

Grappes de jambons suspendues au plafond, bouteilles en pagaille et rangées de fromages amoureusement affinés par Eros Buratti, le patron : pas de doute, vous voilà dans un temple de la bonne chère ! Idéal pour faire le plein de victuailles en prévision d'un pique-nique où pour partager de copieuses planches du terroir autour d'un verre.

VERBANIA Piazza Ranzoni, 19 0323 581 123 www.formaggidieros.it Jeu.-mar. 9h-22h, mer. 9h-15h

Escale sucrée
Caffè della Serra

L'ancienne serre du Palazzo Borromeo abrite un charmant salon de thé, idéal pour une pause à l'ombre d'un bananier, avec les autres îles de l'archipel en point de mire.

ISOLA MADRE Palazzo Borromeo 0323 933 478 22 mars-20 oct. : tlj. 9h-17h30

Saveurs du cru
Scurone

Dans une adorable cour à arcades, cette *bottega* cultive l'amour des bons produits. Sélectionnés avec soin, les vins s'accompagnent de charcuterie et de fromages de la région, ou encore de poisson fumé du lac.

CANNOBIO Traversa Scurone, 7 334 834 7533 www.scurone.it Ven. 18h-22h, sam. 11h-15h et 18h-22h ; dim. 11h-15h

Voir aussi **Caffè Latte** et **Pasticceria Pinton** (p.86).

RESTAURANTS

Pizza sous la tonnelle
Osteria degli Amici €

Au sud-est de la piazza Possi, une trentaine de recettes de pizzas (6-15€) au choix. Pour une initiation aux saveurs piémontaises, rien de mieux que celle au speck (jambon cru maigre) accompagnée d'un verre de bardolino. À déguster sous la tonnelle de la courette, plutôt qu'en salle – l'intérieur est relativement impersonnel.

STRESA Via Anna Maria Bolongaro, 33 0323 304 53 Fév.-nov. : jeu.-mar. 12h-14h30 et 18h-22h30

Ode marine
Il Vicoletto €€

Dans le centre historique de Stresa, un restaurant de poche où goûter une cuisine méditerranéenne bien tournée. Parmi les classiques de la maison, ne pas manquer l'antipasto du lac, les saint-jacques aux champignons, ou encore les tagliatelles *alla brezza marina* (aux fruits de mer). Réservez ! Comptez 30-40€ le repas.

STRESA Vicolo del Pocivo, 3 0323 932 102 www.ristorantevicoletto.com Ven.-mer. 12h-14h et 19h-22h

Convivial

Osteria del Castello €

Dans un chaleureux cadre rustique bercé de notes jazzy, vous aurez le choix entre une salade composée et une assiette de charcuterie et/ou de fromages régionaux, à déguster avec un verre de dolcetto d'Alba ou de barbera. Des mets sans façons, à deux pas du *lungolago*. Comptez 10-25€ le repas.

VERBANIA (INTRA) Piazza Castello, 9 0323 516 579 www.osteriacastello.com Tlj. 12h15-14h30 et 19h15-22h30 Fermé dim. hors saison

Tout pour plaire

La Rampolina ♥€

Un décor enchanteur sur les hauteurs du lac et une cuisine locale de saison : pas de doute, voilà une adresse en or ! Au menu, risotto à la perche, truite au four ou lard au miel piémontais, à savourer sur la terrasse panoramique. Plats 12-28€.

CAMPINO Via Someraro, 13 (4km à l'ouest de Stresa) 0323 923 415 www.larampolina.com Mar.-dim. 12h-14h30 et 18h45-22h

Au bord de l'eau

Elvezia €€

Juste en face de l'embarcadère – pratique pour réserver une table à la descente du bateau –, les terrasses fleuries de cet hôtel-restaurant offrent une vue imprenable sur Stresa. La carte fait la part belle aux poissons du lac, grillés, rissolés dans le beurre, frits ou panés, mais les carnivores et les végétariens ne sont pas en reste. Les desserts, maison, sont excellents. Comptez 25-30€ le repas.

ISOLA BELLA Lungo Lago Vittorio Emanuele, 18 0323 300 43 www.elvezia.it Tlj. 12h-15h et 19h-21h

Bonne table, belle vue

Albergo Ristorante Verbano €€€

Posté à la pointe sud de l'île depuis 1895, le Verbano invite à une pause chic face aux îles du golfe. Cuisine raffinée – goûtez la spécialité de la maison, le risotto *Re Carlo*, à la perche et aux agrumes – et magistrale terrasse ombragée. Différents menus dégustation 80-110€.

ISOLA DEI PESCATORI Via Ugo Ara, 2 0323 304 08 www.ilverbano.com Mi-mars-oct. : tlj. 12h-14h30 et 19h-21h30

Cuisine créative

Taverna del Pittore €€€

Poêlée de crevettes aux fèves et petits pois ou brochettes d'écrevisses et de saint-jacques sauce curry... la nouvelle cuisine est à l'honneur dans cet établissement du vieux port d'Arona, d'où l'on profite du tableau qu'offre la Rocca Borromeo (le château d'Angera), sur la rive opposée. Comptez 45-70€ à la carte.

ARONA Piazza del Popolo, 39 0322 243 366 www.ristorantetavernadelpittore.it Ven.-mer. 12h30-14h15 et 19h30-21h45

Au vert

Grotto Sant'Anna ♥€€

À l'aplomb du vertigineux gouffre Sainte-Anne, ce pittoresque restaurant occupe un ancien presbytère. Truite de rivière et filet d'agneau au miel de châtaigne à déguster sous de vénérables marronniers, dans un idyllique cadre sauvage. Comptez 35-45€ le repas.

CANNOBIO Via Sant'Anna, 30 0323 706 82
Mars-nov. : mar.-dim. 12h-13h30 et 19h-21h30

Voir aussi **Caffè delle Rose Bistrot** (p.87).

SHOPPING

Doux parfums
Profumo di Stresa

Concoctés en Italie, des jus aux notes florales et fruitées (camélia-pamplemousse, orange-gingembre...), mais aussi des diffuseurs d'ambiance, des savons végétaux et autres cosmétiques.

STRESA Piazza Cardona, 25 Tlj. 9h30-19h30

Autres temps...
Epoque

Les amateurs de brocante seront ravis de découvrir, dans cette venelle peu fréquentée de Stresa, la boutique de Paolo Fumagalli. Vieux outils, meubles, objets utilitaires ou décoratifs et peintures des 19e et 20e s. remplissent ses deux étages.

STRESA Via Antonio Rosmini, 31-33
347 279 96 58 stresaepoque.synthasite.com
Été : tlj. 10h-12h30 et 16h-19h ;
hiver : ven.-sam. 10h15-12h15 et 15h30-18h (horaires variables, appeler)

Marché historique
Mercato Intra

Fondé en 1393, ce marché n'a pas pris une ride ! Répartis sur les quatre places du centre historique d'Intra, près de 240 stands proposent fruits et légumes, produits du terroir, artisanat, vêtements et bouquets.

VERBANIA Autour de la Piazza Mercato
www.mercatointra.it Sam. 8h-17h

Voir aussi **Al Minuto'** (p.86).

LA RECETTE

POLENTA AU GORGONZOLA

Pour 4 pers.

200g de polenta pré-cuite
200g de gorgonzola
1l d'eau
Quelques cerneaux de noix ou noisettes grillées
Feuilles de sauge

Faites bouillir l'eau et salez-la (mais pas trop). Ajoutez la polenta en pluie fine et délayez-la énergiquement au fouet. Baissez le feu et continuez à mélanger avec une cuillère en bois jusqu'à ce que la semoule se détache des parois de la casserole (5-10min selon la grosseur des grains). Ajoutez le gorgonzola en dés et mélangez prestement avant de verser la préparation dans un plat. Parsemez de noix ou de noisettes concassées et de sauge ciselée, puis servez aussitôt. Accompagnez d'une salade.

LE LAC MAJEUR CÔTÉ LOMBARDIE

Moins romantique que son vis-à-vis piémontais, la rive orientale du lac Majeur a pour elle ses plages préservées, l'atmosphère paisible de ses villages et un splendide ermitage perché au-dessus des flots, Santa Caterina del Sasso. Accordez-vous un détour par Varèse et son centre historique avant d'explorer les vertes collines des environs, couronnées pour certaines de trésors de la piété populaire.

ACCÈS ET INFOS

- La rive lombarde du lac Majeur est à env. 60km de Milan.
- Pour glaner des informations pratiques sur la région :
- Infopoint Varese Piazza Monte Grappa, 5 Varèse
  0332 28 19 13 www.comune.varese.it
  Lun.-sam. 9h30-13h et 14h-17h30

À VOIR

LA RIVE SUD-EST

Sous bonne garde

Angera

Vastes pelouses propices aux parties de football et aux pique-niques, double rangée de châtaigniers sous laquelle attendre le traversier l'été... Assurément, le *lungolago* d'Angera est l'un des plus agréables du lac ! Sur le village veille une imposante forteresse perchée, la Rocca Borromeo, qui remonte au 11e s. Passé des Visconti aux Borromée au 15e s., le château a été agrandi jusqu'au 17e s. Il est fameux pour son jardin médiéval en balcon sur le lac, pour les fresques de sa salle de Justice (Sala de Giustizia) et pour la collection de faïences de sa salle de la Mythologie (Sala de la Mitologia). Il abrite aussi le Museo della Bambola e del Giocattolo, l'une des plus riches collections de poupées et de jouets anciens d'Europe.

65km au nord-ouest de Milan Rocca Borromeo Via Rocca Castello, 2 0323 933 478 www.isoleborromee.it Mi-mars-fin oct. : tlj. 10h-17h30 € 13€ (avec Isola Bella et Isola Madre 33€)

Un ermitage les pieds dans l'eau

Eremo di Santa Caterina del Sasso

Arrimé à un à-pic, l'ermitage Sainte-Catherine-du-Rocher offre un splendide panorama sur le lac Majeur. Il s'organise autour d'une grotte où, au 12e s., un riche marchand d'Arolo se serait retiré pour vivre en ermite après avoir miraculeusement réchappé à un naufrage sur le lac. Occupé par différents ordres monastiques jusqu'au 20e s., le couvent recèle d'intéressants cycles de fresques des 13e-17e s., notamment dans sa salle capitulaire. Il en va de même de son église, qui réunit la chapelle dédiée par l'anachorète à sainte Catherine d'Alexandrie, patronne des philosophes, et deux autres oratoires un peu plus récents.

Leggiuno (17km au nord d'Angera Du parking, ascenseur ou 268 marches à dévaler En ferry de Stresa, 80 marches à gravir du débarcadère) 0332 647 172 www.santacaterinadelsasso.com Mi-mars-mi-oct., mi-déc.-début jan. : tlj. 9h30-19h30 ; mi-oct.-mi-mars : lun.-ven. 13h30-18h, w.-e. et j. fér. 9h30-19h30 € 5€

À NE PAS MANQUER

- Santa Caterina del Sasso
- Villa della Porta Bozzolo
- Villa Panza
- Sacro Monte di Varese
- Castiglione Olona

Santa Caterina del Sasso

Quelle vue !

Laveno-Mombello

Bordée d'une jolie promenade plantée, cette petite cité lacustre accueillit au 19e s. une importante manufacture de céramique, comme le rappelle son Museo Internazionale del Design Ceramico (MIDeC). Laveno est aussi est le point de départ d'un pittoresque funiculaire qui permet de gagner en 10min les hauteurs du mont Sasso del Fero. Ce sommet (1 062m), également accessible en voiture, offre par beau temps des vues sublimes sur toute la région.

MIDeC - Museo Internazionale del Design Ceramico Lungolago Perabò, 5 ☎ 0332 625 551 www.midec.org 🕓 Début oct.-fin juin : mar.-jeu. 10h-12h30, ven. 10h-12h30 et 14h-17h, sam.-dim. 10h-13h et 14h-17h ; début juil.-fin sept. : mar.-jeu. 10h-12h30, ven.-sam. 15h-20h, dim. 10h-13h et 14h30-19h € 6€ **Funivie Laveno-Sasso del Fero** Via Don C. Tinelli, 15 ☎ 0332 668 012 www.funiviedellagomaggiore.it 🕓 Fév.-mi-mars, nov.-déc. : w.-e. 10h30-16h30 ; mi-mars-fin mai, sept.-oct. : lun.-ven. 11h-18h, sam.-dim. 11h-20h ; fin mai-août : lun.-sam. 11h-21h, dim. et j. fér. 10h-21h A/R 12€

Une villa des délices

Villa della Porta Bozzolo

Casalzuigno, village de la vallée de la Valcuvia, vit s'installer au 16e s. les Della Porta, ambitieuse famille qui étendit peu à peu son influence dans la région. Ne manquez pas de visiter leur demeure, la Villa della Porta Bozzolo, remaniée et nantie de majestueux jardins en terrasses au début du 18e s. Ses intérieurs romantiques, parfaitement conservés, sont un enchantement. Des salles de musique et de billard aux chambres à coucher, de la cuisine au pressoir, est restitué le quotidien d'une famille de riches propriétaires terriens du 18e s. À l'étage, admirez la richesse des fresques qui tapissent plafonds, murs et portes.

Viale Senatore Camillo Bozzolo, 5 Casalzuigno (10km à l'est de Laveno) ☎ 0332 624 136
🕓 Avr.-sept. : mer.-dim. 10h-18h ; oct.-10 déc. : mer.-ven. 10h-17h, sam.-dim. 10h-18h
€ 12€ (parc seul 5€)

Hameau peint

Arcumeggia

Les façades de ce petit village isolé sont agrémentées de fresques réalisées dans la seconde moitié du 20e s. par de grands artistes italiens. Les thèmes sont aussi variés que l'émigration, la vie quotidienne, les sports, la nature... ou la foi : à côté de l'église, on peut suivre un chemin de croix peint par Gianfilippo Usellini, Giuseppe Montanari et Giovanni Brancaccio, entre autres.

14km à l'est de Laveno (via Casalzuigno)

À L'EST DU LAC MAJEUR, VARÈSE ET SES ENVIRONS

Auprès de son petit lac...

Varèse

Villégiature milanaise depuis le 18e s., ce chef-lieu de province est un peu une étape obligée entre le lac Majeur et le lac de Côme. Son agréable centre commerçant, qui s'ordonne autour de l'imposant campanile du Bernascone et du corso Matteotti, réunit enseignes de grandes marques, pâtisseries sélectes et cafés avec terrasse prêts à satisfaire les goûts de luxe de leur clientèle milanaise. La vaste piazza Monte Grappa, parée de marbre blanc, de granit gris et de brique rouge, fascinera les férus d'architecture. Aménagée dans les années 1930, elle évoque le souvenir des édiles fascistes, qui haranguaient les foules du balcon de la Torre Civica. Les amateurs d'art contemporain et de jardins trouveront, eux, leur bonheur à la Villa Panza.

Villa Panza

Bâtie au 18e s. sur les hauteurs de Varèse, cette majestueuse villa renferme l'une des plus belles collections privées d'art moderne d'Italie. Constituée par le comte Panza di Biumo (1923-2010), elle rassemble plus de 2 500 œuvres. Relevant pour la plupart de l'expressionnisme abstrait, du minimalisme ou de l'art conceptuel, celles-ci sont exposées par roulement, dans les pièces à vivre et les dépendances. Certaines sont toutefois visibles en permanence, telles les hypnotiques installations fluorescentes de l'Américain Dan Flavin. Cerise sur le gâteau, le parc et ses points de vue sur les Alpes.

Piazza Litta, 1 0332 283 960 www.fondoambiente.it/luoghi/villa-e-collezione-panza
Mar.-dim. 10h-18h 15€

Hauteurs spirituelles

Sacro Monte di Varese

Ce chemin de croix long de 2km gravit l'une des collines boisées qui moutonnent dans l'enceinte du Parco Regionale Campo dei Fiori (p.104). Conçu au 17e s. par l'archevêque de Milan Charles Borromée comme un instrument de la Contre-Réforme, ce *sacro monte* (p.107) est dédié aux mystères du Rosaire (méditations, chapelet en main, sur les épisodes marquants de la vie du Christ et de la Vierge Marie). La distance séparant chacun de ses 14 oratoires doit permettre aux fidèles de réciter trois chapelets. Au bout de la voie pavée, dans le hameau de **Santa Maria del Monte**, la quinzième et dernière chapelle du Rosaire s'abrite dans une église de pèlerinage du 15e s.

Vous trouverez à proximité plusieurs hôtels et restaurants... et une vue somptueuse sur le Varesotto. Le week-end, un funiculaire relie la plus basse des chapelles, à Vellone, au sanctuaire sommital.

8km au nord de Varèse (Funicolare Vellone-Sacro Monte en service sam.-dim. et j. fér. 10h-19h ou 9h-17h ; oct.-déc. : tlj. 10h-18h)

Sacro Monte di Varese

Un peu de Toscane en Lombardie

Castiglione Olona

Ce bourg possède un patrimoine Renaissance digne d'une grande ville. Un trésor dû au cardinal Branda Castiglioni (1350-1443), qui entreprit d'édifier au milieu de nulle part la cité idéale telle que l'imaginaient les humanistes de la Renaissance. L'édifice le mieux conservé est la collégiale érigée sur les hauteurs du village en lieu et place d'un château. Elle abrite un remarquable cycle de fresques réalisées vers 1435 par le Florentin Masolino da Panicale. Plus surprenant, le Palazzo dei Castiglioni di Monteruzzo abrite le Museo Arte Plastica, dédié au potentiel esthétique de la matière plastique : y sont exposées une cinquantaine d'œuvres réalisées dans les années 1960-1970 par Enrico Baj, Gianni Colombo, Man Ray, Kumi Sugaï et autres artistes de renom.

10km au sud de Varèse **Museo della Collegiata** Via Cardinal Branda, 1 0331 858 903 www.museocollegiata.it **Oct.-mars : mar.-sam. 9h30-12h30 et 14h30-17h30, dim. et j. fér. 10h-13h et 15h-18h ; avr.-sept. : mar.-dim. et j. fér. 10h-13h et 15h-18h 6€** **MAP – Museo Arte Plastica** Palazzo dei Castiglioni di Monteruzzo Via Roma, 29 0331 858 301 **Avr.-sept. : mar.-ven. 9h-12h et 15h-18h, sam.-dim. 10h30-12h30 et 15h-18h ; oct.-mars : mar.-sam. 9h-12h et 15h-18h, dim. 15h-18h 3€**

Trésor préroman

Chiesa di Santa Maria Foris Portas

Unique vestige d'une place forte lombarde rasée par les Visconti en 1287 – l'antique Sibrium, ou Castrum Seprium –, cette adorable chapelle préromane en pierre et brique rouge se cache au fond des bois. Elle est précédée d'un original atrium rectangulaire. L'abside centrale recèle un précieux cycle de fresques (8e-9e s.) d'influence byzantine illustrant la naissance et l'enfance du Christ.

Via Castelvecchio, 1513 Castelseprio (env. 15km au sud de Varèse) 0331 820 438
Mer. 8h30-13h30, jeu.-sam. 13h30-17h30 (horaires variables) Entrée libre

À FAIRE

Allez à la plage

C'est sur la rive orientale du lac Majeur que s'étendent les plages les plus séduisantes.

Spiaggia di Reno

À deux pas de Santa Caterina del Sasso (p.100), une belle plage de sable et de galets, bondée l'été mais relativement préservée.

Spiaggia di Cerro

La plage la plus agréable de Laveno.

Luino

Sa plage et son lido valent eux aussi le détour.

18km au nord-est de Laveno

Luino

Profitez du grand air

Parco Regionale Campo dei Fiori

Ce parc naturel de 63km^2 protège les plans d'eau, les tourbières et les grottes des massifs du Campo dei Fiori et du Monte Martica, au nord de Varèse. La route carrossable ne grimpe pas jusqu'à la Punta Paradiso, point culminant (1 226m) de cet espace protégé. Pour atteindre ces hauteurs qui offrent des vues époustouflantes sur les lacs lombards et que se partagent un observatoire astronomique et une auberge, il vous faudra traverser la forêt – une bien agréable balade, qui s'ajoutent à 19 autres parcours balisés dans le parc. Mentionnons le sentier consacré à la châtaigne qui part du siège du parc, dans le village de Brinzio.

Siège : Via Trieste, 40 Brinzio (10km au nord de Varèse) 0332 435 386 parcocampodeifiori.it

NOS ADRESSES

PAUSES

Salute !

Patrick's Kafè

En terrasse face au port ou lové au fond d'un canapé, savourez un chocolat chaud réconfortant, un jus multivitaminé, une bière bien fraîche ou encore un verre de vin accompagné de fromage, de charcuterie, d'olives et de gressins... Le fameux aperitivo, pour trois fois rien !

LAVENO-MOMBELLO Via Alessandro Volta, 9 345 468 94 73 Mar.-dim. 7h-1h

Vitrine à l'ancienne

Ghezzi Pasticceria

Sous les arcades du Corso Matteotti, signalée par sa ravissante devanture en bois, cette pâtisserie régale les Varésins depuis 1919. Parmi les spécialités, testez les meringues, les brioches à la framboise ou encore le feuilleté "Belle Époque", à la pomme et au chocolat, à déguster avec un thé autour des quelques tables.

VARÈSE Corso Giacomo Matteotti, 36
0332 235 179 Mar.-dim. 8h-19h45

Apéro animé

Balthazar Cafè

Un incontournable des soirées varésines ! À l'heure de l'*aperitivo*, chaque consommation s'accompagne d'une belle assiette garnie. Excellents cocktails, large choix de gins et copieuses planches de fromage et de charcuterie à partager sur la terrasse ou sous l'élégant plafond en stuc de la grande salle.

VARÈSE Via Cavallotti, 2 347 548 15 31
Tlj. 18h-3h

RESTAURANTS

Contemplatif

MiraLago Pizza e Cucina €

Sous une romantique véranda, à l'ombre des châtaigniers, délectez-vous d'une des meilleures pizzas des environs, d'un tartare de crevettes ou d'un poisson grillé en regardant les barques des pêcheurs tanguer dans le port. Comptez 25-30€ le repas.

ANGERA Vialle della Republica, 14
0331 953 289 www.pizzeria-angera.it
Mer.-lun. 12h-14h30 et 19h-22h

Inspiré

Come a Casa €

Idéalement établi au bord du lac Majeur, ce restaurant se distingue par une cuisine thématique qui varie selon l'inspiration de sa cheffe. Chaque semaine, une nouvelle combinaison d'ingrédients (citron-menthe, fraise-asperge) donne le ton au menu et pimente risottos, pâtes fraîches et desserts. Plats 8-15€.

LAVENO-MOMBELLO
Lungolago Alessandro Volta, 1
0332 666 001 Mar.-jeu. et dim. 12h-14h30 et 19h-21h30, ven.-sam. 12h-14h30 et 19h-22h

Tapas à gogo

La Posteria ♥€€

Qu'on choisisse de picorer différents *rubitt* ("petites choses" en dialecte milanais) ou de prendre plusieurs plats en version demi-portion, la carte créative et infiniment subtile de ce restaurant donne envie de tout tester ! Agréable patio et excellente carte des vins. Comptez 25-40€ le repas. Formule 3 tapas 15€.

VARÈSE Via Carlo Cattaneo, 3 0332 288 277
laposteriavarese.it Lun. et mer.-ven. 19h-23h30, sam.-dim. 12h-14h30 et 19h-23h30

Raffiné

La Perla €€€

Un établissement chic, tout de blanc vêtu, presque trop cérémonieux. Le menu de poisson, aux plats sophistiqués, fait de l'œil aux chefs étoilés et à la cuisine gastronomique. Attention, les délicieuses entrées peuvent sembler offertes, mais vous les retrouverez sur la note. Repas à partir de 40€.

VARÈSE Via Carrobbio, 19 0332 231 183
www.perlaristorante.it
Mar.-dim. 12h30-14h30 et 19h30-0h

LE LAC D'ORTA

Il règne une grande sérénité sur le sauvage lac d'Orta (ou Cusio), enchâssé entre de hautes montagnes couvertes de forêts alpestres. Face au pittoresque village d'Orta, dont les pontons invitent à piquer une tête dans l'eau émeraude, émergent la petite île San Giulio et son monastère bénédictin. Vite, une photo !

ACCÈS ET INFOS

- 80km au nord-ouest de Milan (1h-1h30 de route).
- Ufficio Turistico Via Panoramica, 1 Orta San Giulio 0322 905 163 www.turismonovara.it
- Navigazione Lago d'Orta Cette compagnie dessert les différentes localités du lac, y compris l'Isola di San Giulio, et organise des croisières 370 369 89 73 www.navigazionelagodorta.it
- Motoscafi Pubblici Orta Dessert l'Isola di San Giulio toutes les 15min env. de 9h à 17h30 à la belle saison (service restreint d'oct. à mars) 333 605 02 88 www.motoscafisti.com

À VOIR

Havre de charme

Orta San Giulio

Ce village attachant s'étire sur la rive est du lac et ses ruelles convergent vers la piazza Mario Motta, bordée de plaisantes façades ocre ou pastel qu'animent des terrasses de cafés et de restaurants. Sur cette esplanade déployée face au lac se détache l'ancien palais communal (1582), qui abritait jadis le marché sous ses arcades. Après avoir admiré ses fresques, gravissez la via Caire Albertoletti en direction de Santa Maria Assunta. Bâtie à la fin du 15e s. pour remercier la Vierge d'avoir enrayé une épidémie de peste, cette pimpante église remaniée au 18e s. possède un bel intérieur baroque. Son parvis dispense une vue magistrale sur le lac. En chemin, vous aurez remarqué la loggia de la Casa dei Nani et l'élégant palais Renaissance des Gemelli (sur la droite), tous deux surlignés de fresques, ainsi que la façade néoclassique du palais Penotti Ubertini (sur la gauche). Les plus courageux poursuivront l'ascension jusqu'aux chapelles du *sacro monte*.

Chiesa di Santa Maria Assunta Via Caire Albertoletti, 41 Tlj. 8h-18h Entrée libre

Plus près de Toi...

Sacro Monte di Orta

Sur les hauteurs d'Orta, dans un splendide cadre boisé, un chemin de dévotion dessert 20 chapelles érigées de 1591 à 1630 en l'honneur de saint François d'Assise. À l'intérieur de chacun de ces oratoires, des fresques et des statues polychromes en terre cuite grandeur nature restituent, avec une expressivité touchante, une scène marquante de la vie du saint. L'église du couvent franciscain, juchée au sommet de la colline (400m), offre une vue splendide sur Orta, le lac et son île.

Via al Sacromonte (elle s'embranche sur la via Panoramica où l'on peut se garer) 0322 911 960 www.sacromonte-orta.com Été : tlj. 9h-18h30 ; hiver : tlj. 9h30-16h
Chiesa dei Santi Nicolao e Francesco Tlj. 9h-18h Entrée libre

À NE PAS MANQUER

- Orta San Giulio
- Isola di San Giulio ★

Piazza Mario Motta, Orta San Giulio

COULEUR LOCALE
Les neuf ***sacri monti*** du Piémont et de Lombardie furent aménagés à partir du 15e s. sur des éminences boisées comme lieux de pèlerinage alternatifs à ceux de la Terre sainte et, après le concile de Trente (1545), comme instruments de la Contre-Réforme catholique. Le cadre bucolique de ces chemins de croix et la valeur artistique de leurs chapelles ont motivé leur inscription au patrimoine mondial de l'humanité en 2003.

Sur la voie du silence

Isola di San Giulio ★

Ce caillou de 275m de longueur sur 140m de large, ancré à 400m du rivage, doit sa célébrité à la légende de saint Jules l'Évangélisateur. En 390, à peine arrivé de Grèce, ce prédicateur aurait traversé le lac sur son manteau pour chasser les serpents et les dragons – plus vraisemblablement les idoles d'un culte païen – qui l'infestaient et bâtir sur l'îlot sa centième et dernière église. Fortifiée dès le 9e s., l'île devint le siège de l'évêché de Novare au 13e s., et son château fort fut abattu au 19e s. pour faire place à un séminaire épiscopal. San Giulio est occupée depuis 1973 par une communauté de bénédictines qui se consacrent à l'étude et à la traduction de textes anciens. Un sentier, la via del Silenzio, permet d'en faire le tour en une dizaine de minutes. Tous les 10m environ, des panneaux rappellent les bienfaits du silence, de règle sur l'île.

Basilica di San Giulio

L'église du couvent qui occupe la majeure partie de l'île fut érigée au 11e s. sur les restes de la chapelle primitive. Son ambon (pupitre) roman en marbre noir témoigne du savoir-faire des artisans médiévaux avec ses symboles des évangélistes, ses feuillages et ses monstres sculptés. Saint Guillaume de

Volpiano (10e s.), natif de l'île et réformateur de l'ordre de Cluny, est représenté de manière naïve, accompagné d'un lion et d'un ange. Les fresques des piliers de la nef et des bas-côtés remontent aux 14e-15e s. Les autres datent des remaniements opérés aux 17e et 18e s. Dans la crypte vous attend la châsse de saint Jules, resplendissante d'argent et de cristal.

0322 903 58 Tlj. 9h-12h et 14h-17h Messe dominicale 11h € Entrée libre

Sanctuaire panoramique
Santuario della Madonna del Sasso

L'église de la Madone-du-Rocher ne fait qu'un avec l'éperon de granit blanc strié de noir sur lequel elle se dresse depuis le 18e s. La vue panoramique qu'elle offre sur le lac est son principal atout.

Sur la rive ouest du lac (21km d'Orta via Gozzano) 0322 981 156 Juin-août : tlj. 10h-12h et 15h-18h ; sept.-mai : sam.-dim. 9h30-17h30 € Entrée libre

Basilica di San Giulio

À FAIRE

Faites le tour du lac à pied
Anello Azzurro

Alternant chemins muletiers et routes goudronnées, ce parcours balisé (40km, 3j.) suit la rive du lac d'Orta en traversant forêts et villages. Une brochure détaillée (en anglais et en italien) est disponible à l'office du tourisme d'Orta. Départ de la gare d'Orta-Miasino ou du Forum d'Omegna.

0323 30 416 www.distrettolaghi.it provincia.novara.it

NOS ADRESSES

PAUSES

Mise en bouche
Al Boeuc

Depuis le 16e s., le "Trou" (*boeuc* en dialecte) étanche la soif des habitants d'Orta comme des visiteurs de passage, sans distinction ! Dans la pénombre de sa minuscule salle aux pierres apparentes, vous dégusterez dans une ambiance conviviale les meilleurs vins piémontais accompagnés de charcuterie et de fromages locaux.

ORTA SAN GIULIO Via Bersani, 28 339 584 00 39 fév.-déc. : ven.-mer. 11h-15h et 18h-23h

RESTAURANTS

Terrasse stratégique
Pane e Vino €

Du petit déjeuner (gargantuesque !) aux planches apéritives en passant par les plats du jour, les meilleurs produits de la région garnissent les assiettes de ce petit restaurant-épicerie idéalement situé sur la grand-place. Sa terrasse sous les arcades est un must pour suivre l'animation des longues soirées d'été. Comptez 20-25€ le repas.

ORTA SAN GIULIO Piazza Motta, 37
393 858 32 93 www.panevino-orta.it
Jeu.-mar. 10h-22h

Pour un festin princier
Villa Crespi ♥€€€

La splendeur de ce palais mauresque n'a d'égal que le talent de son chef étoilé, Antonino Cannavacciuolo. Délicatement présentés, pigeon au foie gras et raviolis de gambas grillées se dégustent sous les stucs d'une des salles ou dans la véranda donnant sur le parc. Plats 50-70€, menus 210-240€.

ORTA SAN GIULIO Via Giuseppe Fava, 18
0322 911 902 Mar. 19h30-21h30, mer.-dim. 12h30-13h45 et 19h30-21h45 sur rés.

Pour rompre le silence
Ristorante San Giulio €€

Le seul restaurant de l'île dispose d'une agréable terrasse ombragée, à fleur d'eau, où se régaler d'une rafraîchissante cuisine qui prête aux poissons du lac des saveurs méditerranéennes : tortellini de lavaret et son crumble d'olive, perche aux agrumes... Plats 14-24€, menus 40€.

ISOLA DI SAN GIULIO Via Basilica, 4
0322 902 34 www.ristorantesangiulio.com
Mer.-jeu. et dim.-lun. 9h-15h, ven.-sam. 9h-23h

SHOPPING

Honneur au terroir
Il Buongustaio

Dans cette épicerie fine, vous trouverez tous les fromages du Piémont, du saucisson à la truffe, du *pane dolce di San Giulio*, de l'*aceto balsamico* de Modène et mille autres délices. Francophile et francophone, l'inénarrable patron organise sur réservation des dégustations de vin, de *grappa*, de vinaigre balsamique ou de fromage.

ORTA SAN GIULIO Piazza Ragazzoni, 8-10
0322 905 626 www.ortafood.it
Nov.-fév. : w.-e. 9h30-18h30 ; mars-oct. : tlj. 9h30-19h30 Tlj. de Noël au jour de l'An

Design culinaire
Alessi Outlet

Le magasin d'usine de la maison Alessi, réputée pour ses ustensiles de cuisine design et ses accessoires de table décalés ! Tous les modèles iconiques de la marque (le presse-agrumes *Juicy Salif* de Starck, la cafetière *Conica* signée Aldo Rossi...), à des prix défiant toute concurrence.

OMEGNA Via Privata Alessi, 6
0323 86 86 48 www.alessi.com
Tlj. 10h-18h

Aux flâneurs, l'industrieuse Côme offre son cœur ancien, et les bourgs médiévaux riverains de son lac leurs façades colorées et les somptueuses villas qui en firent de prestigieuses villégiatures à partir du 18e s. Les sommets couronnés de neige qui se précipitent dans les eaux émeraude du Lario – autre nom du lac de Côme – composent un tableau de toute beauté qui a toujours fasciné les artistes.

Lac de Côme

Varenna

Plan 4

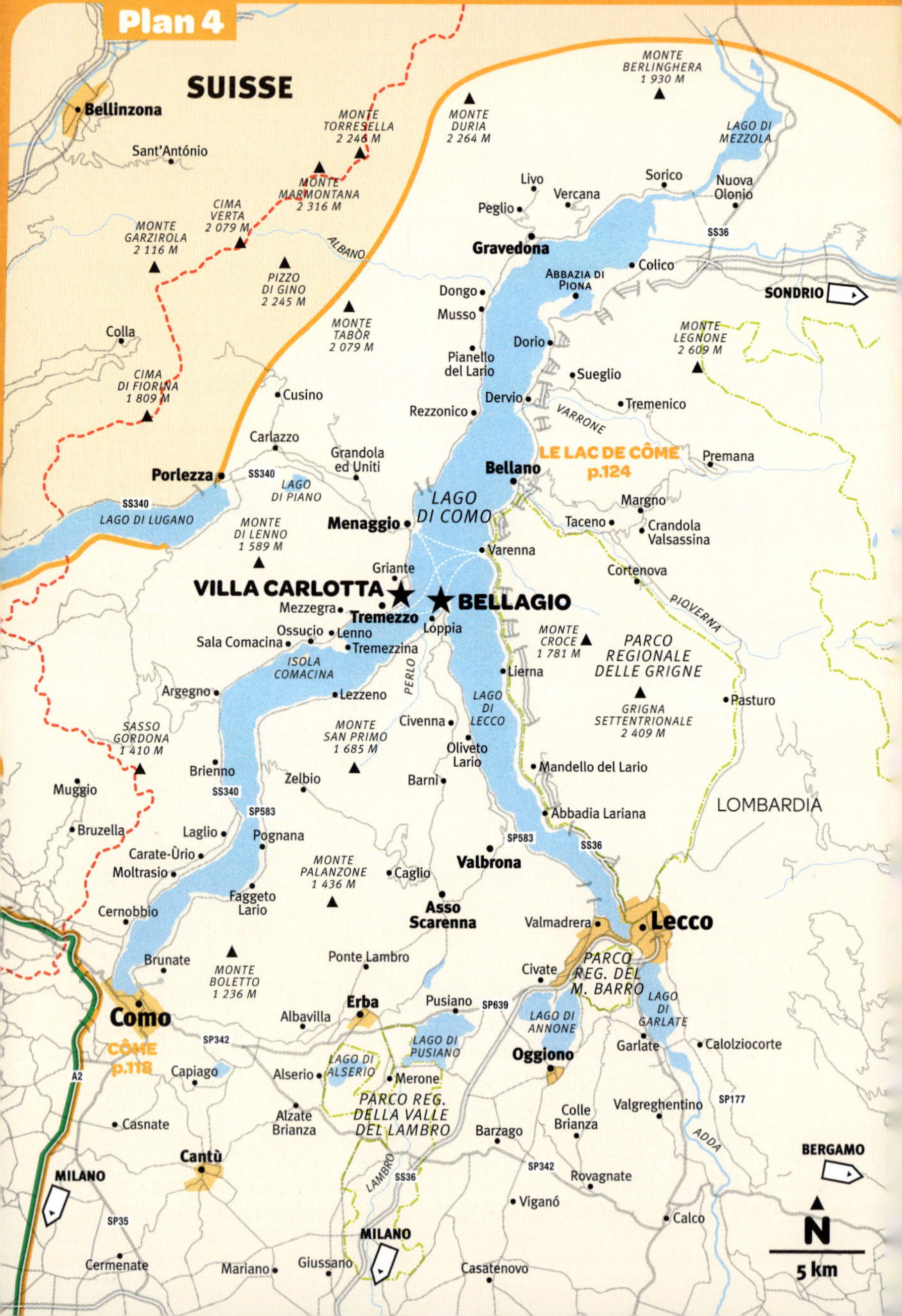
SUISSE
Bellinzona
Sant'António
MONTE TORRESELLA 2 246 M
MONTE MARMONTANA 2 316 M
CIMA VERTA 2 079 M
MONTE GARZIROLA 2 116 M
PIZZO DI GINO 2 245 M
ALBANO
MONTE DURIA 2 264 M
MONTE BERLINGHERA 1 930 M
LAGO DI MEZZOLA
Livo
Vercana
Sorico
Nuova Olonio
Peglio
Gravedona
SS36
Colico
ABBAZIA DI PIONA
SONDRIO
Dongo
Musso
MONTE TABÒR 2 079 M
Colla
CIMA DI FIORINA 1 809 M
Dorio
Pianello del Lario
MONTE LEGNONE 2 609 M
Sueglio
Cusino
Dervio
Tremenico
Rezzonico
VARRONE
Carlazzo
Grandola ed Uniti
LE LAC DE CÔME p.124
Premana
Porlezza
SS340
LAGO DI PIANO
Bellano
LAGO DI COMO
Margno
LAGO DI LUGANO
Menaggio
MONTE DI LENNO 1 589 M
Taceno
Crandola Valsassina
Varenna
Griante
Cortenova
VILLA CARLOTTA
BELLAGIO
PIOVERNA
Mezzegra
Tremezzo
Loppia
Ossucio
Lenno
Sala Comacina
Tremezzina
MONTE CROCE 1 781 M
PARCO REGIONALE DELLE GRIGNE
ISOLA COMACINA
PERLO
Lierna
Argegno
Lezzeno
LAGO DI LECCO
GRIGNA SETTENTRIONALE 2 409 M
Pasturo
SASSO GORDONA 1 410 M
Civenna
MONTE SAN PRIMO 1 685 M
Oliveto Lario
Brienno
Muggio
Zelbio
Barni
Mandello del Lario
LOMBARDIA
SP583
Abbadia Lariana
Bruzella
Laglio
Pognana
Carate-Ùrio
MONTE PALANZONE 1 436 M
Caglio
Valbrona
Moltrasio
Faggeto Lario
Asso Scarenna
Cernobbio
Valmadrera
Lecco
Brunate
MONTE BOLETTO 1 236 M
Ponte Lambro
PARCO REG. DEL M. BARRO
Civate
LAGO DI GARLATE
Como
COME p.118
Albavilla
Erba
Pusiano
SP639
LAGO DI ANNONE
SP342
LAGO DI PUSIANO
Oggiono
Garlate
Calolziocorte
Capiago
Alserio
LAGO DI ALSERIO
Merone
A2
PARCO REG. DELLA VALLE DEL LAMBRO
Colle Brianza
Valgreghentino
SP177
Casnate
Alzate Brianza
Barzago
ADDA
Cantù
BERGAMO
MILANO
LAMBRO
Rovagnate
SP35
Viganó
Calco
N
Cermenate
Mariano
Giussano
Casatenovo
5 km

SEPT BONNES RAISONS...

... de séjourner à Côme et au bord de son lac.

MENAGGIO (p.126), pour écouter le concert de cloches de l'église San Stefano résonner pendant de longues minutes dans ses rues.

LE PARC DE LA VILLA DEL BALBIANELLO (p.125), pour une excursion romantique au coucher du soleil, à bord d'un *vaporetto*.

LES BASILIQUES ROMANES DE CÔME (p.119), pour admirer le travail des *maestri comacini*, ces bâtisseurs itinérants du Moyen Âge qui les ont décorées.

LE BELVÉDÈRE DE LA SIGHIGNOLA (p.127), pour se jurer un amour éternel du haut du "balcon de l'Italie".

LE PARC DE LA VILLA MONASTERO (p.127), pour s'enivrer du parfum des orangers dans l'allée des Agrumes.

LA CRÊTE DU TRIANGOLO LARIANO (p.130), pour crapahuter au milieu de pâturages dominant les deux bras inférieurs du lac de Côme.

LA PESCHERIA TOSI LUIGI (p.133), pour goûter au *missoltini*, de petits poissons du lac séchés et relevés de laurier, à déguster dans un sandwich avec un peu d'huile d'olive ou grillés avec de la polenta.

RENDEZ-VOUS AVEC...

Davide Bareggi (à gauche sur la photo, avec son associé Daniele Corti) est né à Milan, mais a toujours vécu autour du lac de Côme. Passionné par la région, il a fondé avec Daniele et Sara, une agence de voyages spécialisée dans le tourisme lent : Slow Lake Como. Entre deux balades, il nous a livré ses adresses préférées et ses coins de paradis...

Ma petite entreprise

A Slow Lake Como

Cette agence de voyages propose des circuits pédestres à travers le territoire, du centre-ville de Côme aux sentiers sauvages qui courent autour du lac jusqu'à la frontière suisse. Plusieurs parcours comprennent des escales chez les producteurs locaux (fromage, miel, pain, etc.). Un itinéraire dédié aux pêcheurs du lac permet de découvrir la pêche traditionnelle et la technique ancestrale de conservation du poisson. L'agence propose aussi des visites privées du château Baradello avec dégustations.

CÔME Via Cesare Cantù, 31/b
Casnate Con Bernate 📱 392 02 79 675
www.slowlakecomo.com
Circuits de 1h30 à plusieurs jours (à partir de 20€/pers.)

MA BALADE HISTORIQUE

B Le parc Spina Verde

J'aime beaucoup parcourir ce parc naturel situé aux portes de Côme. Le sentier, qui serpente entre l'Italie et la Suisse, est une ancienne route de contrebandiers. Il est important de continuer à l'emprunter, car c'est une part de l'histoire locale.
Et puis,les paysages sont superbes, entre bois et collines.

CÔME 📱 031 21 11 31
www.spinaverde.it

Mon bistrot bio

C Bistro Muralto

Je fréquente souvent ce bistro tout petit, mais très joli avec ses meubles rétro. On peut déjeuner ou dîner sur place : la cuisine est savoureuse et l'on y trouve des vins locaux biologiques, ce qui est assez rare car la production est très limitée dans la région. Je conseille de goûter le vin de la Cantina Angelinetta, petit domaine de la région.

CÔME Via Francesco Muralto, 14
📱 031 24 03 51 🕒 Lun. 18h-23h, mar.-ven. 12h-15h et 18h-23h, sam. 11h-23h, dim. 11h-15h

SI LE LAC DE CÔME ÉTAIT...

Une couleur Ce serait un vert foncé, mystérieux comme les eaux du lac et les collines qui l'entourent.

Chèvres au pâturage à Musso

Mon repas avec vue

D Crotto Piazzaga

Un *crotto* est une grotte où l'on conservait autrefois la nourriture. Aujourd'hui, ces lieux pittoresques sont souvent reconvertis en restaurants rustiques qui servent des plats du terroir. Celui-ci se trouve dans un village auquel on accède seulement à pied. Les propriétaires font tout eux-mêmes ou se fournissent chez les producteurs voisins. La vue sur le lac et les montagnes est absolument splendide.

PIAZZAGA 320 618 54 88
Lun.-mar. et ven. 10h-20h, mer. 10h-15h, w.-e. 9h-23h

Mon jardin de rêve

E Il Giardino del Merlo

Le village de Musso abrite ce jardin très peu fréquenté qui est longtemps resté à l'abandon. Bien qu'il se déploie quasiment à la verticale, à pic sur le lac, il a été conçu de façon ludique par une famille à la fin du 19e s. On y trouve des tunnels et des jeux de verdure, une porte secrète ou encore une petite église. C'est un endroit magnifique d'où l'on peut admirer le lac de Côme.

MUSSO Dongo, Via del Giardino, 12
348 709 4316

Mon producteur fétiche

F Casale Roccolo

Cette ferme se trouve en pleine nature, loin des sentiers touristiques. La famille Bulgeroni y élève des chèvres et produit le Primo Sale, un fromage exceptionnel – et plusieurs fois primé ! Avec Slow Lake Como, nous emmenons les randonneurs sur place pour visiter l'exploitation et nous dégustons le fromage. Tout le monde est toujours conquis !

BINAGO Via Casale Roccolo, 3
348 32 02 495
www.casaleroccolo.it

CÔME

Charmante ville couronnée de collines, Côme possède une longue histoire. Elle a vu naître Pline l'Ancien et Pline le Jeune au début de notre ère avant de devenir l'un des centres européens de la production et de la transformation de la soie. La proximité du lac de Côme et des Alpes, conjuguée à un intéressant patrimoine bâti, a fait de ce chef-lieu de province dynamique l'une des villes les plus visitées de Lombardie.

ACCÈS ET INFOS

- Côme se trouve 50km au nord de Milan (1h10 de route).
- Infopoint Como Via Albertolli, 7 031 269 712 www.lakecomo.eu www.visitcomo.eu Mi-mars-oct. : tlj. 9h-18h ; nov.-mi-mars : tlj. 9h-13h et 14h-18h

À VOIR

CÔME

La vieille ville a conservé un pan de sa muraille du 12e s. (le long des viali Varese et Cattaneo), sur lequel s'appuient les terrasses d'élégantes demeures aristocratiques. On y entre de préférence par la Porta Torre, dont la silhouette écrase de toute sa hauteur (40m) la piazza Vittoria. Ses ruelles rectilignes, legs d'un plan d'urbanisme antique, recèlent des merveilles médiévales et Renaissance.

Attention chef-d'œuvre !

Duomo

Parée d'un lumineux marbre clair, la cathédrale Santa Maria Assunta de Côme est un joyau de la Renaissance lombarde ! Lancée en 1396, sa construction s'acheva en 1744 avec l'ajout de la coupole octogonale due à Filippo Juvarra. La continuité du chantier a permis d'harmoniser les styles – gothique des trois nefs, Renaissance du transept, baroque de la coupole... De part et d'autre du portail (16e s.), Pline l'Ancien et son neveu, Pline le Jeune, sont représentés sous les traits de deux jeunes bourgeois. Les deux portes latérales (16e s.) sont plus belles encore : celle de droite est attribuée à Bramante, tandis que celle de gauche est l'œuvre des frères Tommaso et Giacomo Rodari, comme le portail. À l'intérieur, sous les voûtes constellées de rosaces bleu et or, on ne compte plus les autels, ni les tapisseries précieuses... Dans le bas-côté droit, ne manquez pas les peintures de Bernadino Luini et de Gaudenzio Ferrari.

Piazza del Duomo 031 331 22 75 www.cattedraledicomo.it Lun.-ven. 9h30-17h30, sam. 10h45-16h30, dim. et j. fér. 13h-16h30 Entrée libre

L'ancien palais communal

Palazzo del Broletto

Il faudra peut-être vous contenter d'admirer la façade de cet édifice probablement achevé en 1215 et où siégeaient, au Moyen Âge, les institutions communales, car il ne se visite pas. Il accueille, en revanche, des expositions

À NE PAS MANQUER

- Duomo
- Palazzo del Broletto
- Basilica di Sant'Abbondio

Basilica di Sant'Abbondio, Côme

artistiques et des conférences de temps à autre. Cette structure romane enrichie d'éléments gothiques suggère divers remaniements, mais elle ne manque pas d'allure avec ses bandes lombardes, ses arcades et ses baies géminées ! Accolée au palais, la **Torre del Comune** affiche un style bien plus martial. Sa cloche sonnait les convocations aux assemblées.

Piazza del Duomo

Beauté simple
Piazza et Basilica di San Fedele

Cette place doit son charme à ses maisons médiévales et à sa basilique, qui accueille parfois des concerts. Dédiée à saint Fidèle de Côme, évangélisateur mort en martyr au 4e s., la première cathédrale de Côme (12e s.) arbore une belle façade de style roman lombard aux portails richement sculptés. L'intérieur est plus dépouillé, même si les motifs zoomorphes et géométriques du chœur témoignent du talent des *maestri comacini*. Une galerie courrait jadis tout autour.

Basilique 031 267 295 www.parrocchiasanfedelecomo.it Tlj. 8h-12h et 15h30-19h
Entrée libre

IL ÉTAIT UNE FOIS

Les ***maestri comacini***. C'est le nom d'une corporation itinérante de constructeurs et tailleurs de pierre originaire de la région de Côme et active dès le 8e s. C'est à ces artistes souvent anonymes que l'art roman de style lombard doit sa diffusion dans toute l'Europe, de Venise à Saint-Pétersbourg, aux 11e et 12e s.

Musée survolté
Tempio Voltiano
L'imposant temple néoclassique dressé en 1927 en l'honneur du comte Alessandro Volta (1745-1827) abrite un musée retraçant la vie et les expérimentations de cet infatigable chercheur natif de Côme. De nombreux documents, instruments scientifiques et objets, dont la première pile électrique (ou pile voltaïque), illustrent ses travaux dans le domaine de la physique-chimie.
Viale Marconi, 1 031 574 705 Mar.-dim. 10h-18h 5€

Fresques byzantines
Basilica di Sant'Abbondio
Les volumes harmonieux de cette basilique romane consacrée en 1095 témoignent du talent des *maestri comacini*. Sous le maître-autel sont conservées des reliques de l'évêque Abundius, saint patron de la ville. La basilique mérite surtout le détour pour les fresques (14e s.) d'inspiration byzantine de son abside.
Via Regina Teodolinda, 35 031 304 518 www.santabbondio.eu Tlj. 8h-18h30 Entrée libre

Flânerie au bord du lac
Passeggiatta Lino Gelpi
Cette charmante promenade qui part de la piazza Cavour vous fera passer au pied du **Monumento ai Caduti**, impressionnante structure en béton armé signée Giuseppe Terragni, puis longer plusieurs résidences élégantes avant d'atteindre la Villa Olmo, dont la façade néoclassique (18e s.) surplombe un harmonieux jardin à l'italienne. Ses salles prêtent parfois leurs stucs et leurs fresques à des expositions et à des concerts.
Villa Olmo Via Cantoni, 1 **031 576 169 Mar.-dim. 10h-18h Entrée libre**

SUR LES TRACES DE...
... **Giuseppe Terragni** (1904-1943). Cet architecte rationaliste a bâti maints bâtiments administratifs et immeubles d'habitation à Côme. Son chef-d'œuvre est la Casa del Fascio (piazza del Popolo, 4). À voir aussi le Novocomum (viale Sinigaglia), la Casa Pedraglio (via Mentana, 6), le Posta Design Hotel (via Garibaldi, 2) et l'école maternelle Asilo Sant'Elia (via Alciato, 15). Dépliant descriptif, plan à l'appui, à l'office de tourisme.

DANS LES ENVIRONS
Villas de prix
Cernobbio
Si les ruelles du centre historique et le *lungolago* de cette élégante bourgade ne manquent pas de charme, c'est à sa périphérie que l'on découvrira ses deux atouts maîtres : la **Villa d'Este** et la **Villa Bernasconi**. La première, un palais Renaissance transformé en palace au 19e s., réserve ses fastes aux *happy few*, tandis que la seconde, à la renversante architecture Liberty, est ouverte au public et "raconte" à la première personne, selon divers procédés interactifs

(tiroirs à ouvrir, téléphone à décrocher) l'histoire de son premier propriétaire – le directeur des soieries Bernasconi – et des anecdotes sur sa décoration.

5km au nord-ouest de Côme Villa Bernasconi Largo Campanini, 2 0313 347 209 www.villabernasconi.eu Ven.-lun. 10h-18h 10€

À FAIRE

Allez au marché
Mercato Annonario

Fruits et légumes de saison, fromages, charcuterie et autres spécialités locales... Les étals de cette vaste halle de style rationaliste débordent de tentations. Un marché de rue le prolonge vialle Battisti. Le détour obligé avant un pique-nique au bord du lac !

Via Mentana, 5 Côme Mar. et jeu. 7h-13h, sam. 7h-18h

Funicolare Como-Brunate

Prenez de la hauteur
Funicolare Como-Brunate

Inauguré en 1894, ce funiculaire relie Côme à Brunate, d'où partent plusieurs promenades. L'une d'elles permet d'admirer la Villa d'Este et la Villa d'Erba (où, enfant, le cinéaste Luchino Visconti passait ses étés), ainsi que le Monte Rosa ; une autre dessert l'ermitage San Donato ; une troisième, jalonnée de vestiges archéologiques, mène au Monte Piatto...

Piazza De Gasperi, 4 Côme (à l'extrémité est du port de Côme) Un départ toutes les 15 ou 30min 031 303 608 www.funicolarecomo.it Mi-juin-mi-sept. : tlj. 6h-0h ; mi-sept.-mi-juin : dim.-ven. 6h-22h30, sam. 6h-0h AR 5,70€

NOS ADRESSES

PAUSES

Healthy
Babi Como

Dans un chaleureux cadre de bois et de brique, des smoothies et des brunchs bons et bio servis par Barbara et sa sœur, Eleonora.

CÔME Via Natta, 29 339 152 7071 ou 339 152 70 71 Mer.-dim. 8h30-18h, lun.-mar. 8h30-20h

Délices glacés
Pasticceria Cavour

Les meilleures glaces de Côme, à des prix très démocratiques. Chocolat-orange, ricotta-poire, réglisse, tiramisu... Comptez 1,60€ la boule.

CÔME Piazza Cavour, 31 031 303 022 Fév.-mi-avr., sept.-déc. : lun.-mar. et jeu.-sam. 9h-19h ; mi-avr.-août : tlj. 11h-0h

CÔME SUR LA ROUTE DE LA SOIE

Initiée à la production de la soie dès le 16e s., Côme est depuis le 18e s. la capitale italienne de cette industrie, la douceur de son climat étant propice à l'élevage des chenilles qui produisent le précieux fil et à la culture du mûrier, dont elles consomment exclusivement les feuilles. Côme importe désormais la majeure partie de la matière première, mais la tradition du tissage s'est maintenue : environ 85% de la soie italienne et 70% de la soie européenne proviennent d'usines de la province de Côme.

Museo delle Seta
Pour tout savoir sur la soie, poussez la porte de ce musée logé au rez-de-chaussée de la faculté de design. Aussi didactique que complet, du processus de fabrication de l'étoffe précieuse (élevage des vers à soie, dévidage et filage des cocons, teinture, tissage, etc.), illustrées par des machines récupérées dans d'anciennes usines de la ville.

Via Castelnuovo, 9 031 303 180
www.museosetacomo.com
Mar.-dim. 10h-13h et 14h-18h 10€

A. Picci
Cette prestigieuse enseigne, qui fournit les plus grandes maisons de couture depuis 1919, confectionne à Côme ses articles, tous 100 % soie. Les hommes se laisseront tenter par les cravates (80€), en particulier celles signées Valentino, et les femmes par les étoles et les foulards (85-175€).

Via Vittorio Emanuele II, 54 031 261 369
Mai-sept., Noël : mar.-sam. 9h30-19h30 (sauf lun. matin), dim. 11h-13h30 et 14h30-19h ; oct.-avr. : lun. 15h-19h30, mar.-sam. 9h30-13h et 15h-19h30

Soieries comasques

Cocktails d'anthologie

The Brothers Cafè

Réputé pour ses cocktails aussi délicieux que créatifs, ce bar tenu par un groupe d'amis passionnés de mixologie est un must à l'heure de l'*aperitivo*, quand tout le monde se rassemble sur sa terrasse piazza Mazzini. En journée, salades, pizzas et pâtisseries prennent le relais !

CÔME Via Paolo Carcano, 2 ☎ 031 225 45 25
🕒 Lun.-sam. 8h-22h

RESTAURANTS

Table de quartier

Osteria del Gallo €

La cantine préférée des Cômasques, pour sa cuisine mais aussi pour sa tranquillité. Dans un cadre de vieille auberge, on croque une assiette de crudités, un plat de *bresaola* (bœuf séché) ou une salade composée. Comptez 20€ à la carte.

CÔME Via Vitani, 16 ☎ 031 386 80 25
www.osteriadelgallo-como.it 🕒 Lun. 12h30-15h, mar.-sam. 12h30-15h et 19h-21h

Simplement bon

Ristorante Sociale €€

Le restaurant ouvert en 1813 a pris ses nouveaux quartiers à 50m de son ancienne adresse, près du Duomo. Sous les arcades, on déguste des classiques bien préparés : *vitello tonnato* l'été, bœuf braisé et polenta l'hiver. Les gnocchis sont un régal ! Repas 30-35€.

CÔME Via Rodari, 6 ☎ 031 264 042
www.ristorantesociale.it 🕒 Jeu.-lun. 12h-14h30 et 19h-22h30, mer. 19h-22h30

Au coin du feu

Trattoria della Pila ♥€€

Excentrée dans les hauteurs de Côme, une adresse chaleureuse et pleine de caractère, où l'on se régale de viande grillée ou de savoureuses recettes vénitiennes au coin du feu. L'*antipasto*, qui combine charcuterie et légumes de saison, est un délice ! Comptez 30-40€ à la carte.

Harry's Bar, Cernobbio

CÔME Via della Pila, 6 ☎ 031 302 343
www.trattoriadellapila.it 🕒 Lun.-sam. 19h30-22h30, dim. 12h-15h et 19h30-22h30

Ambiance chic

Harry's Bar €€€

Produits frais de saison et classiques bien interprétés (avec un bémol sur le poisson) font du Harry's Bar une valeur sûre, toutefois un peu chère (repas 50-60€). Mais cet établissement est plutôt élégant et il dispose d'une séduisante terrasse sur la grand-place d'un des plus beaux villages du lac. Une bonne adresse pour l'apéritif également.

CERNOBBIO Piazza Risorgimento, 2
☎ 031 512 647 www.harrysbarcernobbio.it
🕒 Mars-mi-nov. : mer.-lun. 12h-14h30 et 19h-23h

Voir aussi **Bistro Muralto** (p.116).

LE LAC DE CÔME

Mystérieux quand la brume l'enveloppe de ses écharpes, d'une beauté radieuse quand le soleil auréole ses extravagantes villas aux jardins luxuriants... Le lac de Côme a l'ombrageux pouvoir de séduction des fjords. On comprend qu'il ait ensorcelé les romantiques au 19e s. et qu'il attire aujourd'hui le Tout-Hollywood !

À VOIR

Le lac de Côme, ou Lario, est alimenté par l'Adda, principal affluent alpin du Pô. Formant avec ses trois bras une sorte de "Y" inversé, il s'étend sur 146km², mais sa largeur n'excède guère 4km. Enchâssé entre les pentes tantôt douces, tantôt encaissées des Préalpes, il est le plus profond des lacs italiens (jusqu'à 418m).

ACCÈS ET INFOS

- Env. 100km séparent Milan de la pointe nord du lac et 60km de Lecco, à la pointe sud-est.
- Navigazione del Lago di Como Ses *vaporetti* et hydroglisseurs relient Côme à Menaggio, Varenna, Bellagio et d'autres localités lacustres. En *vaporetto*, suivez l'itinéraire Como-Tremezzo (villa Carlotta)-Menaggio-Como ou Lenno-Tremezzo (villa Carlotta)-Bellagio-Varenna (rive est), pour une boucle complète. Via Cernobbio, 18 Côme ☎800 55 18 01 (n° Vert) ou 031 579 211 www.navigazionelaghi.it
- IAT di Varenna / OT Via IV Novembre, 7 ☎0341 830 367 www.varennaturismo.com ⏲Juin-sept. : tlj. 9h30-13h et 14h-17h30 ; oct.-mai : w.-e. 10h-16h, sam. 10h-12h30, dim. 10h-14h
- IAT di Bellagio / OT Piazza Mazzini ☎031 950 204 www.bellagiolakecomo.com ⏲Mars-oct. : lun.-sam. 9h-12h30 et 13h-18h, dim. 10h30-12h30 et 13h30-17h30 ; variable hors saison

LA RIVE OCCIDENTALE

Œuvres de piété

Ossuccio

À signaler dans ce petit village, deux églises romanes recelant des fresques : Santi Giacomo e Filippo (10e-12e s.), pourvue d'un clocher-mur, et Santa Maria Maddalena (12e s.), nantie au 15e s. d'un clocher gothique. Un *sacro monte* domine Ossuccio. Dans ses 14 chapelles baroques édifiées entre 1635 et 1710, de touchantes statues illustrent les mystères du Rosaire – de l'Annonciation à l'Assomption de la Vierge, cf. Sacro Monte di Varese (p.102). Ménageant des vues de plus en plus spectaculaires sur le lac, ce chemin de croix grimpe parmi les oliviers jusqu'à une chapelle du début du 16e s. dédiée à Notre-Dame de Bon-Secours.

26km au nord-est de Côme

Une bulle de sérénité

Isola Comacina

Difficile d'imaginer que ce havre de quiétude ancré à quelques brasses seulement du rivage fut au Moyen Âge le théâtre d'âpres conflits, notamment quand les riverains du lac s'allièrent aux Milanais contre Côme. Seules les

À NE PAS MANQUER

- Villa del Balbianello
- Villa Carlotta ★
- Menaggio
- Varenna
- Bellagio ★

Terrasse de la Villa del Balbianello, Lenno

ruines d'une forteresse, endormies au milieu d'une exubérante végétation, en perpétuent le souvenir. En 1919, son propriétaire offrit l'île au roi Albert Ier, pour saluer le comportement héroïque de la Belgique durant la Première Guerre mondiale. Le "roi soldat" la rétrocéda à l'Italie en 1920 à condition qu'elle accueille des artistes belges en résidence. C'est désormais l'Académie des beaux-arts de Milan qui veille sur son patrimoine naturel et archéologique – de belles mosaïques romaines, notamment – et sur ses trois villas rationalistes bâties en 1940.

Au large d'Ossuccio (5min du port de Sala Comacina)

Jardin de cinéma
Villa del Balbianello

Le *lungolago* ombragé de pins et le petit port de Lenno offrent de remarquables points de vue sur le lac. Sur une presqu'île, à 1km du centre et de son baptistère du 11e s., le jardin de la Villa del Balbianello force l'admiration. Prouvant l'engouement d'Hollywood pour le lac, ses bosquets et ses parterres fleuris ont prêté leur cadre romantique à la scène du baiser entre Anakin Skywalker et la reine Padmé Amidala dans *Star Wars, L'Attaque des Clones* (2002). La villa édifiée pour le cardinal Durini (1790) sur les vestiges d'un couvent franciscain a aussi fait des apparitions dans *Ocean's Twelve* (2004) et *Casino Royale* (2006). Elle possède une élégante loggia à portique et renferme les œuvres d'art et autres souvenirs de voyage de son dernier propriétaire, le comte milanais Guido Monzino (1928-1988), explorateur de l'Arctique.

Via Comoedia, 5 Lenno (sur une petite presqu'île, entre Ossuccio et Lenno, à 27km de Côme) 0344 561 10 www.fondoambiente.it/luoghi/villa-del-balbianello Mi-mars-mi-oct. : mar. et jeu.-dim. 10h-18h ; mi-oct.-fin nov. : mar. et jeu.-dim. 10h-17h ; déc.-début jan. horaires variables € Jardins 11€, villa (visite guidée) + jardins 22€

Villégiature princière

Villa Carlotta ★

Son altière façade néoclassique se détache sur un écrin de verdure, et un escalier monumental en descend jusqu'au lac. Construite en 1690, la villa porte le nom de la plus illustre de ses occupantes, Charlotte de Prusse (1831-1855), dont l'époux, le duc de Saxe-Meiningen, était féru de botanique. Les vastes salons de la villa renferment des fleurons de la sculpture des 18e et 19e s., dont le magnifique *Palamède* (1803-1808) d'Antonio Canova. Tout aussi éblouissant, le parc de 7ha regroupe un grand jardin à l'italienne avec ses terrasses, une bambouseraie, une vallée aux fougères, un jardin de rocaille, un théâtre de verdure, sans oublier quelque 400 camélias, 250 rhododendrons, 200 rosiers et 150 azalées... Tout un monde en miniature !

Via Regina, 2 Tremezzo (30km de Côme) Cars et bateaux au départ de Côme 0344 404 05 www.villacarlotta.it Fin mars-oct. : tlj. 10h-18h Ouvertures ponctuelles en oct., nov. et déc. € 12€

Escale glamour

Menaggio

La localité la plus coquette de la rive occidentale possède un important port de pêche et de plaisance, et ses environs sont propices à la randonnée. Sur le centre historique veillent trois églises et un château en ruine et, aux beaux jours, ses terrasses attirent quantité de Milanais élégants. Avec sa plage publique gratuite et ses glaciers ambulants, ses Riva amarrés aux pontons et ses Ferrari garées le long de la berge, Menaggio est l'une des stations les plus en vue du lac, mais aussi l'une des plus pittoresques.

35km au nord-est de Côme

Menaggio

SENSATIONS FORTES
D'Argegno, la SP13 remonte la vallée de l'Intelvi jusqu'au sommet de la **Sighignola**. Du haut de ses 1300m, ce "Balcon d'Italie" offre une vue à couper le souffle sur le lac de Lugano et les Alpes.

Belle et rebelle

Gravedona

Cette paisible cité lacustre de l'Alto Lario – la partie nord du lac –, rétive à toute tutelle seigneuriale, maintint son autonomie sous les Visconti et les Sforza. Au bord de la plage se dresse l'élégant clocher orné de **Santa Maria del Tiglio** (11e-12e s.). Cette église du plus pur style roman lombard conserve des fragments de mosaïques – elle a été érigée sur un temple antique – et de fresques des 13e et 14e s.

54km au nord-est de Côme

LA RIVE ORIENTALE

Moins fréquentée et plus sauvage que la rive occidentale, elle s'étend de l'embouchure de l'Adda à la ville industrielle de Lecco, au sud.

Dans un silence recueilli

Abbazia di Santa Maria di Piona

Tout au bout d'une longue route pavée, les statues de saint Bernard de Clairvaux et de saint Benoît de Nursie gardent l'entrée du domaine cistercien de Piona. L'église, consacrée en 1138, renferme des restes de fresques réalisées dans la première moitié du 13e s., comme le cloître aux chapiteaux finement sculptés. Entre prières, chants et méditation, la dizaine de moines qui occupent ce site retiré sur un promontoire confectionnent liqueurs, tisanes et miel, en vente à la boutique (p.133).

Via Abbazia di Piona, 55 Colico (75km au nord-est de Côme) 0341 940 331 www.abbaziadipiona.it Tlj. 9h-12h et 14h30-18h Entrée libre

Authentique !

Varenna

Approché en bateau, ce village médiéval blotti autour de son vieux port se donne des airs de carte postale avec son enfilade de façades colorées suspendues au-dessus de l'eau. Au sommet d'une des collines qui le dominent, le Castello di Vezio (11e-12e s.) accueille des démonstrations de fauconnerie et offre une vue dégagée sur le lac. Sur la route de Lecco, la Villa Monastero émerge d'un bois de cyprès.

50km de Côme **Castello di Vezio** Via Del Castellano 333 448 59 75 www.castellodivezio.it Mars, oct. : lun.-ven. 10h-17h, sam.-dim. 10h-18h ; avr.-mai, sept.-oct. : lun.-ven. 10h-18h, sam.-dim. 10h-19h ; juin-août : lun.-ven. 10h-19h, sam.-dim. 10h-20h 5€

Villa Monastero

Aménagée au 17e s. sur le site d'une abbaye cistercienne, cette élégante villa a été remaniée à plusieurs reprises au 19e s. Elle ouvre au public 14 pièces, dont la décoration et le mobilier d'origine, à dominante baroque ou néo-Renaissance, évoquent l'histoire de ses propriétaires successifs. Point d'orgue de la visite, un extraordinaire jardin botanique réunit plus d'un millier de spécimens du monde entier sur d'étroites terrasses dominant le lac.

Viale Polvani, 2 0341 295 450 www.villamonastero.eu Villa : horaires variables (consulter le site) 10€

LA RIVE SUD

La star du Lario

Bellagio ★

Établi à la pointe du Triangolo Lariano, presqu'île montagneuse qui divise le lac en trois bras, ce village de charme bénéficie de panoramas exceptionnels. Avant d'être immortalisé par Stendhal dans *La Chartreuse de Parme*, il fut "lancé" au début du 19e s., quand la villa de Francesco Melzi d'Eril devint le rendez-vous de l'aristocratie milanaise. Avec ses promenades fleuries de lauriers roses, ses terrasses aux vieux stores multicolores, ses ruelles pavées en escaliers et ses boutiques bigarrées, Bellagio reste une étape obligée au bord du lac... même si l'on s'y bouscule un peu l'été ! Poussez le portail de la basilique romane San Giacomo (11e-12e s.) pour admirer les mosaïques de son abside.

Bellagio

35km au nord-est de Côme

Villa Serbelloni

Cette villa Renaissance est accrochée au flanc occidental du Monte San Primo (1 682m), au sommet de vastes jardins, qui s'étagent jusqu'au village. Elle aurait été édifiée sur les ruines de la villa antique de Pline le Jeune. La Fondation Rockefeller l'a acquise en 1959 et y convie des artistes, gens de lettres et scientifiques pour leur permettre de travailler quatre semaines durant dans "les meilleures conditions possibles". Seuls sont ouverts au public les jardins, dont les hauteurs offrent des vues splendides. À ne pas confondre avec le **Grand Hotel Villa Serbelloni**, une villa néoclassique posée au bord du lac et transformée en palace en 1873, qui a accueilli quelques uns des grands de ce monde.

Entrée du domaine : Piazza della Chiesa, 14 (près de l'église San Giacomo) 031 951 555 Mi-mars-oct. : mar.-dim. visite guidée uniquement (durée 2h) à 11h et 15h30 (sauf jour de pluie) Rdv devant les bureaux de Promobellagio, près de la villa 10€

Villa Melzi

Bâtie en 1808 par le duc Melzi d'Eril, vice-président de l'éphémère République italienne fondée par Napoléon, cette villa néoclassique occupe la rive occidentale de la presqu'île de Bellagio. Seul se visite son parc doté d'une majestueuse allée de platanes, d'éclatants massifs d'azalées et de rhododendrons, de grottes de rocaille et de pelouses peuplées de statues. Il est célèbre pour son étang "japonais" et le kiosque mauresque où, en 1837, le compositeur Franz Liszt aurait puisé l'inspiration de sa *Fantasia quasi sonata*.

Via Lungolario Manzoni 0333 487 74 27 www.giardinidivillamelzi.it
Fin mars-fin oct. : tlj. 10h-19h 8€

À FAIRE

Allez à la plage

À Argegno

Piscine turquoise et petite crique de galets : sans conteste le lido le plus charmant du lac !

Viale Lungo Telo di Destra (rive ouest, 21km de Côme)

À Menaggio

Deux piscines, une plage de sable doré, un bar lounge, un terrain de beach-volley et des jeux pour enfants : ce lido très prisé voit les choses en grand !

Via Roma (rive ouest, 36km de Côme)

À Lierna

De vastes pelouses soulignées par un ruban de galets blancs long de 500m et une eau cristalline.

Riva Bianca Via Riva Bianca, 8 (rive orientale, 47km de Côme)

Épatez les ados

Parco Avventura Jungle Raider Park Xtreme

Un grand parc d'aventure avec tyroliennes et ponts de singe. Deux circuits d'environ 2h, 4 départs : 10h30, 13h30, 15h30, 17h30. Comptez 25-30€ la journée.

Viale Campoè Caglio (18km au sud de Bellagio) 346 508 82 64 www.jrpxtreme.com
Avr.-oct.

Allez saluer la madone des cyclistes

Impossible d'enfourcher un vélo autour du lac de Côme sans avoir une pensée pour la **Madonna di Ghisallo**, protectrice des cyclistes. Perchée au col de Rancio (755m), la chapelle qui lui est dédiée recèle des maillots et engins de course offerts par des champions italiens. Les mordus de la petite reine ne manqueront pas d'avaler les 15km de la route panoramique qui la séparent de Bellagio. Mais maints parcours de VTT bien balisés ont été tracés dans les montagnes alentour. Une brochure disponible à l'Infopoint de Lecco les détaille.

Infopoint Lecco **Piazza XX Settembre, 1 0341 48 14 85 www.in-lombardia.it**
www.eccolecco.it Tlj. 9h-13h et 14h-18h

Randonnez autour du lac de Côme

La région offre aux randonneurs maintes possibilités d'admirer le lac, ses jardins, villas et localités historiques. Facilement accessible, le **Greenway** (3h30) longe la rive ouest, de Colonno à Cadenabbia di Griante. Si vous disposez d'un peu de temps, vous pourrez suivre la **Dorsale del Triangolo Lariano**, qui relie Brunate – accessible en funiculaire de Côme – à Bellagio en deux jours à travers pâturages et forêts. À une altitude moyenne de 1 200m, les 30km du parcours réservent de mémorables points de vue sur les deux bras du lac. L'Infopoint de Côme distribue un carnet très complet de 18 fiches itinéraires en anglais et en italien.

greenwaylagodicomo.com www.lakecomo.is/dorsale-del-triangolo-lariano

NOS ADRESSES

PAUSES

Glacier nature

La Fabbrica del Gelato

Indispensable pour arpenter le ravissant *lungolago* de Lenno : un cornet provenant de cette fameuse *gelateria*, réputée pour ses sorbets aux fruits sans colorants ni conservateurs !

LENNO Piazza 11 Febbraio, 15 340 916 83 25 Sept.-avr. : tlj. 11h-19h ; mai-août : tlj. 11h-21h

Al Veluu

Sous cloche

Antica Serra

Dans les anciennes serres de la Villa Carlotta, un café au goût du jour, idéal pour un panini ou une salade (9-14€) avec vue sur le lac.

TREMEZZO Villa Carlotta Via Regina, 2 366 714 63 54 Tlj. selon les horaires du parc

Au bord du lac

Caffè Varenna

La terrasse rêvée pour un café, une salade ou un spritz avec Menaggio en point de mire. Vous pourrez aussi y croquer des biscuits Larietti, dont la forme évoque celle du lac de Côme !

VARENNA Contrada Scoscesa, 13 034 183 04 59 Fév.-mai, sept.-déc. : tlj. 9h-22h ; juin-août : tlj. 9h-0h

Culture bio

Cantina & Bottega

Cette cantine-bar à vins ne propose que des vendanges bio et une cuisine "kilomètre zéro", concoctée à base de produits locaux de saison.

GRAVEDONA Via Grisogoni, 8 0344 536 071 www.cantinaebottega.com Tlj. 18h-22h

Une cave au frais
Angolo DiVino

Niché dans une ruelle discrète, ce bar à vins vous fera oublier la frénésie touristique. Sous les voûtes de sa cave du 18e s., des crus provenant de toute l'Italie attendent d'être dégustés, dûment accompagnés de planches de charcuterie (8-10€).

BELLAGIO Salita Grandi, 12 031 952 063
Mer.-lun. 12h-20h

Du soir au (petit) matin
Lido di Bellagio

Le paradis des oiseaux de nuit ! Bar de plage branché et club survolté dans une grandiose villa rationaliste.

BELLAGIO Via Paolo Carcano, 1
031 226 09 40 www.lidodibellagio.com
Avr. : ven.-dim. 10h-18h ; mai-juin, sept. : mar.-dim. 10h-18h ; juil.-août : tlj. 10h-18h
Mai-mi-sept. : ven.-sam. 23h30-4h

RESTAURANTS

Sélect
Al Veluu €€€

Depuis sa création en 1974, ce restaurant a accueilli quelques têtes couronnées... Sous les parasols du jardin panoramique planté d'oliviers et surplombant la rive des Azalées ou sous les poutres du préau en pierre, on se délecte d'une cuisine raffinée et ensoleillée – *antipasto* aux figues, lavaret aux olives, filet de bœuf flambé, tiramisu aux baies rouges. Les légumes proviennent du potager bio. Carte 50-90€

TREMEZZO Via IV Novembre
034 440 510 www.alveluu.com
Mars-oct. : mer.-lun. 11h-15h et 18h-23h

Pour changer
Ni Sushi €

Envie de fraîcheur et de légèreté ? C'est là que vous trouverez les meilleurs sushis du lac... et cela se sait : pensez à réserver ou montrez-vous patient si vous comptez emporter ! Le choix est vaste. Le repas vous reviendra à 15-27€.

MENAGGIO Via Annetta e Celestino Lusardi, 76
034 435 293 Mar.-dim. 11h30-14h30 et 17h30-23h

Pâtes fraîches
Osteria Il Pozzo €

Établie légèrement en retrait de la piazza Garibaldi, à Menaggio, cette *osteria* familiale est réputée pour ses pâtes du jour. Vous pourrez également y déguster la spécialité locale, les *missoltini*, de petits poissons du lac séchés, puis assaisonnés avec du laurier. Plats 12-17€.

MENAGGIO Piazza Giuseppe Garibaldi, 1
034 432 333 Mar. et jeu.-dim. 12h-14h et 19h-21h

Simplement bon
Locanda Lauro €

Caché dans une ruelle pavée, le restaurant de ce petit hôtel familial et sans prétention privilégie les produits locaux de saison, de préférence bio, et les recettes ancestrales. Ne manquez surtout pas les pâtes fraîches et les desserts, tous faits maison. Un excellent prétexte pour marquer un arrêt à Santa Maria Rezzonico. Comptez 20€ le repas.

SANTA MARIA REZZONICO Contrada Larga, 12 (7km au nord de Menaggio)
034 450 029 www.hotellauro.com
Mar.-dim. 12h30-14h30 et 19h-21h30

LA RECETTE

POISSON *IN CARPIONE*

Estivale, cette recette de poisson mariné est typique de la région des lacs. La marinade permet une plus longue conservation du poisson et masque son éventuel goût "fangeux"...

Pour 4 pers.

400g de filets de perche
1 petit oignon
1 carotte
100g de céleri
15cl de fumet de poisson (ou bouillon de légumes)
25cl de vinaigre aux herbes
40cl de vin
1/2 bouquet de persil plat
Quelques feuilles de thym et de marjolaine
1 c. à s. de jus de citron
1 c. à s. de sucre
Un peu de beurre

Faites revenir les filets de perche dans un peu de beurre, sur les deux faces, puis disposez-les dans un plat au bord assez haut. Coupez l'oignon, la carotte et le céleri de la marinade en petits dés et faites-les revenir dans la même poêle. Mouillez cette brunoise avec le fumet de poisson, couvrez et laissez cuire 10min jusqu'à ce qu'elle soit tendre. Ajoutez ensuite le vinaigre, le vin et le jus de citron, salez, poivrez et sucrez. Incorporez les herbes avant de porter à ébullition. Recouvrez le poisson de cette marinade, laissez refroidir puis reposer une nuit au réfrigérateur. À servir bien frais avec un filet de marinade et les légumes restants !

Restaurant de poche

Il Cavatappi ♥€€

Ni vue ni cadre spectaculaire pour ce restaurant juché sur les hauteurs de Varenna, mais une cuisine raffinée, servie dans la bonne humeur par deux frères passionnés et francophones. Légumes grillés et fromage de chèvre frais, filet de truite et ses pointes d'asperges... et des desserts tous plus renversants les uns que les autres ! Comptez 25-30€ le repas. Tâchez de réserver.

VARENNA Via XX Settembre, 10
0341 815 349 www.cavatappivarenna.it
Mars-oct. : lun.-mar. 18h30-21h, jeu.-dim. 12h-14h et 18h30-21h ; nov. : sam. 18h30-21h, dim. 12h-14h et 18h30-21h

Les pieds dans l'eau

Vecchia Varenna €€

Pour vous régaler de poissons du lac, rien de mieux que cette élégante trattoria. Au menu, truite fumée au yaourt et orange, tagliatelles au *missoltini*, risotto au lavaret, mais aussi de la viande et des plats végétariens...

Pour conclure, un assortiment de fromages du cru. Réservez. Comptez 30-38€ le repas.

VARENNA Contrada Scoscesa, 14
0341 830 793 www.vecchiavarenna.it
Mai-oct. : tlj. 12h30-14h et 19h30-21h30 ; nov.-début déc., mi-fév.-avr. : mar.-dim. 12h30-14h et 19h30-21h30

Recettes de ménage

Il Crotto di Lierna €€

À l'ombre de platanes centenaires, ce *crotto* (restaurant en partie troglodytique) régale ses hôtes de spécialités lombardes depuis six générations ! Signalons les *missoltini* et les délicieuses tagliatelles aux cèpes fraîchement cueillis par la patronne. Comptez 30-35€ le repas.

LIERNA Via Ducale, 44
(3km au sud de Varenna) 0341 740 134
www.ristoranteilcrottodilierna.it
Mars-oct. : lun. 12-15h, mer.-dim. 12h-15h et 19h-22h30

Valeur sûre

Trattoria San Giacomo €€

À la carte, rien d'extravagant mais des plats simples et bons, comme les raviolis *di magro* (ricotta-épinard), l'osso buco et sa polenta, le *pollo alla cacciatore* (aux champignons et vin blanc) ou le poisson du jour. Menu 28€, plats 9-20€.

BELLAGIO Salita Serbelloni, 45
031 950 329 Avr.-oct. : mer.-lun. 12h-14h30 et 19h-21h30

Voir aussi **Crotto Piazzaga** (p.117).

SHOPPING

Poisson séché

Pescheria Tosi Luigi

Outre les prises du jour de son patron-pêcheur, cette minuscule poissonnerie vend des *missoltini*. Parfumés au laurier et bien conditionnés, ces petits poissons salés et séchés traditionnellement au soleil se conservent longtemps et se servent réchauffés au gril, accompagnés de polenta.

MENAGGIO Via Mazzini, 11 (36km au nord de Côme) 034 432 316 Mar.-sam. 8h-12h30 et 15h30-18h30, dim. 8h30-10h30

Élixirs de jouvence

Distilleria di Liquori – Abbazia di Piona

À l'entrée de l'abbaye, les moines vendent du miel, des tisanes et des liqueurs aux herbes de leur fabrication. Toniques, digestives, antirhumatismales... les vertus ces élixirs sont précisées sur les emballages – mais leur composition reste secrète !

COLICO Via Santa Maria di Piona
0341 940 331 Tlj. 9h30-12h et 14h30-17h

Souvenirs, souvenirs !

Marché artisanal de Menaggio

Bijoux fantaisie, chapeaux, stylos ou cuillères en bois... ce marché animé expose toutes les créations artisanales de la région.

MENAGGIO Lungolago via Castelli
Juin-mi-sept. : ven. 18h-22h30

Accessoires stylés

Quelli della Pelle

Dans leur atelier, mère et fils façonnent des sacs, ceintures, sandales et mocassins en cuir de qualité.

BELLAGIO Salita Serbelloni, 22
(et Via Roma, 30) 031 951 304
www.quellidellapelle.com
Avr.-oct. : tlj. 10h-19h

Aux amoureux de vieilles pierres, la médiévale Città Alta (ville haute) de Bergame et le riche patrimoine architectural de Brescia vont en mettre plein la vue ! Entre ces deux villes, les vignobles de la Franciacorta et le lac d'Iseo – ou Sebino (25km de longueur, 65km²) –, peu fréquenté, invitent à une escapade nature.

Bergame, lac d'Iseo, Brescia

Limone Sul Garda

Plan 5

S. Pellegrino Terme
Brembilla
LAC DE CÔME p.111
Zogno
Ubiale
Sedrina
Clanezzo
Villa d'Almè
F. Brembo
Sorisole
Ponteranica
BERGAME p.142
BERGAME
Ponte S.Pietro
Curno
Lallio
SP525
Dalmine
A4
Stezzano
CAPRIATE SAN GERVASIO
Zanica
Levate
Comun Nuovo
Verdello
Pognano
Spirano
Arcene
Lurano
SP42
Castel Rozzone
Pagazzano
Morengo
Cornalba
Costa Serina
Bracca
Álgua
MONTE SECRETONDO 1 555 M
PIZZO FORMICO 1 637 M
F. Serio
Colzate
Casnigo
Vertova
Gandino
Gazzaniga
Leffe
Rigosa
Aviático
Selvino
Cene
Ranzanico
MONTE PODONA 1 228 M
Bianzano
Albino
Monasterolo del Castello
Gaverina Terme
Pradalunga
Casazza
Alzano Lombardo
Ranica
LOMBARDIA
Scanzorosciate
Cenate-Sotto
Luzzana
Berzo San Fermo
Trescore Balneario
San Paolo d'Argon
Seriate
Albano
SS42
Orio al Serio
Gorlago
Zandobbio
Montello
Carobbio degli Angeli
ORIO AL SERIO
Grassobbio
Costa di Mezzate
Gandosso
STRADA DEL VALCALEPIO
F. Oglio
A4
Grumello del Monte
Bolgare
Capriolo
Calcinate
Telgate
A4
Ghisalba
Mornico al Serio
Cologno al Serio
Muratella
Palosco
Palazzolo Sull'oglio
Cologne
Martinengo
Pontoglio
SP591
F. Serio
Cividate al Piano
Cortenuova
Romano Di Lombardia
SP469
Chiari
Urago d'Oglio
N
5 km

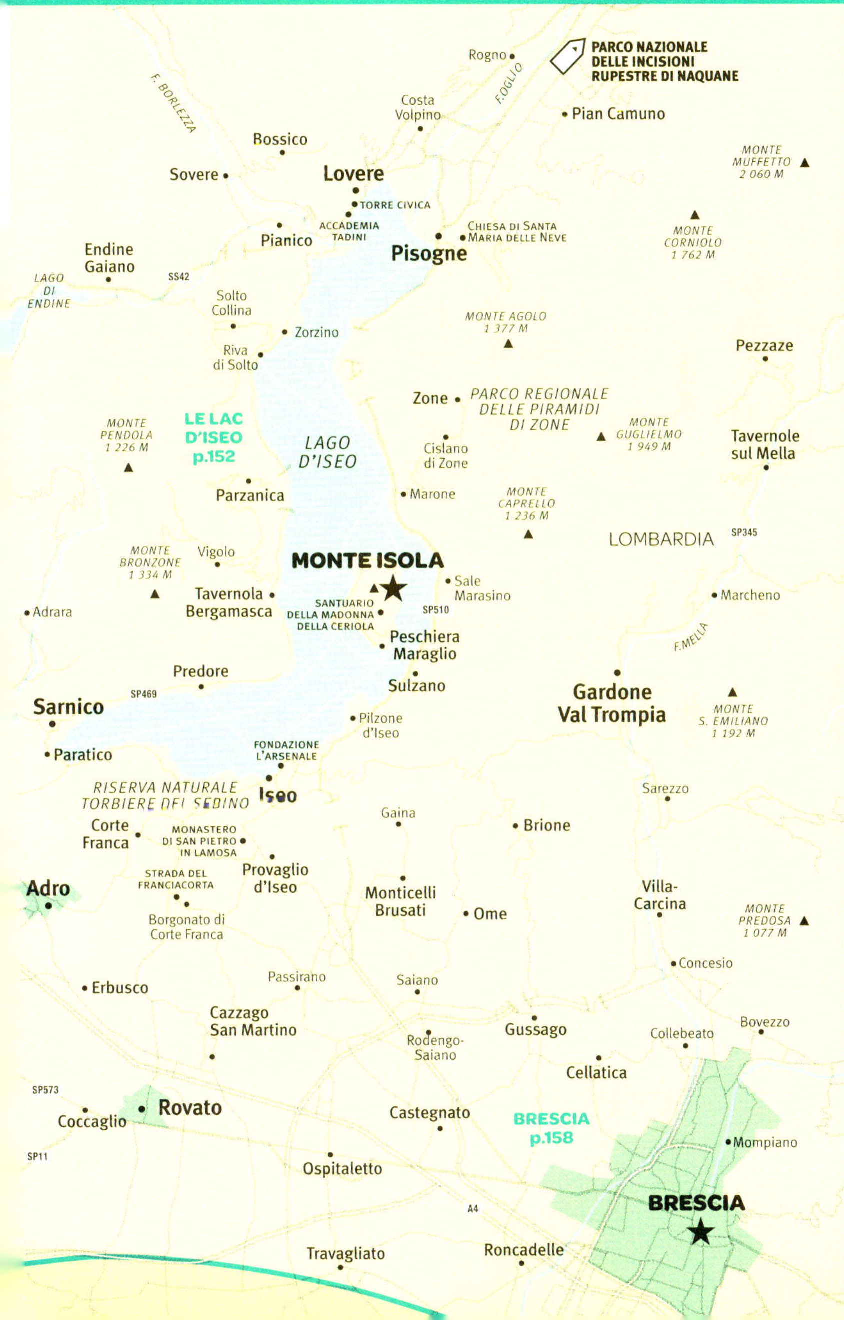

PARCO NAZIONALE DELLE INCISIONI RUPESTRE DI NAQUANE
Rogno
F. OGLIO
F. BORLEZZA
Costa Volpino
Pian Camuno
Bossico
Lovere
Sovere
TORRE CIVICA
ACCADEMIA TADINI
Pianico
CHIESA DI SANTA MARIA DELLE NEVE
Pisogne
MONTE MUFFETTO 2 060 M
MONTE CORNIOLO 1 762 M
Endine Gaiano
LAGO DI ENDINE
SS42
Solto Collina
Zorzino
Riva di Solto
MONTE AGOLO 1 377 M
Pezzaze
Zone
PARCO REGIONALE DELLE PIRAMIDI DI ZONE
MONTE GUGLIELMO 1 949 M
Tavernole sul Mella
MONTE PENDOLA 1 226 M
LE LAC D'ISEO p.152
LAGO D'ISEO
Cislano di Zone
Parzanica
Marone
MONTE CAPRELLO 1 236 M
LOMBARDIA
SP345
MONTE BRONZONE 1 334 M
Vigolo
MONTE ISOLA
Sale Marasino
Tavernola Bergamasca
SANTUARIO DELLA MADONNA DELLA CERIOLA
SP510
Marcheno
Adrara
Peschiera Maraglio
F. MELLA
Predore
Sulzano
Gardone Val Trompia
MONTE S. EMILIANO 1 192 M
Sarnico
SP469
Pilzone d'Iseo
Paratico
FONDAZIONE L'ARSENALE
RISERVA NATURALE TORBIERE DEL SEBINO
Iseo
Sarezzo
Gaina
Brione
Corte Franca
MONASTERO DI SAN PIETRO IN LAMOSA
STRADA DEL FRANCIACORTA
Provaglio d'Iseo
Adro
Monticelli Brusati
Ome
Villa-Carcina
MONTE PREDOSA 1 077 M
Borgonato di Corte Franca
Concesio
Erbusco
Passirano
Saiano
Cazzago San Martino
Gussago
Rodengo-Saiano
Collebeato
Bovezzo
Cellatica
SP573
Rovato
Coccaglio
Castegnato
BRESCIA p.158
Mompiano
SP11
Ospitaletto
A4
BRESCIA
Travagliato
Roncadelle

QUATRE BONNES RAISONS

... d'explorer Bergame, le lac d'Iseo et Brescia.

LE *LUNGOLAGO* D'ISEO (p.152), pour laisser filer le temps en profitant du coucher du soleil sur le Monte Isola.

LA ROUTE DES VINS DE LA FRANCIACORTA (p.156), pour se perdre dans ses vignes vallonnées.

LES TERRASSES DE BERGAME (p.142), pour faire durer l'*aperitivo* au pied de ses façades médiévales.

☀ **L'ANTICA STRADA VALERIANA** (p.155), pour mettre ses pas dans ceux des bergers de l'Antiquité.

RENDEZ-VOUS AVEC...

Idrissa Kaboré est né au Burkina Faso et a grandi à Gênes, où sa mère italienne lui a transmis l'amour de la cuisine. En 2016, le jeune chef tombe amoureux d'une église désacralisée de Bergame, où il installe son restaurant, Le Goût. Avec son épouse Brunella, il compose une cuisine inspirée aux accents métissés.

Mon restaurant

A Le Goût

À travers une cuisine hybride aux influences multiples, Idrissa Kaboré emmène ses hôtes en voyage... À Gênes avec les *mandilli di seta* (fins carrés de pâtes) au pesto genovese, à Naples avec les rouleaux de *parmigiana di melanzane*, et même en bord de mer avec la *cornucopia di mare* (filet de bar farci aux légumes) ! Parmi les spécialités de Bergame, goûtez les *scarpinocc*, des pâtes baignées de beurre, de sauge et de parmesan. Le tout à savourer dans une salle sublime, sous des voûtes couvertes de fresques. *Primi* 14-16€, *secondi* 12-19€.

BERGAME Via Masone/Via Matris Domini, 2
035 231617 Lun.-mar. 12h-15h, mer.-dim. 12h-15h et 19h-22h (23h sam.) Service continu en été

Mon épicerie fétiche

B Gallo

Cette épicerie fine se trouve à deux pas de mon restaurant. C'est là que j'achète la plupart des produits avec lesquels j'élabore mon menu. C'est une vraie caverne d'Ali Baba où toute l'Italie est représentée, ce qui est très inspirant ! On y trouve du pain à l'huile d'olive, du vin, de la charcuterie, des fromages ou

encore des bocaux de légumes. J'en ai fait mon fournisseur officiel.

BERGAME Via Contrada Tre Passi, 1/B
035 281 6836 Tlj. 8h30-20h (19h30 dim.)

Le dressing de mon fils

C La Cicogna

Cette boutique de vêtements pour enfants est une bulle de douceur et de poésie... C'est ici que mon épouse et moi achetons les vêtements de notre fils depuis sa naissance. Sara a un goût sûr, elle est de bons conseils et sa sélection de marques italiennes est sublime. Sa collection réunit des modèles à la fois très beaux et de grande qualité.

BERGAME Sant'Orsola, 10D
035 23 93 20 Lun.-sam. 9h30-12h30 et 15h30-19h30 (18h30 sam.)

Vue sur la colline de San Vigilio

Mon grand bol d'air

D Parco della Trucca

Aux beaux jours, je me rends en famille dans ce gigantesque parc situé aux abords de la ville, mais qui a de vrais airs de campagne. Les habitants de Bergame s'y donnent rendez-vous pour profiter du lac, de l'aire de jeux, y faire du vélo, du cerf-volant, pique-niquer ou simplement se reposer sur l'herbe.

MA BALADE AVEC VUE

E Colline de San Vigilio

On peut y accéder en funiculaire depuis la Porta Sant'Alessandro ou à pied en empruntant la pittoresque Via San Vigilio. Au sommet, les ruines du château se dressent à 500m d'altitude. De là, la vue est à couper le souffle : on peut admirer toute la *città alta* de Bergame, mais aussi le mont Bastia, ainsi que les vallées et les villages alentour.

BERGAME Funiculaire San Vigilio Porta S. Alessandro ☎ 035 236 026 www.visitbergamo.net

SI BERGAME ÉTAIT...

Une saveur Ce serait un mélange de clous de girofle et d'anis étoilé, que l'on retrouve dans plusieurs recettes de la gastronomie locale : les *casoncelli*, les *scarpinocc* ou encore le bœuf braisé à la polenta.

En été, des concerts sont organisés en plein air. C'est un endroit que je recommande chaudement !

BERGAME Via Martin Luther King, 100

Mon bar de cœur

F Anymore

C'est ici que je fais étape le matin pour boire un café avant d'aller au restaurant, dans une ambiance décontractée et chaleureuse. Quand je ne travaille pas, je m'y rends en soirée pour déguster un cocktail. Le bar organise aussi des concerts de jazz, des brunchs le dimanche et des dégustations de vin. Il s'y passe toujours quelque chose !

BERGAME Via Vittore Ghislandi, 2 ☎ 035 045 3973 ⏲ Tlj. 7h-23h (1h ven.-dim.)

BERGAME ★

Magnifique, splendide... Les mots manquent pour qualifier la plus belle cité de Lombardie. Blottie derrière une épaisse muraille, Bergame "la haute" déploie un lacis de ruelles hérité du Moyen Âge, qui draine le flot des visiteurs vers des chefs-d'œuvre de la Renaissance lombarde. À son pied, Bergame "la basse" réunit d'anciens bourgs pétris d'art et d'histoire, absorbés aux 19e et 20e s.

ACCÈS ET INFOS

- Bergame se trouve 52km au nord-ouest de Milan.
- ATB (Azienda Trasporti Bergamo) L'Airport Bus relie en 15min l'aéroport – cf. Transports (p.215) – à la gare de Bergame toutes les 20 à 30min. Le bus n°1 et un funiculaire permettent d'accéder à la vieille ville à partir de la Città Bassa. Un autre funiculaire relie la Città Alta au col de San Vigilio 035 23 60 26 www.atb.bergamo.it
- www.visitbergamo.net L'office de tourisme dispose d'un bureau à l'aéroport, d'un autre dans la ville basse (piazzale Guglielmo Marconi) et d'un troisième dans la ville haute (via Gombito, 13)

À VOIR

LA CITTÀ ALTA

Berceau de Bergame, la ville haute semble dormir depuis des lustres derrière ses remparts de l'époque vénitienne. Elle est devenue le domaine réservé des piétons, parfois au coude-à-coude dans sa grand-rue, la via Colleoni. Derrière le Palazzo della Ragione, la piazza del Duomo réunit les monuments les plus remarquables de la ville.

Bijou de la Renaissance lombarde

Cappella Colleoni (plan 6, B1)

Piazza del Duomo, les regards sont aimantés par la chapelle funéraire de Bartolomeo Colleoni (1400-1475), intrépide mercenaire natif de la région de Bergame devenu l'archétype du *condottiere* italien. Sa magnifique façade fut conçue par l'architecte et sculpteur Giovanni Antonio Amadeo d'après celle de la chartreuse de Pavie. Sa décoration conjugue marbres polychromes, pilastres, rosaces, médaillons et bas-reliefs librement inspirés par l'Antiquité. Ce foisonnement caractérise les débuts de la Renaissance lombarde. Décorée de fresques de Giambattista Tiepolo (1696-1770), la chapelle abrite le mausolée du célèbre chef de guerre et le monument funéraire de sa fille, Medea.

Piazza del Duomo, 5 035 210 061 Mars-oct. : mar.-dim. 9h30-12h30 et 14h-18h ; nov.-fév. : mar.-dim. 9h30-12h30 et 14h-16h30 Entrée libre

Collage de styles

Basilica di Santa Maria Maggiore (plan 6, B1-B2)

Sa construction, lancée au 12e s., dura six siècles, et chaque époque y a apposé son sceau. Le superbe porche nord, dit "des Lions rouges", et son pendant méridional, dit "des Lions blancs", furent réalisés par Giovanni da Campione au 14e s. L'abside et le campanile romano-gothique furent achevés au 15e s., la

À NE PAS MANQUER

- Cappella Colleoni
- Basilica di Santa Maria Maggiore
- Galleria dell'Accademia Carrara
- Torre Civica

Piazza del Duomo, Bergame

COULEUR LOCALE
Ses victoires retentissantes valurent à **Bartolomeo Colleoni** l'appui indéfectible de ses hommes et un immense prestige auprès des puissants de l'époque. Sa bravoure semble une source d'inspiration inépuisable : sur le portail de la chapelle Colleoni sont figurés ses attributs masculins, bien polis... Les frotter apporte, dit-on, de grandes satisfactions !

sacristie est Renaissance et la coupole néoclassique du 18e s. Intégrée au palais épiscopal, la basilique ne possède pas de façade principale. Son opulent décor intérieur mixe les styles Renaissance et baroque. Aux murs sont accrochées de splendides tentures florentines de la fin du 16e s. et des tapisseries flamandes du 17e s. Le chœur renferme des panneaux de marqueterie illustrant l'Ancien Testament, réalisés d'après des dessins de Lorenzo Lotto (1480-1556). Dans le transept droit, ne manquez pas non plus la fresque de l'école de Giotto *L'Arbre de vie* (1347). De la porte sud, une moderne passerelle métallique donne accès au Tempietto di Santa Croce, chapelle de style roman primitif (11e s.), qui recèle de remarquables fresques médiévales.

Piazza del Duomo ☎ 035 223 327 www.fondazionemia.it/it/basilica 🕒 Lun.-ven. 10h30-12h30 et 14h30-18h, sam. 10h30-18h, dim. 13h30-18h € 3€

Baptistère voyageur

Battistero (plan 6, B1)

Sur la même place se dresse, depuis 1898, l'ancien baptistère de la basilique (1340). Cet édicule octogonal, à l'origine installé dans l'une des nefs, a changé plusieurs fois de place.

Piazza del Duomo, 8 🕒 Fermé temporairement € Entrée libre

Plan 6
A
B
1
2
3
4
12
Via Borgo Canale
FUNICOLARE
Via San Vigilio
4
PORTA SANT'ALESSANDRO
Largo Colle Aperto
Piazza della Cittadella
MUSEO CIVICO DI SCIENZE NATURALI
Piazza Lorenzo Mascheroni
Via della Fara
Vicolo Sant'Agata
10
Via Bartolomeo Colleoni
Via San Lorenzo
LA CITTÀ ALTA
TORRE CIVICA
TORRE DEL CAMPANONE E PALAZZO DEL PODESTÀ
PIAZZA VECCHIA
ROCCA DI BERGAMO
Viale delle Mura
CAPPELLA COLLEONI
2
Via Gombito
MUSEO DONIZETTIANO
1
UFFIZIO TURISTICO
42
11
Piazza Mercato delle Scarpe
DUOMO
V. Maria Lupo
BASILICA DI SANTA MARIA MAGGIORE
Piazza Duomo
3
MUSEO E TESORO DELLA CATTEDRALE
Piazza Rosate
Via delle Tre Armi
Via dello Statuto
Viale delle Mura
FUNICOLARE
Via Alberto Riva Villasanta
CAMPO DI MARTE
PORTA SAN GIACOMO
Via Carlo Cattaneo
Via Damiano Chiesa
Rotonda Santa Lucia
Via Bologna
Galleria Conca d'Oro
Vicolo San Carlo
Via Antonio Locatelli
Via Fra Damiano de Zambelli
Via Santa Lucia
Via Fabio Filzi
Via dello Statuto
Via Torino
Via Sant'Alessandro
Via Milano
Via Generale Alberico Albricci
Via Francesco Nullo
Viale Roma
Via Carlo Botta
Via 24 Maggio
Via 4 Novembre
Via Giulio Enrico Negri
Via Ettore Panseri
LA CITTÀ BASSA
Via Francesco Cucchi
41
Via Giuseppe Mazzini
Via Giuseppe Garibaldi
Rotonda dei Mille
SANTA LUCIA
Via Armando Diaz
Via Legionari in Polonia
Via Luciano Manara
Via Sant'Antonino
Via Sant'Alessandro
Via Borfuro
SANT'ALESSANDRO IN COLONNA
C
Via 4 Novembre
PARCO FRATELLI LOCATELLI
Via Francesco Nullo
Via Lapacano
Via Sant'Orsola
Via XX Settembre
Via Enrico Toti
Via Broseta
Via Broseta
Piazza Pontida
14
Via Francesco Coghetti
Via Giacomo Manzù
Via Zambonate
Via Bernardino Zendrini
IL TRIANGOLO
Via Jacopo Palma il Vecchio
Via San Lazzaro
Via Gianbattista Moroni
Via San Bernardino
22
Via Giacomo Quarenghi
Via Carlo Goldoni
Via dei Galliari
V. Giuseppe Gaudenzi
D

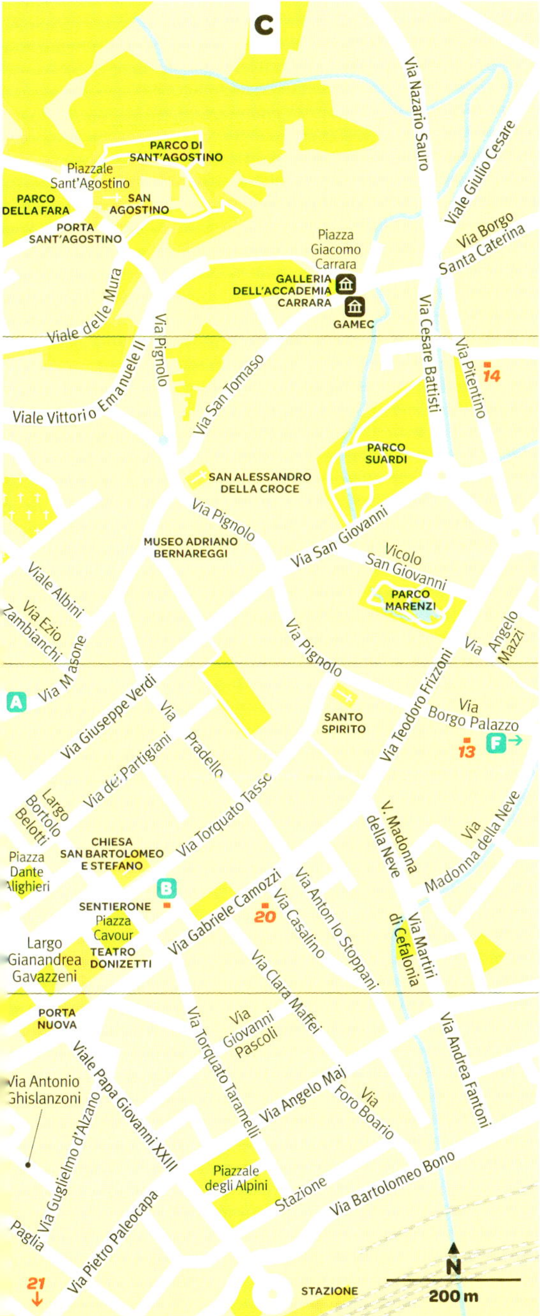

Pauses (n°1 à 4)
1 Caffè del Tasso - *p.148*........B1
4 La Marianna - *p.149*............A1
2 Pasticceria Cavour - *p.148*....B1
3 Polentone - *p.149*..........B2

Restaurants (n°10 à 14)
11 Al Donizetti - *p.150*...........B1
12 Baretto di San Vigilio - *p.150*..A1
10 Il Circolino Cooperativa Città Alta - *p.149*...............B1
13 Ol Giopì e la Margì - *p.150*....C3
14 Trattoria d'Ambrosio - *p.150* A4

Shopping (n°20 à 22)
21 Mercato del Piazzale degli Alpini - *p.150*...........C4
20 Panificio Scainelli "Ol Forner" - *p.151*.............C3
22 Wooden - *p.151*...............B4

Hébergements (n°41 et 42)
41 B&B Bergamo Rota's House - *p.231*.................B3
42 GombitHotel - *p.231*...........B1

RENDEZ-VOUS AVEC...
Les adresses d'Idrissa Kaboré

Pauses
F Anymore - *p.141*

Restaurant
A Le Goût - *p.140*...............C3

Shopping
B Gallo - *p.140*...................C3
C La Cicogna - *p.140*...........B4

De sacrés dessous

Duomo (plan 6, B1)

Dédiée à saint Alexandre, centurion romain qui subit le martyre à Bergame en 303, la cathédrale fut érigée sur les plans du Filarète. Le chantier débuta en 1459, mais l'édifice ne fut achevé qu'en 1693 par Carlo Fontana, et sa décoration se poursuivit jusqu'au 19e s. Elle abrite de nombreux tableaux, dont l'un du Vénitien Giambattista Tiepolo (1696-1770), des reliques de saint Alexandre... et du pape Jean XXIII.

Piazza del Duomo ☎ 035 210 223 www.cattedraledibergamo.it ⌚ Tlj. 7h30-12h30 et 15h-18h30 € Entrée libre

Museo e Tesoro della Cattedrale (plan 6, B1)

Après huit ans de fouilles, le sous-sol du Duomo a enfin dévoilé ses mystères ! Au fil d'un parcours bien documenté, on navigue entre les vestiges d'un quartier de l'époque romaine et ceux de l'église du 5e s. qui précéda le Duomo. Du mobilier liturgique issu du trésor de la cathédrale ponctue la visite.

Piazza del Duomo ☎ 035 219 893 www.fondazionebernareggi.it ⌚ Jeu. 15h-19h, ven. 10h-13h et 15h-19h, w.-e. et j. fér. 10h-13h et 14h-19h € 5€

Le cœur de la ville haute

Piazza Vecchia (plan 6, B1)

L'architecte suisse Le Corbusier la considérait comme "parfaite". Vous pourrez la découvrir de la terrasse du Caffè del Tasso (p.148), mais la perspective est encore plus admirable du haut de l'escalier couvert (15e s.) du Palazzo della Ragione ! Cernée de bâtiments historiques, la piazza Vecchia est rafraîchie par une fontaine ornée de statues de sphinx, de serpents et de lions, offerte en 1780 par le plus haut magistrat de Venise, un certain Alvise Contarini.

Savoir raison garder

Palazzo della Ragione (plan 6, B1)

Ce "palais de la Raison", achevé en 1198, est l'un des tout premiers édifices municipaux d'Italie. La façade arbore un lion de saint Marc, souvenir de la domination vénitienne (15e s.). Le palais doit son nom à la cour de justice qu'il abritait alors ; après avoir entendu les arguments des deux parties, les juges statuaient en suivant leur "raison". Il accueille désormais des expositions artistiques.

Piazza Vecchia, 8/A ⌚ Uniquement lors des expositions

Observatoire panoramique

Torre Civica 👍 (plan 6, B1)

Également appelée "Campanone", cette tour du 12e s. est l'édifice le plus élevé de Bergame. Sa hauteur, 37,70m à l'origine, a été portée à 52,76m. Le sommet, accessible en ascenseur, offre de fabuleuses vues sur la ville et la place : la fontaine Contarini paraît microscopique et la façade immaculée du Palazzo Scamozziano (ou Palazzo Nuovo, 1610) bien moins impressionnante.

Piazza Vecchia, 8/A ☎ 035 247 116 ⌚ Mar.-ven. 10h-18h, w.-e. et j. fér. 10h-19h (20h en été) € 5€

À la mémoire d'un compositeur prolifique

Museo Donizettiano (plan 6, A1)

Portraits, manuscrits, instruments de musique et autres souvenirs de Gaetano Donizetti (1797-1848), auteur bergamasque d'airs sacrés, de pièces pour orchestre, mais aussi et surtout de 72 opéras, dont *Lucia di Lammermoor*.

Via Arena, 9 ☎ 035 247 116
🕒 Jeu.-dim. 10h-17h € 5€

G. Bellini, *Portrait d'un Jeune Homme* (1470), Galleria dell'Accademia Carrara

LA CITTÀ BASSA

Maîtres anciens...

Galleria dell'Accademia Carrara 👍 (plan 6, C1)

C'est l'une des pinacothèques les plus riches de Lombardie, sinon d'Italie. Fondée en 1793 par le comte Giacomo Carrara, la collection n'a cessé de s'enrichir de tableaux de maîtres italiens (Mantegna, Pisanello, Bellini, Lotto, Titien, Canaletto, etc.) et européens du 15e au 19e s. À la fois chronologique et thématique, l'accrochage peut dérouter, mais nul besoin d'être un historien de l'art pour s'émouvoir devant tant de chefs-d'œuvre !

Via San Tomaso, 82 (Piazza Carrara) ☎ 035 23 43 96 ou 035 412 20 97 (sam.-dim. et j. fér.) www.lacarrara.it 🕒 Lun., mer.-jeu. 10h-18h, ven.-dim. 10h-19h € 10€

... et modernes

Galleria d'Arte Moderna e Contemporanea (GAMeC) (plan 6, C1)

L'ancien couvent (15e s.) qui fait face à l'Accademia Carrara accueille une collection d'art moderne. Mêlant des œuvres d'artistes italiens (Balla, De Chirico, De Pisis, Morandi) et étrangers (Kandinsky, Hartung, Richter...), celle-ci fait la part belle au sculpteur bergamasque Giacomo Manzù (1908-1991).

Via San Tomaso, 53 ☎ 035 270 272 www.gamec.it 🕒 Lun. et mer.-ven. 15h-19h, sam.-dim. 10h-19h € 5€ (variable selon expos)

DANS LES ENVIRONS DE BERGAME

Une cité ouvrière classée

Crespi d'Adda

Ce village doit son existence à un magnat du textile, Cristoforo Benigno Crespi (1833-1920). Fondé en 1878, il traduit bien les conceptions paternalistes de l'époque, selon lesquelles il fallait fournir à chaque ouvrier, non loin de l'usine, de l'église et de la demeure du patron, une maisonnette avec jardin et les services nécessaires à son existence : école, théâtre, coopérative, bains publics et cimetière. Il figure sur la liste du patrimoine mondial de l'Unesco depuis 1995.

Capriate San Gervasio (18km au sud-ouest de Bergame) 02 90 93 99 88 www.crespidadda.it Visites guidées d'1h30 dim. et j. fér. 6€

À FAIRE

Demandez le programme !

Ballets, opéras, concertos, festivals... L'agenda culturel de Bergame est plutôt chargé ! L'occasion de découvrir les salles à l'italienne du Teatro Sociale (dans la ville haute) et du Teatro Donizetti (dans la ville basse), autrefois rivaux.

www.visitbergamo.net/fr/thattres www.teatrodonizetti.it

Coincez la bulle

San Pellegrino Terme

Célèbre dans le monde entier pour son eau minérale pétillante, la station thermale de San Pellegrino connut son heure de gloire à la charnière des 19e et 20e s., quand le gotha venait y prendre les eaux. Le **Grand Hotel** et le **Casino**, tous deux inaugurés en 1906 dans le plus pur style Liberty, témoignent de cette fastueuse époque... Aujourd'hui, c'est aux non moins grandioses **QC Terme** – où fresques et colonnes 19e côtoient lignes épurées et installations contemporaines – que les visiteurs pourront suivre un parcours thermal quatre étoiles dans différents bassins panoramiques et sensoriels. Entrée 48-54€/j. Massages à partir de 44€ (25min).

23km au nord de Bergame QC Terme San Pellegrino Viale della Vittoria, 53 034 52 01 02 www.qcterme.com Dim.-jeu. 9h-23h, ven.-sam. 9h-0h

NOS ADRESSES

PAUSES

Ne manquez pas de goûter la *stracciatella* : de la glace chantilly avec des morceaux croquants de chocolat fondu.

Un café sinon rien

Caffè del Tasso

Les deux salles en enfilade de ce café historique résonnent du vrombissement de la machine à café. Le matin, derrière le bar, les serveurs jonglent avec les tasses et les croissants. À cette ambiance affairée succède la *dolce vita* le soir...

BERGAME (plan 6, B1 n°1) Piazza Vecchia, 3 (Città Alta) 035 23 79 66 Mars-nov. : tlj. 8h30-0h30 ; déc.-fév. : tlj. 8h30-dernier client

Régal sucré

Pasticceria Cavour ♥

Son brunch dominical est un must et les exquises pâtisseries qui trônent en devanture sur des plateaux en

Spécialités sucrées de Bergame

argent fédèrent les gourmands depuis 1850. Le roboratif gâteau à la crème de noisette et pâte d'amande tient la vedette.

BERGAME (plan 6, B1 n°2) Via Gombito, 7/A (Città Alta) 035 24 34 18

Sur le pouce

Polentone

Cette échoppe joue la carte de la cuisine lombarde version *street food*. Polenta et *ragù, formaggi* ou *salame* (5,50-9€) à croquer sur place ou à emporter.

BERGAME (plan 6, B2 n°3)
Piazza Mercato delle Scarpe, 1 (Città Alta)
348 804 6021 www.polentone.com
Lun.-ven. 11h30-15h30 et 18h30-22h30, sam. 11h30-1h, dim. 11h30-22h

Bar et pâtisserie depuis 1952

La Marianna

Point de ralliement de la Città Alta, la vaste terrasse de La Marianna est souvent bondée. Le dimanche matin, l'*espresso* s'accompagne d'une *brioche* (croissant). Cette pâtisserie prisée de la bourgeoisie locale propose aussi des assortiments de biscuits sablés et de délicieuses glaces – c'est là que fut inventée la *stracciatella*.

BERGAME (plan 6, A1 n°4) Largo di Colle Aperto, 4 (Città Alta) 035 23 70 27
Lun.-sam. 7h30-23h30, dim. 8h-0h

Voir aussi **Anymore** (p.141).

RESTAURANTS

Convivialité assurée !

Il Circolino Cooperativa Città Alta €

Tout Bergame connaît l'impasse au fond de laquelle se cache cet incontournable. Un va-et-vient incessant fait de la vaste salle et de son jardin une véritable agora. De 7 à 77 ans, on s'y réunit à toute heure pour boire un verre, jouer aux cartes, grignoter (plats 8-16€) ou juste faire la causette !

BERGAME (plan 6, B1 n°10)
Vicolo Sant'Agata, 19 (Città Alta)
035 21 85 68 www.ilcircolinocittaalta.it
Tlj. 8h-1h

Repaire d'habitués

Trattoria d'Ambrosio €

Attablé dans une chaleureuse salle décorée de bric et de broc ou sur la terrasse fleurie, on se sustente à la bonne franquette des petits plats concoctés par Giuliana, la patronne haute en couleur. *Casoncelli* maison, polenta au gorgonzola... tous les classiques bergamasques sont là, à un rapport qualité-prix imbattable. Menu 12€ à midi, 25€ le soir.

BERGAME (plan 6, A4 n°14)
Via Broseta, 58 (Città Bassa) 035 402 926 trattoriadambrosio.it Lun.-ven. 12h-15h et 19h30-23h, sam. 19h30-23h

Bar à vins

Al Donizetti €€

La vénérable pâtisserie transformée en *enoteca* doit son succès à ses menus minute, composés d'assiettes de fromages, charcuterie ou foie gras (de 10 à 19€). Goûtez aux *casoncelli* (sorte de raviolis) ou aux gnocchis aux châtaignes en saison. L'été, installez-vous sous la halle pour assister à la *passeggiata* (promenade). Comptez 30€ avec un verre de vin (et la carte est immense : plus de 900 références !).

BERGAME (plan 6, B1 n°11)
Via Gombito, 17/A (Città Alta) 035 24 26 61 www.donizetti.it Mer.-lun. 11h-23h

Gastronomie en terrasse

Baretto di San Vigilio €€

Près de la station haute du funiculaire, l'une des plus belles terrasses panoramiques de Bergame pour une pause désaltérante ou un goûter. À l'heure des repas, ce restaurant élégant propose aussi une carte de spécialités lombardes avec d'excellents risottos, *casoncelli*, osso buco... À partir de 40€ à la carte, menu dégustation à 45€. Bon choix de vins et de cigares pour les amateurs.

BERGAME (plan 6, A1 n°12) Via al Castello, 1 (Città Alta) 035 25 31 91 Tlj. 12h30-15h et 19h30-22h30 Bar-pâtisserie lun.-ven. 11h-1h, sam. 11h-1h30, dim. 9h-1h

Le goût de la tradition

Ol Giopì e la Margì ♥€€

Sous l'égide des figures de la *Commedia dell'arte*, cette *osteria* du faubourg de Pignolo est gardienne de la tradition culinaire de Bergame. Les familles s'y éternisent autour de grandes tablées, d'où s'élèvent éclats de rires et de voix. *Casoncelli*, polenta, risotto et autres plats bien dressés sont servis par un personnel costumé. Formule dégustation 19 ou 29€/pers. à midi en semaine.

BERGAME (plan 6, C3 n°13)
Via Borgo Palazzo, 27 035 24 23 66 https://ristorantegiopimargi.it Mi-jan.-juil., sept.-déc. : mar.-sam. 12h30-14h et 19h30-21h30, dim. 12h30-14h

Voir aussi **Le Goût** (p.140).

SHOPPING

Produits frais

Mercato del Piazzale degli Alpini

Le principal marché de Bergame déploie ses 250 stands devant la gare : vêtements, tissus, fruits, légumes et bouquets de fleurs se mélangent dans une ambiance animée.

BERGAME (plan 6, C4 n°21)
Piazzale degli Alpini Lun. 8h-12h

La maison du pain

Panificio Scainelli "Ol Forner"

Au cœur de la Città Bassa, un grand choix de pains, biscuits, pâtisseries et viennoiseries italiennes. Ici, le "fait maison" est de rigueur pour les *casonsei* et les *scarpinocc* de Parre (ravioles en forme d'oreilles, au fromage et à l'ail, typiques de ce village du val Seriana).

BERGAME (plan 6, C3 n°20)
Via Camozzi, 98 (Città Bassa)
035 249 910 Lun. 7h30-14h, mar.-ven. 7h30-14h et 16h-19h30, sam. 7h30-13h30 et 16h-19h30

Made in Italia

Wooden

Chemises à larges rayures, imprimés graphiques, jeans *loose* parfaitement coupés… Cette marque de *streetwear* masculin fait un carton auprès de la jeunesse dans le vent !

BERGAME (plan 6, B4 n°22)
Via San Bernardino, 22 (Città Bassa)
035 044 15 36 Mar.-sam. 10h-13h et 15h30-19h30, lun. 15h30-19h30

Domaine viticole

La Brugherata

La propriétaire fait visiter son domaine sur rendez-vous. Au programme, découverte des caves, promenade dans le vignoble et dégustation. Impossible de repartir sans une bouteille de moscato, de doglio ou de vescovado !

SCANZOROSCIATE Via Medolago, 47 (7km au nord-est de Bergame) 035 655 202 www.labrugherata.it Lun.-ven. 9h-18h30, sam.-dim. horaires variables

Voir aussi **Gallo** et **La Cicogna** (p.140).

LA RECETTE

GÂTEAU DONIZETTI

Ce dessert a été créé en 1948 pour le centenaire de la mort du célèbre compositeur bergamasque.

Ingrédients

- 260g de beurre ramolli
- 150g de sucre
- 100g de fécule
- 80g de farine
- 120g d'ananas confit en dés
- 80g d'abricots confits en dés
- 8 jaunes d'œufs
- 4 blancs d'œufs
- 1 gousse de vanille
- 1 c. à c. de marasquin
- Un peu de sucre glace

Battez le sucre et le beurre avant d'ajouter les jaunes d'œufs un à un. Mélangez bien. Montez les blancs en neige et incorporez-les délicatement. Versez progressivement la farine et la fécule tamisées, puis le marasquin, les graines de vanille et les fruits confits. Transférez la pâte dans un moule à savarin (24-26cm de diamètre) préalablement beurré et fariné. Enfournez à 180°C (th.6) pour 40min environ. Une fois refroidi, saupoudrez de sucre glace.

LE LAC D'ISEO

Le plus confidentiel des lacs lombards invite à une escapade d'une journée entre Bergame et Brescia. Ce rendez-vous des amateurs de voile et de pêche est auréolé de bourgades de charme, telles Iseo, Sarnico et Pisogne. Les amateurs de bons vins s'élanceront sur la route des vins de la Franciacorta, au sud du lac, tandis que les curieux tenteront de déchiffrer les peintures rupestres du val Camonica, au nord-est.

ACCÈS ET INFOS

- À une centaine de kilomètres de Milan, 32km à l'est de Bergame et 22km au nord-ouest de Brescia.
- www.visitlakeiseo.info
- Navigazione Lago d'Iseo 035 97 14 83 www.navigazionelagoiseo.it

À VOIR

C'est la base !

Iseo

Le chef-lieu du lac possède un joli centre médiéval, dont la piazza Garibaldi et la piazza Statuto délimitent l'axe commerçant. Ne manquez pas de visiter la Fondazione L'Arsenale, une galerie d'art contemporain sise dans une ancienne armurerie, ni d'assister, du *lungolago*, au coucher du soleil sur Monte Isola.

40km à l'est de Bergame **Fondazione L'Arsenale** Vicolo Malinconia, 2 030 981 011 www.fondazionearsenale.it Jeu.-ven. 15h-18h, w.-e. 10h30-12h30 et 15h-18h Entrée libre

Avis aux pêcheurs amateurs

Riserva Naturale Regionale Torbiere del Sebino

Après avoir été exploitées pendant trois siècles pour leur combustible fossile, les tourbières du Sebino ont été classées en 1983. L'entrée de la réserve est située à côté du monastère clunisien San Pietro in Lamosa, à Provaglio d'Iseo. Un réseau de pontons long de 4km (comptez 2-3h) permet d'approcher le plan d'eau poissonneux qui miroite au milieu des roselières.

Provaglio d'Iseo (2km au sud d'Iseo) www.torbieresebino.it 1€, permis de pêche 5€

Charmes éclectiques

Sarnico

Sarnico est établie sur l'Oglio, affluent sud-ouest du lac Iseo. Sa Contrada (vieille ville) a conservé son cachet médiéval avec ses tronçons de remparts, ses passages voûtés et ses venelles tortueuses. Admirez l'opulence baroque de l'église San Martino di Tours (piazza Redentore) et la collection d'art des 16e-18e s. du Palazzo Gervasoni, ou Pinacoteca Gianni Bellini (via San Paolo, 8). La petite cité possède par ailleurs un intéressant patrimoine Liberty, dont la Villa Faccanoni (via Vittorio Veneto, 46), réalisée en 1907, et l'imposante Villa Surre (via Predore, 59), de 1912.

Env. 10km à l'ouest d'Iseo **Pinacoteca Gianni Bellini** Via San Paolo, 8 035 910 900 Mars-déc. : sam. 15h-19h, dim. 10h-12h et 15h30-18h30 Entrée libre

À NE PAS MANQUER

- Monte Isola ★
- Santa Maria della Neve
- Parco Nazionale delle Incisioni Rupestri di Naquane
- Route des vins de la Franciacorta

Au bord du lac d'Iseo, face à Monte Isola

Une île-montagne hors du temps

Monte Isola ★

La plus grande île lacustre habitée d'Europe (12,8km^2) a gardé intactes ses traditions. Ses 1 800 habitants préservent jalousement les secrets de fabrication du *salame* (saucisson), de l'huile d'olive, des barques et des filets de pêche en vigueur depuis l'Antiquité. En accostant à Carzano, au nord, ou à Peschiera Maraglio, au sud, vous verrez sans doute du poisson qui sèche au soleil sur des arches en bois. Une route qu'emprunte un bus communal permet de faire le tour de Monte Isola. Un sentier, jalonné de chapelles, part de Cure et grimpe jusqu'au sanctuaire de la Madonna della Ceriola, la plus ancienne église de l'île (13e s.), juchée sur son sommet, à 600m – comptez 30min d'ascension.

Toute l'année, liaisons régulières Sulzano-Peschiera Maraglio et Sale Marasino-Carzano. De mars à oct., bateaux en provenance d'autres localités riveraines

Demoiselles coiffées

Parco Regionale delle Piramidi di Zone

Aux abords du hameau de Zone, sur les hauteurs de Cislano, l'érosion a fait naître d'impressionnantes cheminées de fée – de fines colonnes de roche sédimentaire ponctuées de gros cailloux à l'équilibre précaire. À contempler de la route ou d'un sentier bien balisé, mais escarpé (comptez 1h30 de balade) !

16km au nord-est d'Iseo

Fresques en Technicolor

Santa Maria della Neve 👍

Derrière son austère façade du 15e s., Notre-Dame-des-Neiges conserve un cycle de fresques réalisé dans les années 1530 par Girolamo di Romano, dit

***La Cène*, Santa Maria della Neve, Pisogne**

Romanino. La richesse et de la palette chromatique et le réalisme saisissant des scènes, loin des figures idéalisées chères à la Renaissance, lui ont valu le surnom de "chapelle Sixtine des pauvres".

Via Romanino, 18 Pisogne (24km au nord-est d'Iseo) 0364 190 51 03

Un amour de bourgade !

Lovere

Comme elle est adorable, cette bourgade de la rive nord-ouest ! Face à son port de plaisance animé se déploie un amphithéâtre de palais colorés renfermant librairies et cafés au charme suranné, sous des murailles médiévales. Piazza Vittorio Emanuele II, la Torre Civica sonne les heures depuis 1448 ! Un escalier grimpe jusqu'à son clocher panoramique. Les amateurs d'art ne manqueront pas de visiter l'Accademia Tadini. Face au lac, cet imposant palais néoclassique (1826) expose la remarquable collection de peintures, sculptures et porcelaines des 14e-18e s. du comte Luigi Tadini (1745-1829). La chapelle renferme un émouvant relief funéraire de Canova, la *Stèle Tadini* (1821).

7km à l'ouest de Pisogne **Torre Civica** Piazza Vittorio Emanuele II 035 962 178 Haute saison : tlj. 10h-12h et 16h-18h ; basse saison : sam. 14h30-16h30, dim. 10h30-12h30 et 14h30-16h30 **Accademia Tadini** Via Tadini, 40 035 962 780 www.accademiatadini.it Avr., oct. : sam. 15h-19h, dim. et j. fér. 10h-12h et 15h-19h ; mai-sept. : mar.-sam. 15h-19h, dim. 10h-12h et 15h-19h 10€

Art préhistorique

Parco Nazionale delle Incisioni Rupestri di Naquane

Créé en 1955, ce parc national inscrit sur la liste du patrimoine mondial de l'Unesco recèle quelque 140 000 gravures rupestres découvertes autour de la bourgade de Capo di Ponte, sur le cours supérieur de l'Oglio, dans le val

Camonica. Aux motifs géométriques et autres représentations symboliques de l'âge du bronze (vers 2000 av. J.-C.) succèdent les scènes de chasse et tableaux plus réalistes de l'âge du fer (vers 1000 av. J.-C.). À Capo di Ponte, un petit musée fait le point sur les trésors préhistoriques que la vallée a livrés aux archéologues : monuments funéraires, armes, outillage, bijoux...

Capo di Ponte (38km au nord-est de Lovere) 036 442 140 www.vallecamonicaunesco.it Mar.-sam. 8h30-19h (16h30 oct.-mars), dim. et j. fér. 8h30-14h 6€ (parc + musée de la préhistoire) Museo Nazionale della Preistoria della Valle Camonica Via San Martino, 7 **036 442 403 mupre.capodiponte.beniculturali.it Juin-sept. : mar. 9h-13h, mer.-dim. 14h-19h ; oct.-mai : ven.-dim. 14h-18h**

À FAIRE

Allez à la plage

À Iseo

À la plage de galets dotée de sanitaires et d'un bar s'ajoute le Lido Belvedere, un complexe de loisirs nautiques avec piscine (toboggan et jets hydromassants), location de kayaks et de pédalos, plage et bar. Le ticket d'entrée varie de 4 à 12€ selon l'heure d'arrivée, le jour de la semaine et la saison.

Lido Belvedere di Iseo Via per Rovato, 28 **030 98 09 70 24 avr.-mai, sept. : tlj. 9h-20h ; juin-août : lun.-sam. 9h-0h, dim. 8h-0h**

À Sarnico

Comme échappé du joli parc aménagé sur la berge, un long ponton s'avance en ondulant sur les eaux tranquilles. Parfait pour une bronzette sans les petites bêtes qui piquent ou pour sauter dans le lac en éclaboussant ses voisins. Entrée libre, 2€ en juin-août.

Lido Nettuno Via Predore, 1 **Avr.-mai : mar.-ven. 13h-23h, sam.-dim. 9h-23h ; juin-août : mar.-dim. 9h-23h ; sept. : lun. 14h-23h, mar.-dim. 9h-23h (horaires variables)**

À Sale Marasino

Face à Monte Isola, la Spiaggia Perla Sebina est une tranquille plage gazonnée particulièrement appréciée des jeunes. Terrain de beach-volley, bar et concerts à la belle saison.

Pédalez autour du lac d'Iseo

Aménagée entre l'onde et la montagne, une voie verte (*strada verde*) de 45km fait le tour du lac d'Iseo à travers pinèdes, prairies et villages. Avis aux sportifs, ce parcours est par endroits très pentu (avec un dénivelé de 1 120m), mais il réserve aux plus endurants des vues imprenables sur le lac. Départ du cimetière de Sarnico (parking). Comptez 3h30.

Cheminez sur une route antique

Antica Strada Valeriana

Empruntée dès l'Antiquité par les négociants et leurs marchandises, les bergers et leurs troupeaux, cette route qui longe la rive orientale du lac d'Iseo fut, jusqu'au milieu du 19e s., l'unique voie terrestre reliant Brescia au val Camonica. Ce sont désormais les randonneurs qui suivent son splendide

LA ROUTE DES VINS DE LA FRANCIACORTA

Au sud du lac d'Iseo, les vignes de la Franciacorta tapissent des vallons piquetés de villages et de monastères. Un itinéraire d'une centaine de kilomètres qui vagabonde entre Pisogne et Brescia permet de découvrir cette prestigieuse région viticole, de visites de caves (avec dégustation) en tables d'hôtes. Une brochure très complète disponible en ligne et dans les offices de tourisme répertorie les propriétés et les *agroturismi* ainsi que différents parcours pédestres et cyclables. Souvent comparé au champagne, le franciacorta est un vin pétillant d'une grande finesse, fruit d'une double fermentation (d'abord en fût puis en bouteille pendant au moins 18 mois). Assemblé à partir des cépages chardonnay, pinot noir et pinot blanc, il se décline en brut, *satèn* (blanc de blanc) et rosé.
À visiter en priorité, le superbe domaine **Majolini** et le plus célèbre de tous, la **Ca' del Bosco**, dont le parc et les caves sont ornés de surprenantes œuvres d'art contemporain !

www.franciacorta.net/it/strada
Majolini Via Manzoni, 3 Ome (12km au sud-est d'Iseo) 030 652 73 78 www.majolini.it
Visite des caves et dégustation sur rés. mar., jeu. 10h30 et parfois sam. 10h30
Ca' del Bosco Via Albano Zanella, 13 Erbusco (13km au sud-ouest d'Iseo) 030 776 61 11 www.cadelbosco.com Lun.-ven. 9h-18h, sam.-dim. 9h-17h Sur rés.

Vignes de la Franciacorta

tracé entre pâturages, bourgs médiévaux, oliviers et vignes dominant le lac. Prévoyez plus d'une journée pour couvrir les 25km qui relient Pilzone à Pisogne... à moins de n'effectuer qu'une partie de cet itinéraire, découpé en six tronçons, faciles ou de difficulté moyenne.
www.visitlakeiseo.info.

NOS ADRESSES

RESTAURANTS

Le goût du vrai

Trattoria La Madia €€

Faire escale dans cette trattoria perchée face aux collines de la Franciacorta relève de l'expérience culinaire. Et pour cause : ici, la cuisine est à la fois rurale, authentique et vivante, et chaque ingrédient qui la compose est rigoureusement sélectionné auprès de petits producteurs, des herbes aromatiques au café, en passant par la viande, les œufs, les fromages, les légumes et les vins. Menu 7 services 45€, 10 services 55€.

BRIONE Via Aquilini, 5 (17km à l'est d'Iseo) 030 894 0937 Mer.-ven. 19h30-23h, sam.-dim. 12h30-15h et 19h30-23h

À la ferme

La Fiorita Franciacorta €€

Cet élégant *agriturismo* sert d'excellentes spécialités régionales : risotto au vin, lapin et légumes du jardin, longe de porc aux cèpes et polenta. Menus 32-43€.

OME Via Maglio, 10 (14km au sud-est d'Iseo) 030 652 279 lafioritafranciacorta.com Ven. 19h30-21h30, sam.-dim. 12h-14h et 19h30-21h30

Le goût d'ici

Trattoria Il Cacciatore €€

À flanc de colline, face à Monte Isola, dégustez une roborative cuisine du terroir à base de fromage de chèvre fumé, de poisson séché du lac, de charcuterie de montagne et de *casoncelli* maison. Gibier en saison. Comptez 20-30€ le repas.

SULZANO Via Molini, 28 (7km au nord-est d'Iseo) 030 985 184 trattoriacacciatore.it Mi-fév.-déc. : mer.-lun. 12h-14h30 et 18h30-22h30

Lacustre

Hostaria Milago €€

Toutes les spécialités du lac : sardines séchées et tomates cerises, salami et jardinière de légumes, croquettes de lavaret, filet de perche, assiette de fromages locaux et confiture de figues... Menu dégustation 34€, plats 12-19€.

MONTE ISOLA Peschiera Maraglio, 144 030 988 61 34 hostariamilago.com Lun.-ven. 12h-15h et 19h-22h, sam. 12h-15h et 19h-22h30, dim. 12h-15h30 et 19h-22h

Fait maison

Agriturismo La Freschera ♥€

Le pain est maison, comme le salami, les *casoncelli* et les desserts, et les légumes viennent pour la plupart du potager. Au menu (20-30€, eau et vin compris), risotto à la menthe ou aux cèpes, rôti de porc sauce aux noix, agneau et cabri braisés, crème glacée au safran... Mieux vaut réserver !

PARZANICA Via Cascina Invillo (15km au sud de Riva di Salto) 347 79 79 083 www.agriturismolafreschera.it Ven.-mer. 12h-14h et 19h-20h30 Fermé deux dernières sem. de fév.

BRESCIA ★

Sous des abords ingrats de centre industriel, Brescia cache un patrimoine architectural qui vous fera traverser vingt siècles en une seule promenade. Comme autant de salles d'un gigantesque musée à ciel ouvert, les places du centre-ville mêlent vestiges de la Brixia antique, tours et églises médiévales, palais Renaissance... Et ne manquez pas de goûter ses *malfatti*, fameuses boulettes ricotta-épinards !

ACCÈS ET INFOS

- Brescia se trouve 95km à l'est de Milan.
- Info Point Brescia Turismo Mobilità (plan 7, B3) Via Trieste, 1 (angle piazza Duomo) 030 30 61 266 www.bresciatourism.it www.turismobrescia.it Lun.-ven. 9h-19h, sam.-dim. 9h-17h
- Brescia Card Pass valable dans les principaux musées (Museo di Santa Giulia, Parco Archeologico di Brescia Romana, Pinacoteca Civica Tosio Martinengo, Museo delle Mille Miglia et Museo Diocesano) et les transports municipaux, vélos compris. Vendu à l'office de tourisme et au guichet des musées concernés (18€ pour 24h, 23€ pour 48h). www.bresciacard.it

À VOIR

AUTOUR DE LA CATHÉDRALE

Les pleins pouvoirs

Piazza Papa Paolo VI **(plan 7, B3)**

Sur l'ancienne piazza del Duomo, rebaptisée en l'honneur de Paul VI (1897-1978), natif de Brescia, cohabitent depuis le Moyen Âge pouvoir temporel et pouvoir spirituel. Au nord-est s'élève l'ancien palais communal, ou **Broletto** (13e s.), doté d'une cour à arcades romano-gothique et dominé par l'austère **Torre del Popolo** (12e s.). La façade, à droite de la tour, est celle de la **Loggia delle Grida** (loge des Cris), dont le balcon servait aux proclamations publiques. Au sud-est de la place, deux cathédrales aux styles très différents s'élèvent côte à côte.

Duomo Nuovo **(plan 7, B3)**

Avec sa monumentale façade baroque de marbre blanc, la cathédrale "estivale" Santa Maria de Assunta (1604-1825) détonne sur cette place quelque peu austère ! Le chantier fut interrompu en 1630 par une épidémie de peste, comme le rappelle le retable de sa chapelle de la Trinité. Le Duomo renferme d'autres précieuses peintures et sculptures (Moretto, Palma le Jeune...). Sa coupole centrale est la troisième d'Italie par la hauteur (80m).

030 375 70 37 Tlj. 7h30-11h45 et 14h30-19h (horaires variables) Entrée libre

Duomo Vecchio **(plan 7, B3)**

Dans l'ombre de la précédente, l'ancienne cathédrale fut édifiée à partir du 11e s. sur les restes d'une basilique paléochrétienne, comme en témoigne sa crypte pavée de mosaïques. Cette rotonde, du plus pur style roman lombard, abrite le sarcophage en marbre rouge du prince-évêque Berardo Maggi, décédé en 1308. Sa voûte est ornée de fresques du 13e s. et son maître-autel porte un retable du Brescian Moretto (1498-1554).

030 427 14 Tlj. 9h-12h et 15h-17h45 Entrée libre

À NE PAS MANQUER

- Piazza della Loggia
- Parco Archeologico di Brescia Romana
- Museo di Santa Giulia
- Pinacoteca Civica Tosio Martinengo

Voitures de course de collection, Mille Miglia Storica, Brescia

Pour la pause-café

Piazza della Loggia (plan 7, B2)

C'est la place la plus charmante de Brescia, avec ses terrasses de cafés et de restaurants et son marché du samedi matin. Aménagée au 15e s., elle est dominée par le Palazzo della Loggia (1492-1570), qui symbolisait alors le pouvoir de l'aristocratie locale et sa reconnaissance de l'autorité vénitienne, mais c'est l'étincelant cadran astronomique de sa tour de l'Horloge (1540-1550) qui attire tous les regards. Au sommet, deux automates sonnent les heures depuis 1581. Au sud de la place, une jolie loggia à colonnettes d'inspiration vénitienne relie deux monts-de-piété Renaissance – établissements de prêts sur gages fondés par l'Église italienne au 15e s. pour combattre l'usure.

Rigueur et ordre

Piazza della Vittoria (plan 7, B3)

Cette place de style rationaliste fut aménagée en 1932 dans les décombres d'un quartier médiéval. La façade polychrome du Palazzo delle Poste, l'immaculée Torre della Vittoria et le rose Arengario (tribune), d'où les édiles et les cadres du Parti national fasciste pouvaient haranguer les foules, forment un ensemble fonctionnel d'une grande unité. Du haut de ses 57m, Il Torrione (la Tourelle) compte parmi les premiers gratte-ciel d'Italie.

DANS L'EST DE LA VILLE

En belvédère

Castello Visconti (plan 7, C1)

Juchée sur les hauteurs boisées du mont Cidneo (245m), cette forteresse des 13e-16e s. est l'une des plus grandes et des mieux conservées d'Italie du

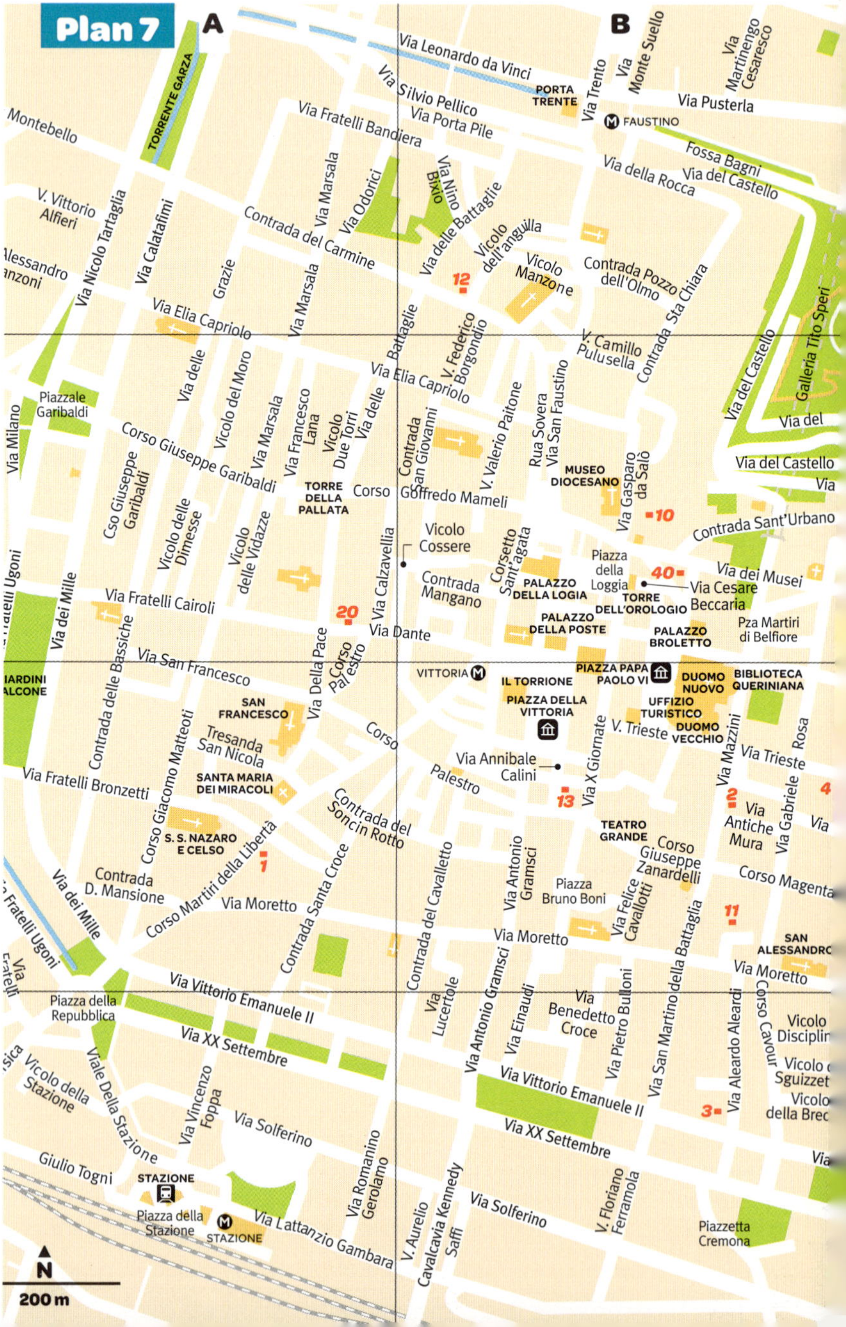
Plan 7
A
B
Via Leonardo da Vinci
Via Silvio Pellico
Via Porta Pile
PORTA TRENTE
Via Trento
Via Monte Suello
Via Martinengo Cesaresco
Via Pusterla
FAUSTINO
Fossa Bagni
Via del Castello
Via della Rocca
Montebello
TORRENTE GARZA
Via Fratelli Bandiera
Via Marsala
Via Odorici
Via Nino Bixio
Via delle Battaglie
V. Vittorio Alfieri
Via Nicolò Tartaglia
Via Calatafimi
Contrada del Carmine
Vicolo dell'anguilla
Vicolo Manzone
Contrada Pozzo dell'Olmo
Contrada Sta Chiara
Alessandro Manzoni
Grazie
12
Via Elia Capriolo
V. Camillo Pulusella
Galleria Tito Speri
V. Federico Borgondio
Via delle
Vicolo del Moro
Via Francesco Lana
Vicolo Due Torri
Via delle Battaglie
Piazzale Garibaldi
Via Milano
Corso Giuseppe Garibaldi
Cso Giuseppe Garibaldi
Contrada San Giovanni
Via Valerio Paitone
Rua Sovera
Via San Faustino
MUSEO DIOCESANO
Via Gasparo da Salò
Via del
Via del Castello
Via
TORRE DELLA PALLATA
Corso Goffredo Mameli
10
Contrada Sant'Urbano
Vicolo delle Dimesse
Vicolo delle Vidazze
Via Calzavellia
Vicolo Cossere
Corsetto Sant'agata
Piazza della Loggia
40
Via dei Musei
Via Fratelli Ugoni
Via dei Mille
Contrada Mangano
PALAZZO DELLA LOGIA
TORRE DELL'OROLOGIO
Via Cesare Beccaria
Via Fratelli Cairoli
20
Via Dante
PALAZZO DELLA POSTE
PALAZZO BROLETTO
Pza Martiri di Belfiore
Via San Francesco
Via Della Pace
Corso Palestro
VITTORIA
PIAZZA PAPA PAOLO VI
IL TORRIONE
DUOMO NUOVO
BIBLIOTECA QUERINIANA
GIARDINI FALCONE
Contrada delle Bassiche
SAN FRANCESCO
PIAZZA DELLA VITTORIA
UFFIZIO TURISTICO
Via X Giornate
V. Trieste
DUOMO VECCHIO
Via Trieste
Via Gabriele Rosa
Corso Giacomo Matteoti
Tresanda San Nicola
Corso Palestro
Via Annibale Calini
Via Mazzini
4
Via Fratelli Bronzetti
SANTA MARIA DEI MIRACOLI
13
2
Via Antiche Mura
Via
Contrada del Soncin Rotto
TEATRO GRANDE
Corso Giuseppe Zanardelli
S. S. NAZARO E CELSO
Corso Martiri della Libertà
1
Contrada Santa Croce
Contrada del Cavalletto
Via Antonio Gramsci
Piazza Bruno Boni
Via Felice Cavallotti
Corso Magenta
Contrada D. Mansione
Via dei Mille
Via Moretto
11
Via Fratelli Ugoni
Via Moretto
Via San Martino della Battaglia
SAN ALESSANDRO
Via Moretto
Via Fratelli
Via Vittorio Emanuele II
Piazza della Repubblica
Via Lucertole
Via Antonio Gramsci
Via Einaudi
Via Benedetto Croce
Via Pietro Bulloni
Via Aleardo Aleardi
Corso Cavour
Vicolo Disciplina
Vicolo Sguizzetto
Via XX Settembre
Vicolo della Stazione
Viale Della Stazione
Via Vittorio Emanuele II
Vicolo della Breda
Via Vincenzo Foppa
Via Solferino
3
Via XX Settembre
Via
Giulio Togni
STAZIONE
Piazza della Stazione
Via Romanino Gerolamo
Via Solferino
V. Floriano Ferramola
STAZIONE
Via Lattanzio Gambara
V. Aurelio
Cavalcavia Kennedy
Saffi
Piazzetta Cremona
N
200 m

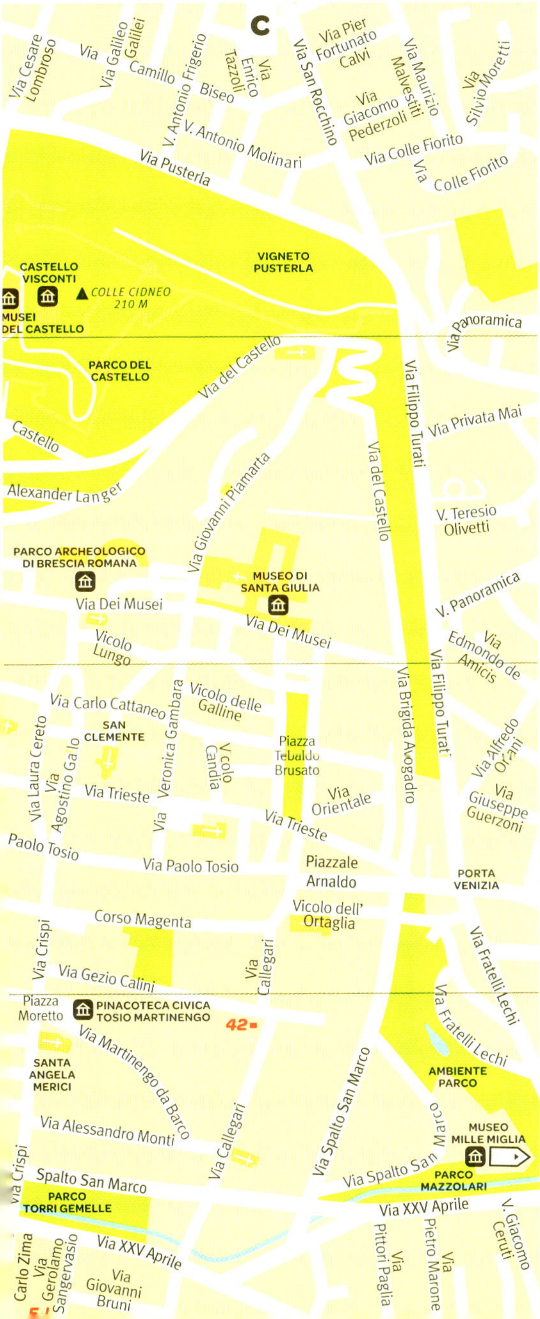

Pauses (n°1 à 5)

- *5* Areadocks - *p.164* C4
- *1* El Forner - *p.163* A3
- *3* Gelateria del Biondo - *p.164* B4
- *4* Marchino - *p.164* B3
- *2* Schiaccia - *p.164* B3

Restaurants (n°10 à 13)

- *13* Hostaria Cosmopolitan - *p.165* B3
- *12* I Du Dela Contrada - *p.165* B1
- *11* La Grotta - *p.165* B3
- *10* Osteria al Bianchi - *p.164* B2

Shopping (n°20)

- *20* Enoteca Bonetti - *p.165* A2

Hébergements (n°40 et 42)

- *40* Albergo Orologio - *p.232* B2
- *42* Centro Paolo VI - *p.232* C4

Nord. Les Visconti, les Vénitiens et plus tard les Français apportèrent tour à tour leur pierre à l'édifice ! Son agréable parc, pris d'assaut en été, offre des vues imprenables sur la ville. Le château abrite deux musées, l'un consacré au Risorgimiento (le 19e s. italien, période d'unification), l'autre aux armes anciennes (15e-18e s.).

Via Castello, 9 Tlj. 8h-20h Entrée libre Musei del Castello 030 297 78 34 www.bresciamusei.com Mar.-dim. 10h-18h 5€

Retour à Brixia

Parco Archeologico di Brescia Romana (plan 7, C2)

Les vestiges les plus significatifs de l'antique Brixia s'étendent au nord de la piazza del Foro. La visite débute devant les majestueuses colonnes corinthiennes du **Capitolium**, temple érigé sur ordre de l'empereur Vespasien en 73-74. À l'intérieur, un riche dispositif immersif (sons, vidéos et lunettes 3D) restitue son antique splendeur. Le **Santuario di Età Repubblicana** (1er s. av. J.-C.), au sous-sol, est de loin le clou de la visite avec ses fresques et ses mosaïques merveilleusement conservées. Le tour se termine sur les gradins du théâtre (1er s.), qui pouvait accueillir plus de 15 000 spectateurs !

Via dei Musei, 55 (billetterie piazza del Foro, 6) 030 297 78 34 www.bresciamusei.com Mar.-dim. 10h-18h 8€

Malle aux trésors

Museo di Santa Giulia (plan 7, C2)

Cette abbaye bénédictine recèle une étourdissante collection d'art. Fondée au 8e s. sur une zone résidentielle de l'époque romaine, elle abrite des sculptures en bronze provenant du temple capitolin de Brixia, des restes de villas romaines, d'une basilique lombarde, d'un oratoire roman richement orné, d'une église Renaissance, etc. Cet ensemble déployé sur 14 000m^2 – un labyrinthe qui mérite de se laisser guider ou audio-guider – a été classé au patrimoine mondial de l'humanité par l'Unesco en 2011.

Via dei Musei, 81/B 030 297 77 34 www.bresciamusei.com Mar.-dim. 10h-18h 13€ (variable selon expo.)

Buste de Minerve, Museo di Santa Giulia

Maîtres brescians

Pinacoteca Civica Tosio Martinengo (plan 7, C4)

Rouvert en 2018, après neuf ans de travaux, ce musée réunit dans le Palazzo Martinengo da Barco (16e s.) une collection remarquable de peintures des 13e-18e s. En toute légitimité, elle met à l'honneur l'école

Renaissance de Brescia, qui sut allier les styles lombard et vénitien. Vous pourrez admirer une *Vierge à l'Enfant* et *L'Étendard d'Orzinuovi* de Vincenzo Foppa (1427-1515), son chef de file, ainsi que des œuvres de Gerolamo Romanino (v. 1484-1562) et d'Alessandro Bonvicino, dit Moretto (v. 1498-1554). Ne manquez pas non plus le *Christ bénissant* (1504-1508) de Raphaël.

Piazza Moretto, 4 030 297 78 34 www.bresciamusei.com Mar.-dim. 10h-18h 8€

À LA PÉRIPHÉRIE

Sur les jantes

Museo Mille Miglia (hors plan 7 par C4)

Le monastère Sant'Eufemia, du 11e s., s'est voué au culte de la Mille Miglia, mythique course automobile disputée de 1927 à 1957 de Brescia à Rome et retour. Bolides des marques les plus prestigieuses, publicités et témoignages vidéos de participants dans une scénographie bien huilée.

Viale della Bornata, 123 (4km à l'est du centre de Brescia) 030 336 56 31 www.museomillemiglia.it Tlj. 10h-18h 10€

À FAIRE

Lorgnez les dessous de Brescia

Brescia Underground

Cette association vous emmène en balade sur les cours d'eau souterrains de la ville : unique ! Réservez par téléphone.

Via Raffaello, 165 349 099 86 97 www.bresciaunderground.com

Goûtez de bons vins et des paysages bucoliques

Nul besoin de s'éloigner de Brescia pour se retrouver dans les vignes ! Le petit domaine de Pusterla (4ha) s'étend juste à l'est du Castello (www.vignetopusterla.com). À 7km au sud de Brescia vous attendent des propriétés plus importantes, telles que San Bernardo (www.aziendasanbernardo.it) et Pratumcoller (www.pratumcoller.it). La région de Brescia est la plus active de Lombardie en matière d'agritourisme. On peut louer des vélos (www.bresciatour.it) et s'élancer sur de petites routes, à la découverte de ses paysages bucoliques.

NOS ADRESSES

PAUSES

Juste sortis du four

El Forner

Au choix : biscuits secs, *bossolà* (brioches), croissants au miel ou pizzas... à savourer sur place ou à emporter. Dans cette boulangerie-pâtisserie, les ingrédients sont naturels et les recettes se transmettent de père en fils depuis quatre générations.

BRESCIA (plan 7, A3 n°1)
Corso Martiri della Libertà, 23/A
030 375 85 68 www.elfornerbrescia.eu
Lun. 7h-14h30, mar.-sam. 7h-20h

Paninoteca
Schiaccia

Les sandwichs (4-7€) sont confectionnés avec un pain croustillant typiquement toscan et des garnitures salées (*bresaola*, parmesan, miel et noix...) de première fraîcheur. Et des propositions sucrées pour le dessert !

BRESCIA (plan 7, B3 n°2) Via Mazzini, 5/A
030 280 72 52 Lun. 12h-14h30, mar.-jeu. 12h-14h30 et 19h-21h30, ven.-dim. 12h-14h30 et 19h-22h

Plaisirs glacés
Gelateria del Biondo

Ses tartes aux fraises, meringues et sorbets aux parfums parfois détonants font le bonheur des familles depuis 1935.

BRESCIA (plan 7, B4 n°3)
Via Vittorio Emanuele II, 115 030 410 31
www.gelateriadelbiondo.it Tlj. 8h-0h

Le petit bar
Marchino

Excellente sélection de vins, cocktails parfaitement maîtrisés et planches de charcuterie géantes à partager : ce bar de poche ne désemplit plus à l'heure de l'apéritif !

BRESCIA (plan 7, B3 n°4) Via Trieste, 36/A
339 88 23 614 marchino.me

Marchino

Juin-mi-sept. : lun. 18h30-2h, mar.-sam. 11h-15h30 et 18h30-2h ; mi-sept.-mai : tlj. 18h-0h

The place to be
Areadocks

En réunissant bar lounge, boîte de nuit, restaurants et boutiques dans d'anciens entrepôts un peu excentrés, cet immense espace à la déco léchée est devenu le repaire de la jeunesse dans le vent ! Pour un brunch (fameux) ou un cocktail...

BRESCIA (plan 7, C4 n°5) Via Sangervasio, 12/A
030 401 90 www.areadocks.it
Mar.-dim. 8h-2h

RESTAURANTS

Cuisine populaire
Osteria al Bianchi €

Voilà l'une des cantines préférées des Brescians avec ses grandes tables à partager dans une ambiance conviviale. Ne manquez ni les soupes maison, ni les *malfatti* (boulettes ricotta-épinards, sorte de gros gnocchis ironiquement nommés "mal faits"). Comptez 20€.

BRESCIA (plan 7, B2 n°10)
Via Gasparo da Salò, 32 030 292 328
www.osteriaalbianchi.it Jeu.-lun. 11h-14h et 19h45-22h30 (la cuisine ferme à 22h)

Convivial

I Du Dela Contrada €

Ambiance garantie sous le beau plafond de brique de cette chaleureuse trattoria tenue par deux amis passionnés. Pappardelles au sanglier, raviolis à la citrouille... Inscrits sur une grande ardoise, tous les plats du jour (8-18€) sont *casalinga* (maison) et confectionnés avec des produits locaux de saison.

**BRESCIA (plan 7, B1 n°12)
Contrada del Carmine, 18/B 392 925 34 16
www.idudelacontrada.it Tlj. 19h-0h**

Auberge d'antan

La Grotta €€

Cachée au fond d'une impasse, cette auberge pittoresque dispose de deux grandes salles voûtées tapissées de fresques évoquant les travaux des champs et de trompe-l'œil imitant la pierre de taille. On y sert une authentique et roborative cuisine *bresciana*, accompagnée de bonnes bouteilles provenant de toute l'Italie. Parmi ses spécialités figurent la soupe paysanne et les tagliatelles au *salmì* de lièvre. Comptez 25-35€.

**BRESCIA (plan 7, B3 n°11)
Vicolo del Prezzemolo, 10 030 440 68
www.anticaosterialagrotta.it Sept.-juil. : jeu.-mar. 11h-15h et 19h-0h**

Menu créatif

Hostaria Cosmopolitan ♥€€

Cette table discrète, mais bien connue des fins gourmets, sert une réjouissante cuisine plutôt novatrice. À la carte, homard aux fruits exotiques et à la vanille, ou encore pâtes fraîches à la ricotta fumée et crème d'aubergine... Pensez à réserver ! Comptez 30-50€ le repas.

**BRESCIA (plan 7, B3 n°13)
Via Fratelli Dandolo, 9-13 373 748 31 29
Mar.-sam. 12h-14h30 et 19h-22h30, lun. 12h-14h30**

SHOPPING

Vins du cru

Enoteca Bonetti

La meilleure cave de la ville propose une intéressante sélection de nectars de la région, dont l'incontournable franciacorta du lac d'Iseo, ou encore le negresco et le broletto du lac de Garde.

**BRESCIA (plan 7, A2 n°20) Via Dante, 14
030 405 22 www.enotecabonetti.it
Lun.-sam. 8h-12h30 et 15h30-19h30, dim. 15h-19h30**

Pour remplir sa valise

Franciacorta Outlet Village

Le paradis des modeux : un village entier de magasins (160 !) de marques italiennes et étrangères à prix remisés toute l'année.

**RODENGO-SAIANO Piazza Cascina Moie, 1
(13km à l'ouest de Brescia)
Accès en bus LS029 à partir de la gare
www.franciacortaoutlet.it Tlj. 10h-20h**

Le lac de Garde, ou Benaco, le plus grand d'Italie (370km^2), se partage entre trois régions aux identités fortes : Lombardie, Vénétie et Trentin-Haut-Adige. Ses collines méridionales, plantées de vignes, d'oliviers et de citronniers, composent un paysage méditerranéen très (trop ?) apprécié des touristes, tandis que sa partie nord, balayée par des vents violents et cernée de hautes montagnes, est le rendez-vous des sportifs.

Lac de Garde

Le lac de Garde en majesté

Plan 8
TRENTINO - ALTO ADIGE
Arco
RIVA DEL GARDA
Condino
CHIESE
Tiarno
Bezzecca
LAGO DI LEDRO
Molina
SS237
Storo
SS240
MONTE TREMALZO 1 974 M
PONALE
Torbole
SS45b
SS249
Bagolino
CIMA SPESSA 1 820 M
Limone sul Garda
MONTE ALTISSIMO 2 079 M
BERGAME, LAC D'ISEO, BRESCIA p.135
LAGO D'IDRO
Bondone
MONTE PURIA 1 476 M
Vesio
Magasa
Tremozine sul Garda
Anfo
PARCO REGIONALE DELL'ALTO GARDA BRESCIANO
SS45b
Pregasio
MALCESINE
Lavenone
Prabione
SANTUARIO DELLA MADONE DE MONTECASTELLO
MONTE DOSSIOLI 1 518 M
Tignale
MONTE DENERVO 1 450 M
CIMA DELLA POZZETTE 2 128 M
MONTE CARZEN 1 508 M
LAGO DI VALVESTINO
LOMBARDIA
Brenzone
MONTE BALDO
TRENTO
CHIESE
Gargnano
MONTE PIZZOCOLO 1 582 M
Castelletto di Brenzone
Mezzavilla
Ferrara di Monte Baldo
LA RIVE LOMBARDE p.174
Vobarno
Toscolano-Maderno
SS249
LES RIVES TRENTINE ET VÉNÈTE p.182
Gardone Riviera
Spiazzi
MONTE BELPO 884 M
Pazzon
Villanuova Sul Clisi
Salò
Torri del Benaco
Soseto
Portese
ISOLA DEL GARDA
Pesina
Caprino Veronese
SS12
Gavardo
San Felice del Benaco
A22
Dolcè
SP572
PUNTA SAN VIGILIO
Garda
Rivoli Veronese
Manerba del Garda
Soiano del Lago
Bardolino
Affi
LAGO DI GARDA
ADIGE
VENETO
Cavaion Veronese
Moniga del Garda
San Pietro in Cariano
Muscoline
Lazise
Sirmione
Pastrengo
VERONA
BRESCIA
Desenzano del Garda
SR249
SR450
A22
Pescantina
Lonato
SP11
SS12
Peschiera del Garda
A4
Castelnuovo del Garda
SR11
N
MANTOVA
San Martino della Battaglia
Sona
MODENA
5 km
MINCIO
VALEGGIO SUL MINCIO

CINQ BONNES RAISONS

... de s'attarder au bord du lac de Garde.

L'AQUARIAL TERMAL SPA (p.178), pour se délasser dans l'une des piscines thermales de Sirmione.

TORBOLE (p.182), pour se mettre au sport en prenant un cours de kite surf ou en louant un stand-up paddle.

☀ **LA CICLOPISTA DEL GARDA** (p.178), pour pédaler entre ciel et "petite mer" le long de son tronçon panoramique.

☀ **LA PUNTA SAN VIGILIO** (p.184), pour se laisser hypnotiser par les vues qu'elle offre sur le lac.

☀ **LA LIMONAIA LA MALORA** (p.176), pour devenir incollable sur la culture du citron et du cédrat.

RENDEZ-VOUS AVEC...

André Heller est un artiste infatigable et touche-à-tout, et de son imagination débordante naissent aussi bien des pièces de théâtre que des parcs d'attractions. C'est dans le parc botanique de sa fondation de Gardone Riviera – un splendide jardin peuplé par ses soins de sculptures oniriques – qu'il nous a dévoilé ses adresses fétiches.

Ma table fétiche

A La Locanda del Benaco

J'y vais parce que Gianni Briarava cuisine divinement bien, mais aussi pour l'écouter parler de ses produits – qu'il connaît sur le bout des doigts –, et de ses hilarantes parties de pêche nocturnes en compagnie de ses commis de cuisine.

SALÒ Lungolago Zanardelli, 44
036 520 308 www.locandadelbenaco.com
Mer.-lun. 12h-14h30 et 19h-0h, mar. 12h-14h et 19h30-22h

Mon péché de gourmandise

B Pasticceria Vassalli

Je m'arrête souvent dans cette pâtisserie historique de Salò pour ses douceurs uniques, comme la liqueur de cédrat du lac de Garde, ou *cedrina*, les bonbons Ciokogarda (chocolat-citron) ou encore les *bacetti di Salò*, des bouchées aux chocolat, noix et noisettes caramélisées.

SALÒ Via San Carlo, 86 036 520 752
www.pasticceria-vassalli.com Tlj. 8h-20h

Mon apéritif avec vue

C Bar Italia

En fin de matinée, j'adore aller m'asseoir à la terrasse de ce bar des années 1920, pour son excellent *aperitivo* et sa vue sublime sur le golfe de Salò. Je me laisse porter par les conversations qui s'y tiennent

dans toutes les langues, échafaudant des scénarios et rêvant de rencontres inattendues...

SALÒ Lungolago Zanardelli, 24
036 521 479 Mar.-dim. 10h-2h
(seulement sam.-dim. en nov.)

Mon fournisseur d'huile d'olive

D Azienda Agricola Rocca

Je ne laisse jamais mes hôtes repartir sans une provision d'huile d'olive vierge extra de cette petite exploitation familiale, une référence parmi les oléiculteurs de la DOP (AOP) Garde. En été, les fraises bio que cultive Rita – la patronne – sont un autre délice, à savourer avec du citron et du sucre.

SALÒ Via Santa Caterina, 3 036 541 646
famigliarocca.com

Giardino Botanico Fondazione Heller

L'UNIVERS D'ANDRÉ HELLER

G Giardino Botanico Fondazione Heller

André Heller est aujourd'hui le directeur artistique de cet extraordinaire jardin du début du 20e s., riche de près de 2 000 spécimens végétaux. On peut y admirer des sculptures d'Auguste Rodin, de Roy Lichtenstein, de Keith Haring... Parmi les acquisitions les plus récentes, citons *La Grande Laveuse accroupie* de Renoir ou encore *Adam et Ève* de Niki de Saint Phalle

GARDONE RIVIERA Via Roma, 2
336 41 08 77 www.hellergarden.com
Mars-oct. : tlj. 9h-19h € 12€

Mon viticulteur attitré

E Costaripa

Voilà une belle propriété de Moniga del Garda, qui produit du vin et du *spumante* (mousseux). L'achat d'une bouteille de *chiaretto* (clairette) de la Valtenesi est un must pour ceux qui aiment goûter les produits des terroirs qu'ils visitent.

MONIGA DEL GARDA Via della Costa, 1/A (12km au sud de Salò) 0365 50 20 10 costaripa.it Lun.-sam. 9h30-12h30 et 14h30-18h30, dim. 9h30-12h30

Mon ami céramiste

F Mariano Fuga

Je me souviens parfaitement du jour où je suis entré dans l'atelier de Mariano pour la première fois : il était en train de modeler une mystérieuse série de plongeurs. Par la suite, nous avons choisi ensemble les sculptures qui peuplent les étangs, les rochers et la bambouseraie de mon jardin botanique. On peut passer à l'improviste pour le voir travailler et acheter l'une de ses œuvres pleines de poésie.

GARGNANO Via Repubblica, 44 (s'il n'y a personne à l'atelier, s'adresser à l'hôtel Meandro) 036 571 739 ou 348 55 66 015 www.marianofuga.it Tlj. 8h-22h

MA BALADE FAVORITE

H Rocca di Manerba

Les matins de grand vent, quand le lac de Garde est agité et le ciel dégagé, je grimpe jusqu'à ce belvédère pour contempler ce vaste plan d'eau dans toute sa majesté. L'ascension s'effectue au milieu d'une forêt touffue, et au sommet dorment les ruines d'une forteresse médiévale.

MANERBA DEL GARDA

LA RIVE LOMBARDE

Située dans la province lombarde de Brescia, la rive sud-ouest du lac de Garde est de loin la plus urbanisée et la plus touristique. Idylliques hors saison, ses villégiatures se muent en juillet en une Riviera surpeuplée, qu'il vaut mieux alors délaisser au profit des vignobles et des olivaies de la Valtenesi ou des hameaux de Tremosine sul Garda.

ACCÈS ET INFOS

- Milan est à env. 135km de Simione (rive sud du lac) et 160km de Limone sul Garda (rive nord-ouest).
- www.visitgarda.com Pour l'ensemble du lac.
- www.gardalombardia.fr Pour la rive lombarde.
- Compte tenu de l'étroitesse des routes et d'une circulation dense, surtout entre Sirmione et Salò, boucler le tour du lac en une journée relève de l'exploit en été. Mieux vaut prévoir deux étapes ou suivre une rive en voiture et gagner l'autre en *traghetto* (bac).
- Navigazione del Lago di Garda dessert toutes les localités riveraines, les principaux ports étant Desenzano, Sirmione, Peschiera (au sud) et Riva (au nord). Le transport des voitures est assuré entre Toscolano-Maderno (à l'ouest) et Torri del Benaco (à l'est) et, l'été, entre Limona et Malcesine 800 55 18 01 (n° Vert, en Italie uniquement) www.navigazionelaghi.it

À VOIR

LA RIVE SUD-OUEST

Presqu'île enchantée

Sirmione

Serrée sur une étroite presqu'île, cette bourgade est réputée pour ses sources chaudes (p.178) depuis l'Antiquité. Allez admirer les fresques de **Santa Maria Maggiore**, église du 15e s. à l'élégant portique. Bien plus ancienne, **San Pietro in Mavino** (8e s.) renferme aussi de belles fresques médiévales, et son cadre champêtre invite à une pause méditative.

Rocca Scaligera

L'entrée de la presqu'île est gardée par une puissante forteresse bâtie au 13e s. par les Scaligeri de Vérone, seigneurs de la région, et remaniée au 15e s. par leurs successeurs, les Visconti de Milan. Du sommet du donjon crénelé, la vue sur le village ponctué de cyprès, ses oliveraies et le lac est vraiment magnifique.

Piazza Castello, 4 030 916 468 Mar.-sam. 8h30-19h20, dim. 8h30-13h20 6€

Grotte di Catullo

À l'extrémité de la langue de terre balayée par les vents dorment les ruines de la plus grande villa romaine d'Italie du Nord : un périmètre de 167 x 105m, dans un domaine de 2ha. Le poète Catulle (v. 87-54 av. J.-C.) y aurait séjourné. Au milieu des oliviers, la visite mène des vestiges de longs portiques et de thermes à des terrasses dominant le lac. Près de l'entrée, un petit musée expose une maquette de la villa au temps de sa splendeur ainsi que des outils, céramiques, monnaies, fresques et mosaïques de la préhistoire au Moyen Âge découvertes sur la presqu'île.

Piazzale Orti Manara, 4 030 916 157 www.grottedicatullo.beniculturali.it Mar.-sam. 8h30-19h30, dim. 8h30-14h 8€

À NE PAS MANQUER

- Grotte di Catullo
- Isola del Garda
- Giardino Botanico Fondazione Heller (Gardone Riviera)
- Vittoriale degli Italiani (Gardone Riviera)
- Tremosine sul Garda

San Felice del Benaco

Cité festive

Desenzano del Garda

Fameux pour ses soirées d'été endiablées, le principal centre urbain du lac attire les oiseaux de nuit, mais pas qu'eux ! On peut y passer un après-midi entier entre son coquet port de plaisance cerné de palais ocre, son *lungolago* bordé de plages, sa Villa Romana (1er-5e s.) aux mosaïques chamarrées et son château perché (10e s.), qui offre un merveilleux panorama.

8km à l'ouest de Sirmione **Villa Romana** Via Crocefisso, 22 030 914 35 47 www.villaromanadesenzano.beniculturali.it Mars-oct. : mar.-sam. 9h-19h30, dim. 14h10-19h30 ; nov.-fév. : mar.-sam. 9h-16h30, dim. 9h-14h 4€

Une histoire mouvementée

Salò

Lovée au fond de son golfe, Salò connut une période faste sous la tutelle vénitienne. En témoigne l'immense Palazzo della Magnifica Patria (1524). Elle a vu naître le luthier Gasparo da Salò (1540-1609) – auquel elle dédie un festival estival de violon –, et possède quelques beaux édifices Liberty. Son musée d'histoire, ou MuSa, accueille d'intéressantes expositions temporaires.

30km au nord de Sirmione **MuSa** Via Brunati, 9 Salò 036 520 553 www.museodisalo.it Nov.-jan. : ven.-dim. 10h-18h ; sept. : mar.-dim. 10h-22h ; oct. : mar.-dim. 10h-19h 9€

POUR MÉMOIRE

À l'automne de 1943, les nazis installèrent Mussolini et sa minuscule "République sociale" à Salò. Ce dernier sursaut du fascisme italien (septembre 1943-avril 1945) a inspiré à Pier Paolo Pasolini l'un de ses films les plus éprouvants : *Salò ou les 120 Journées de Sodome* (1975).

Pierre précieuse

Isola del Garda

Propriété privée, cet îlot ancré à l'entrée sud du golfe de Salò n'en est pas moins ouvert à la visite (guidée de 2h) à la belle saison. Il abrite une villa de style gothico-Renaissance d'inspiration vénitienne achevée en 1901 et agrémentée de splendides jardins à l'italienne enrichis d'essences exotiques.

Accès, selon les jours, de Barbano, Bardolino, Garda, Gargnano, Lazis, Maderno, Manerba del Garda, Portese, Salò, San Felice del Benaco, Sirmione et Torri del Benaco www.isoladelgarda.com Fin mars-oct. 31-40€ sur rés. en ligne

So chic

Gardone Riviera

La station la plus élégante du lac ! Ses grands hôtels attirent les voyageurs fortunés depuis plus de 150 ans. À la belle saison, tourbillon de senteurs et de couleurs sur le *lungolago*, où magnolias et lauriers-roses côtoient palmiers et citronniers. Poursuivez la flânerie dans le parc botanique de la fondation André Heller (p.173).

4,7km au nord-est de Salò Giardino Botanico Fondazione Heller Via Roma, 2 **336 41 08 77 www.hellergarden.com Mars-oct. : tlj. 9h-19h 12€**

Vittoriale degli Italiani

La dernière résidence de l'écrivain et poète décadent Gabriele D'Annunzio (1863-1938). Le domaine de 9ha, rebaptisé "Aux victoires des Italiens", a tout d'un manifeste ! Ici un sous-marin, là la proue d'un cuirassé (prise de guerre offerte par Mussolini !), ailleurs un théâtre où figurent les portraits de toutes les maîtresses officielles du dandy. Sans oublier le vaste mausolée de l'artiste, en forme de labyrinthe. La visite des appartements et de leur capharnaüm de livres, d'objets précieux et d'œuvres d'art est particulièrement fascinante.

Via al Vittoriale, 12 0365 29 65 11 www.vittoriale.it Mi-mars-mi-oct. : tlj. 9h-19h ; mi-oct.-mi-mars : tlj. 9h30-17h Visite guidée de la maison toutes les 15min (durée 35min) 12-18€

Citron m'était conté

Gargnano

Gargnano a longtemps vécu de la culture du citron et du cédrat, introduite au 14e s. par une congrégation de franciscains. En témoignent les chapiteaux ornés d'agrumes du ravissant cloître de l'église San Francesco (13e s.). Cette agrumiculture, qui motiva la création, en 1840, de la première coopérative agricole d'Italie, déclina après 1850 sous les effets conjugués d'une maladie des arbres, de la concurrence du Sud et de la production d'acide citrique de synthèse. L'une des dernières plantations en activité, la Limonaia La Malora, ouvre ses terrasses à la visite.

12km au nord-est de Gardone Riviera Limonaia La Malora Via Libertà, 2 **0365 791 071 www.limonaialamalora.it Mars-oct. : lun. et mer.-sam. 10h-12h et 15h-18h, mar. 15h-18h, dim. 10h-12h ; nov.-fév. : sur rés. 5€**

LA RIVE OCCIDENTALE

Passé Gargnano, l'aspect du lac change du tout au tout. Ses deux rives se rapprochent jusqu'à former un étroit couloir, et aux douces collines de la Riviera méridionale succèdent d'austères et vertigineuses montagnes.

Strada della Forra

Sacrée hauteur

Santuario della Madonna di Montecastello

La SP38, qui grimpe vers Tignale, est aussi étroite que sinueuse, mais cette ascension délicate sera récompensée par la belle fresque (14e s.) de l'école de Giotto que renferme la chapelle de Montecastello. Perché sur un éperon rocheux, à 691m d'altitude, ce sanctuaire du 9e s. jouit d'une vue imprenable sur le lac et son arrière-pays.

Montecastello (12km au nord de Gargnano, en bifurquant sur la SP38 après 4km) 036 573 019 Mai-oct. : tlj. 9h-18h

Vertigineux !

Tremosine sul Garda

La commune de Tremosine, l'une des plus grandes de la province de Brescia, regroupe le petit port de Campione et 17 hameaux disséminés sur un plateau verdoyant, entre 400 et 600m d'altitude, qui offrent de fantastiques panoramas et de belles possibilités de randonnée. Ils sont desservis par la pittoresque **Strada della Fora**, une étroite route tout en épingles à cheveux et panoramas vertigineux, qui s'embranche sur la SS45bis après le tunnel de Campione. À Pieve, le village principal, vous attend la fameuse **Terrazza del Brivido** ("terrasse du Frisson"), suspendue à 350m au-dessus du lac.

SENSATIONS FORTES

La **Strada della Forra**, portion de la SP38 qui relie Campione à Vesio via Pieve (12km), est particulièrement spectaculaire. Son étroitesse rendant par endroits périlleux le croisement de deux voitures – une statue de la Vierge bénit d'ailleurs les automobilistes de Tremosine avec leur véhicule début mai –, l'idéal est de l'emprunter à moto, à vélo... ou à pied !

Pour la carte postale

Limone sul Garda

Cet ancien village de pêcheurs blotti au pied de la falaise a conservé un certain charme en dépit de l'affluence touristique et de la kyrielle d'hôtels qui ont poussé au bord du lac. De nombreux bars et restaurants animent son *lungolago* tandis que, sur ses hauteurs, de paisibles ruelles fleuries mènent aux *limonaie*, ces terrasses plantées de citronniers qui s'étagent derrière de hauts poteaux aux faux airs de colonnes antiques. Pour tout savoir sur la culture des agrumes dans la région, suivez le passionnant parcours muséal de la Limonaia del Castèl.

18km au nord-est de Gargnano **Limonaia del Castèl** Via Orti, 4 📱 0365 954 008
🕒 Avr.-24 mai, 16 sept.-oct. : tlj. 10h-18h ; 25 mai-15 sept. : tlj. 10h-22h € 2€

À FAIRE

Barbotez dans une eau bien chaude !

Aquaria Termal Spa

Piscines thermales couvertes et découvertes, hydromassages, enveloppements, modelages, hammam, sauna... Une oasis de bien-être ! À partir de 56€ les 5h.

Piazza Don Angelo Piatti, 1 Sirmione 📱 330 916 044 www.termedisirmione.com
🕒 Dim.-jeu. 9h-22h, ven.-sam. 9h-0h Rés. obligatoire le w.-e.

Pédalez au-dessus du vide

Ciclopista del Garda

Suspendue au-dessus du lac, cette spectaculaire piste cyclable (ouverte aux piétons) déroule sa structure de bois et d'acier sur plus de 2km entre Limone sul Garda et la frontière trentine. Inaugurée en 2018, elle constitue le premier tronçon d'une piste cyclable qui devrait relier toutes les communes du lac d'ici 2021. Parking et location de vélos à l'embarcadère de Limone. La section panoramique débute 2km au nord du parking.

📱 www.garda-see.com/it/temi/bici/piste-ciclabili

Ciclopista del Garda

Profitez des plages

À Toscolano-Maderno

Aux beaux jours, un régiment de transats et de parasols multicolores se déploie le long de cette plage de sable fin. Douches en libre-service et petite restauration.

Lido Azzurro Via Lungolago Zanardelli

À Limone sul Garda

Propre et très bien entretenue, une longue plage de galets bordée de pins depuis laquelle profiter d'un beau panorama sur les montagnes environnantes. Location de pédalos et bar-pizzeria en saison.

Spiaggia Cola Via Lungolago Marconi

Goûtez les vins de la Riviera del Garda

Entre Desenzano et Salò, sur les collines de la Valtenesi s'étagent les vignobles de la Riviera del Garda Classico. Cette petite DOC (AOC) de moins de 200ha produit notamment le *chiaretto*, un rosé léger, le *gropello* et le *rosso superiore*, des rouges plus corsés, mais aussi des blancs et des effervescents. Pour les découvrir, réservez une visite et une dégustation à la **Cantina Avanzi** ou consultez la liste des producteurs sur **www.entevinibresciani.it**.

Cantina Avanzi Via Trevisago, 19 Manerba del Garda ☎ 036 555 13 09 www.avanzi.net
🕒 Tlj. 9h-19h30 (boutique). Visite et dégustation sur rdv.

NOS ADRESSES

PAUSES

Incontournable

Caffè Grande Italia

Ce café de la Belle Époque a accueilli entre ses murs bleu ciel bien des célébrités, dont Winston Churchill, Maria Callas et Luigi Pirandello ! Sa terrasse demeure la plus convoitée de la grand-place de Sirmione. Pour un cocktail fruité ou l'une des nombreuses pâtisseries maison.

SIRMIONE Piazza Carducci, 24 ☎ 030 916 006 www.caffegrandeitalia.com 🕒 Juin-sept. : tlj. 8h30-2h ; mi-mars-mai, oct. : tlj. 8h30-0h

Pause rafraîchissante

Il Gelato dei Masters

La “Crème glacée des maîtres” n'a usurpé ni son nom ni sa réputation ! Crème chantilly et biscuit croquant agrémentent chaque cornet, à déguster sur un banc face au lac.

DESENZANO DEL GARDA Piazza Giacomo Matteotti, 21 ☎ 030 914 16 87 🕒 Tlj. 10h-0h

Dansez maintenant !

Chiosco Madai

Les week-ends d'été, ce discret bar de plage se transforme à la nuit tombée en une véritable boite de nuit à ciel ouvert ! Consultez le programme en ligne.

LONATO DEL GARDA Via Catullo (4,5km au nord de Desenzano del Garda) ☎ 333 622 34 56 🕒 Jan.-mars : dim. 18h-21h ; avr.-déc. : tlj. 8h-0h

Voir aussi la **Pasticceria Vassalli** et le **Bar Italia** (p.172).

UNE HUILE… DE GARDE !

Produite depuis l'Antiquité, l'huile d'olive du lac de Garde est renommée pour sa légèreté, son goût fruité et son intense couleur verte, signe d'une riche teneur en chlorophylle.
La douceur du microclimat méditerranéen qui règne sur le lac garantit des conditions optimales à la quinzaine de variétés d'oliviers qui s'épanouissent dans la Valtenesi, entre Desenzano et Salò, mais aussi entre Garda et Vanon, sur la rive vénète du lac. De nombreux producteurs proposent la visite de leur exploitation et la dégustation de leur huile (liste complète sur **www.oliogardadop.it**).

Azienda Agricola e Frantoio Montecroce

Il a fallu plus de cent ans à la famille Ramanzini pour mettre au point la Montecroce, une huile d'olive qui se déguste à la petite cuillère ! Maintes fois récompensée, cette huile limpide est en vente directe tous les jours, sauf à l'heure de la sieste…

Viale Andreis, 84 Desenzano del Garda
030 99 11 504 www.frantoiomontecroce.it
Lun.-sam. 8h-12h et 14h30-19h, dim. 9h-12h (sur rdv)

Frantoio San Felice del Benaco

Cette coopérative labellisée DOP de la Valtenesi confectionne une fameuse huile d'olive vierge extra (16,50€ les 50cl), également disponible en version bio (18€). Certains soirs d'été, de 17h30 à 19h, elle organise une *happy hour* : une dégustation gratuite !

Via delle Gere, 2 San Felice del Benaco
036 562 341 www.oliofelice.com
Lun.-sam. 9h-12h30 et 15h30-19h, dim. 10h-12h30

Dans une olivaie du lac de Garde

RESTAURANTS

Valeur sûre
Osteria al Torcol ♥€€

Impossible de prédire le menu de cette charmante *osteria* tapissée de bouteilles, il suit la valse des saisons ! Poisson frais, pâtes maison et viandes de première qualité seront à coup sûr de la partie, à déguster avec un bon cru sous la tonnelle en été. Comptez 30-35€ le repas.

SIRMIONE Via San Salvatore, 30
030 990 46 05 Fév.-déc. : ven.-mar. 12h-14h30 et 19h-22h30, jeu. 19h-22h30

Terre et mer
La Bissa €€

La cuisine de ce restaurant avec vue raconte tout le territoire environnant, de la mer aux eaux du lac, en passant par le terroir montagneux. La viande est fondante (filet de bœuf sauce myrtilles, filet mignon en croûte de pecorino) et le poisson maîtrisé. Laissez-vous tenter par le *menù di mare* (noix de Saint-Jacques poêlées, raviolis de crevettes et tranche de thon en croûte de pancetta). Menu 40-45€, plats 16-22€.

DESENZANO DEL GARDA Lungolago Cesare Battisti, 77 333 776 2905 Mer. et ven. 19h-22h, sam.-mar. 12h-14h et 19h-22h

100% poisson
Ristorante Bar Osvaldo €€

On ne saurait imaginer plus beau spectacle pour dîner que le port de San Felice del Benaco, où les pêcheurs amarrent leur barcasse. Au menu (35€), un *antipasto* de poisson (langoustines, écrevisses, sardines...), des *taglierini* maison au ragoût de corégone, puis une daurade ou un bar grillé.

SAN FELICE DEL BENACO Piazzale Marinai d'Italia, 5 036 562 108 ristoranteosvaldo.it Pâques-sept. : mer.-lun. 12h-14h et 19h-21h

Primi piatti et desserts
Gallo Rosso €

Dans une ancienne étable, le "Coq rouge" vous propose des recettes de pâtes et de riz (15-16€) comme le risotto avec crevettes et épinards ou les raviolis au poisson du lac et à l'encre de seiche. Et d'excellents desserts à 6-9€. Formule trois plats à 17€.

SALÒ Vicolo Tomacelli, 4 0365 520 757 thegallorosso.com Jeu.-mar. 12h-14h et 19h-22h

En toute simplicité
Sans Souci €

Réputée pour ses pizzas rebondies et bien garnies, cette adresse très courue (pensez à réserver !) est également tout indiquée pour une assiette de pâtes maison, un poisson du lac grillé ou un carpaccio de bœuf angus... servis avec le sourire. Comptez 20€ le repas.

GARDONE RIVIERA Vicolo al Lago, 12 036 522 035 Jeu.-mar. 18h-23h

À la ferme
Agriturismo Al Lambic €€

Servie dans un cadre rustique en diable, une cuisine fraîche et innovante. Au menu, *trofiette* aux courgettes, amandes grillées et ricotta salée, chevreuil aux myrtilles et vin rouge, *semifreddo* aux agrumes... Comptez 20-25€ pour une entrée et un plat.

PRABIONE Vicolo San Zenone, 1 (2km au nord de Montecastello) 0365 73 402 https://agrilambic.com Mi-mai-mi-oct. : mar.-sam. 18h30-22h, dim. 12h30-14h et 18h30-22h

Voir aussi **La Locanda del Benaco** (p.172).

LES RIVES TRENTINE ET VÉNÈTE

Tout au nord de la *Gartsee* (nom germanique du lac), Riva del Garda dénote une influence tyrolienne, dans son architecture comme dans sa gastronomie. Les vents qui balayent la rive trentine font le bonheur des amateurs de sports de glisse, et ses abrupts celui des grimpeurs et des parapentistes. Avec ses vieux villages pittoresques, la rive vénète, au sud-est, reste l'une des destinations les plus romantiques de la région.

ACCÈS ET INFOS

- Quelque 170km séparent Milan de Riva del Garda et de Torri del Benaco.
- www.gardatrentino.it Pour la rive nord, située dans le Trentin-Haut-Adige.
- www.lagodigardaveneto.com Pour la rive orientale, en Vénétie.

À VOIR

LA RIVE NORD

Entre lac et montagne

Riva del Garda ★

Le deuxième centre urbain du lac derrière Desenzano s'abrite au creux d'une baie à l'arrondi parfait, sous de verdoyants à-pics calcaires. Riva a longtemps joué un rôle stratégique au pied des Alpes avant de devenir, au 19e s., une retraite prisée des têtes couronnées et des artistes. La Piazza III Novembre en impose avec ses édifices médiévaux et Renaissance. L'église baroque **Santa Maria Assunta** et la **Rocca** (12e s.), château fort des Scaligeri, méritent la visite.

92km au nord de Sirmione

Le Graal des grimpeurs

Arco

Arco est l'un des spots d'escalade les plus courus d'Italie, sinon d'Europe. Du haut de son éperon calcaire, sa citadelle millénaire contrôla longtemps la haute vallée de l'Adige, axe de communication entre le Nord germanique et l'Italie. D'abord rattachée au Saint Empire germanique, la localité tomba dans l'escarcelle des Visconti de Milan au 13e s., puis dans celle des Scaligeri de Vérone avant de devenir vénitienne. Une restauration récente du château y a mis au jour de splendides fresques du 14e s. Il se dresse au bout d'un abrupt sentier, à 30min du village.

10km au nord-est de Riva del Garda Castello di Arco ☎ 0464 554 444 www.comune.arco.tn.it
Avr.-sept. : tlj. 10h-19h ; jan.-mars : w.-e. 10h-16h ; nov.-déc. : tlj. 10h-16h ; oct. : tlj. 10h-17h
€ 3,50€

Le rendez-vous des sportifs

Torbole

Des coups de vent d'une force exceptionnelle ont fait de Torbole un grand centre de la planche à voile. Une avalanche de magasins d'articles de sport (du nautisme au VTT et au canyoning) a eu raison du pittoresque de ses rues.

5km au sud-est de Riva del Garda

À NE PAS MANQUER

- Riva del Garda ★
- Malcesine ★
- Torri del Benaco
- Punta San Vigilio
- L'ascension du Monte Baldo

Riva del Garda

LA RIVE ORIENTALE

Adossée aux collines du Valpolicella, la rive vénète est la plus idyllique du lac de Garde et celle où la fréquentation touristique, en conservant des proportions raisonnables, a permis d'éviter certains des excès constatés sur la rive lombarde.

Carte postale

Malcesine ★

Ce village a tout d'un décor de cinéma avec ses terrasses de café sur pilotis, ses façades colorées, ses venelles pavées de galets, son château médiéval perché sur un rocher et son téléphérique qui donne accès au sommet enneigé du Monte Baldo (p.186).

Tout le charme de l'authentique

Torri del Benaco

Cette bourgade possède un charme fou avec son port de pêche et de plaisance, son *lungolago* bordé de pins et d'oliviers, dont les cafés et restaurants rivalisent de tranquillité en basse saison... Vous comprendrez rapidement pourquoi Winston Churchill, Laurence Olivier, André Gide, Maria Callas et tant d'autres personnalités du 20e s. sont descendues dans son plus bel hôtel ! Le Castello Scaligero, qui domine Torri del Benaco depuis le 14e s., abrite un musée consacré aux traditions régionales – la pêche, la culture de l'olivier et du cédrat en tête.

23km au sud-ouest de Malcesine **Museo del Castello Scaligero** Via Fratelli Lavanda, 2 ☎ 045 629 61 11 www.museodelcastelloditorridelbenaco.it ⌚ Avr.-mi-juin, mi-sept.-oct. : mar.-dim. 9h30-12h30 et 14h30-18h, lun. 9h30-12h30 ; mi-juin-mi-sept. : mar.-dim. 9h30-13h et 16h30-19h30, lun. 9h30-13h ; nov.-mars : sam.-dim. 10h-12h30 et 14h30-17h30 € 5€

C'est un point de vue
Punta San Vigilio 👍

Aussi verdoyante que paisible, cette presqu'île à l'est du golfe de Garde offre des perspectives inoubliables sur le lac. Au bout de la vieille allée bordée de cyprès, une église et une auberge du 16e s., transformée en hôtel de luxe, indiquent le chemin du minuscule port caché parmi les roseaux.

4,5km au sud de Torri del Benaco

Garde à vous !
Peschiera del Garda

La cité militaire campée au bord du Mincio, effluent du lac de Garde, a conservé ses fortifications vénitiennes en brique rouge, désormais mangées par la végétation. Les portes – celle de Vérone (1553) à l'ouest et celle de Brescia (1558) à l'est – donnent accès à un étonnant labyrinthe : deux îles reliées par un pont, l'une où est cantonnée la population civile, et l'autre une garnison.

22km au sud de Garda et 8km à l'est de Sirmione

Pour un bain de verdure
Parco Giardino Sigurtà

Si les premières plantations remontent au 15e s., et si le domaine s'embellit d'un parc à l'anglaise au 19e s., cette oasis de verdure de 60ha déclinée en différents jardins à thème est essentiellement l'œuvre du comte Guiseppe Carlo Sigurtà (1898-1983). Il fallut quarante ans à cet industriel fortuné épris de botanique pour lui donner son aspect actuel – grâce à son droit ancestral de puiser l'eau du Mincio. À découvrir à pied (20km de sentiers), à vélo, à bord d'un petit train, d'une navette ou d'une voiturette électrique.

Via Cavour, 1 Valeggio sul Mincio (8km au sud de Peschiera) 045 637 10 33 www.sigurta.it
Mars, oct.-nov. : tlj. 9h-18h ; avr.-sept. : tlj. 9h-19h 15,50€

À FAIRE

Profitez des plages
À Riva del Garda

Dans un écrin de palmiers, au pied de la falaise, une crique de fins galets léchée par une eau limpide : idyllique !

Spiaggia Sabbioni Via Filzi, 2

À Torbole

Préservée des bateaux à moteur, une petite plage paisible d'où vous pourrez admirer le ballet des voiliers.

Via al Cor, 13

À Garda

À la pointe San Vigilio, une plage adossée à une oliveraie. Sable, rochers et eau scintillant en un camaïeu de bleus.

Parco Baia delle Sirene Punta San Vigilio

Profitez du vent

Surf Segnana

Envie de vous essayer au kitesurf, au windsurf, à la voile ou au stand-up paddle ? Ce centre nautique propose des cours pour tous les niveaux ainsi que la location de matériel.

Foci del Sarca Nago-Torbole 046 450 59 63 surfsegnana.it Mi-avr.-oct. : tlj. 8h30-18h30

Gardaland

Amusez les enfants

Gardaland

L'un des plus célèbres parcs d'attractions d'Italie : aquarium, jeux d'eau, montagnes russes, spectacles...

Via Derna, 4 Castelnuovo del Garda 045 644 97 77 www.gardaland.it Fin mars-mi-juin : tlj. 10h-18h ; juil.-début sept. : tlj. 10h-23h ; mi-sept.-début oct. : tlj. 10h-20h ; oct., déc. : sam.-dim. 10h30-18h30 (période de Noël tlj.) ; nov. : sam.-dim. 10h-17h (€) 29-44€/j.

Movieland

Un parc à thème dédié à l'univers du cinéma, un restaurant rock 'n' roll, une boîte de nuit...

Via Fossalta, 56 Lazise sul Garda 045 696 99 00 www.canevaworld.it Mai-mi-sept. : tlj. 10h-18h ; avr., mi-sept.-oct. : sam.-dim. 10h-18h (€) 30€/j. (38€ avec Caneva Aquapark)

Caneva Aquapark

Voisin du parc Movieland, un parc aquatique en plein air : toboggans géants, geysers, plages...

Via Dossalta, 58 Lazise sul Garda 045 696 99 00 www.canevaworld.it Mi-mai-mi-sept. : tlj. 10h-18h (10h-19h mi-juil.-fin août) (€) 30€/j. (38€ avec Movieland)

Pédalez autour du lac de Garde

Garda On Bike

Le site Internet de cette association répertorie les loueurs de deux-roues installés autour du lac et les balades à vélo, à VTT ou à pied à faire dans la région.

Viale Rovereto, 3/A Riva del Garda 349 233 89 99 ou 0464 567 011 www.gardaonbike.com www.gardabikeshop.com Tlj. 9h-19h30

Attaquez les falaises

Falesie d'Arco

Ces parois sont célèbres dans le monde de l'escalade sportive. Il est possible de suivre une initiation avec des guides de haute montagne qualifiés.

Arco Moutain Guide

Cette section de la Société des guides de montagne du Haut-Adige propose des activités encadrées aux grimpeurs de tous les niveaux : initiation, sortie à la journée, formules week-end, etc. Forfaits individuels à partir de 150€/j.

Parcheggio Caneve 330 567 285 www.arcomountainguide.com Tlj. 9h-12h et 15h-18h

Gravissez le mont Baldo

Monte Baldo

Du sommet (2 218m), accessible en téléphérique à partir de Malcesine, s'offre un panorama splendide sur le lac. Quand le temps le permet, le regard porte jusqu'aux massifs de Brenta et de l'Adamello, au nord. Si vous en avez le temps, redescendez à pied... ou à VTT (comptez 4h de marche à travers la forêt, sur des sentiers bien balisés).

Funivia Malcesine-Monte Baldo

Avec un départ toutes les 30min, le téléphérique permet d'accéder au sommet emblématique de la région, avec des vues splendides sur le lac de Garde, Vérone, la vallée de l'Adige et les Préalpes vénètes.

Via Navene Vecchia, 12 Malcesine
045 740 02 06 www.funiviedelbaldo.it
Fin mars-nov. : tlj. 8h-16h45 (horaires variables) AS 17€, AR 25€

Xtreme

Location de VTT pour dévaler les pentes du Monte Baldo (25-35€/j.). Vélo de ville 15€/j.

Via Navene Vecchia, 10 Malcesine
(au pied du téléphérique) 045 740 01 05
www.xtrememalcesine.com
Avr.-oct. : tlj. 8h-19h

Sur les hauteurs de Malcesine

NOS ADRESSES

RESTAURANTS

Hamburgers d'exception

L'Officina del Panino Degustibus €

Cette boucherie-charcuterie de Riva del Garda vous invite à consommer sur place un plat du jour, un steak ou un hamburger d'anthologie (le bacon et le fromage proviennent de la région) accompagné de crudités et de frites maison et arrosé d'un verre de vin ou d'une bière sarde... Comptez 20€ le repas.

RIVA DEL GARDA Viale Dante Alighieri, 94
331 67 87 758 officinadelpanino.it
Mar.-dim. 11h30-15h et 17h30-23h

Cantine tyrolienne

Ristorante Alpino €€

Sur une placette de la vieille ville, le "Restaurant alpin" prête son cadre rustique à des plats évoquant l'Europe centrale – goulash, *Wurst* (saucisse) et strudel (gâteau roulé) – et à des préparations typiquement italiennes, comme les *strangolapreti*, raviolis aux épinards et au fromage nappés de beurre parfumé à la sauge. Portions généreuses et prix raisonnables. Comptez 20-30€ le repas.

RIVA DEL GARDA Via del Ferro, 10
0464 552 245 Déc.-oct. : sam.-jeu. 12h-14h et 19h-22h, ven. 19h-22h

Agreste

Agritur Madonna delle Vittorie €

Dans un grand jardin au pied des falaises ou en salle, ce restaurant d'un domaine viticole vous servira une reconstituante cuisine trentine : tagliatelles au lapin, olives et ciboulette, omble chevalier aux herbes et compote de pommes, biche braisée... Le tout arrosé d'huile d'olive et de vin de la maison. Comptez 30-35€ le repas.

ARCO Via Linfano, 81 046 450 55 42
www.madonnadellevittorie.it Avr.-oct., déc.-mi-fév. : lun.-mar. et jeu.-sam. 12h-14h et 19h-22h, dim. 12h-15h

Vive la tradition

Osteria Alla Rosa €

Longtemps le principal lieu de socialisation de la bourgade, cette auberge est restée très hospitalière. Typiquement vénètes, les plats comme les *bigoli con le sarde* (de gros spaghettis aux sardines) et les *trippe in brodo* s'accompagnent d'un verre de vin de la maison ou d'une bouteille choisie dans une carte pléthorique. Comptez 20-25€.

MALCESINE Piazzetta Boccara, 5
045 657 07 83 Tlj. 10h-22h

À la bonne franquette

Taberna Don Diego €

Lumières tamisées, excellente sangria *del Don* et playlist pointue : une taverne comme on les aime, où partager de copieuses planches de charcuterie et de fromages locaux.

TORRI DEL BENACO Vicolo Fosse, 7
045 722 51 33 www.dondiegotorri.it
Tlj. 17h-2h

Pantagruélique

Al Graspo €€

Toute la famille Brangian s'affaire à la préparation des mets en fonction des arrivages du jour (les fruits, les légumes, le vin et l'huile proviennent de la propriété). Il vous suffira de choisir entre le menu poisson et le menu viande (autour de 35€) pour voir arriver sur la table une ribambelle de plats à ne plus pouvoir les compter.

GARDA Piazzetta Calderini, 12
045 725 60 46 www.graspo.it
Déc.-oct. : lun. et mer.-ven. 19h30-21h30, sam.-dim. 12h-15h et 19h30-21h30

MOSTARDA di CREMONA
DITTA
A. Fieschi
CASA FONDATA NEL 1867
CREMONA
RICETTA
380 g

Pour aller plus loin

Gastronomie locale

NATURE ET PAYSAGES

Logés dans les replis des Préalpes, entre neiges éternelles et vallée du Pô, les grands lacs italiens sont appréciés pour la douceur de leur climat. Dans ce cadre montagnard sous influence méditerranéenne, l'eau est reine.

Les Alpes en fond de scène

La région des grands lacs italiens vient s'adosser à l'arc alpin, dont les crêtes marquent les frontières du pays avec la Suisse et l'Autriche. Une longue faille tectonique, la ligne insubrienne, sépare la chaîne centrale des Alpes et ses roches métamorphiques anciennes des Préalpes calcaires au creux desquelles miroitent les lacs. Ce sont les glaciers quaternaires qui ont façonné les reliefs, creusé les vallées et raboté les cols, faisant de ces derniers des voies de circulation majeures dès le Moyen Âge entre la mer du Nord et la Méditerranée. Même si leur altitude reste modeste, les Préalpes lombardes dévoilent des paysages rudes et sauvages, comme les vallées bergamasques qui entaillent la montagne entre les lacs de Côme et d'Iseo. Partout un riche réseau hydrographique alimente le château d'eau de l'Europe et ses quatre grands fleuves : Rhin, Rhône, Danube et Pô. Sur le trajet des torrents de montagne transformés en de puissantes rivières – Tessin, Adda et Mincio –, avant que celles-ci ne deviennent les principaux affluents du Pô, il y a le temps de repos des grands lacs.

Paysages en eaux profondes

Là encore, ce sont les glaciers qui creusèrent de vastes cuvettes dans les piémonts, et leur retrait qui transforma la glace en eau. Sept lacs se succèdent entre les Alpes et la riche plaine du Pô, dans laquelle est établie Milan, la capitale lombarde. D'ouest en est : Lago d'Orta, Lago Maggiore, Lago di Lugano, Lago di Como, Lago d'Iseo, Lago d'Idro, Lago di Garda. Les lacs d'Idro, d'Iseo et d'Orta sont les plus petits. Les patronymes issus de la période romaine sont parfois encore usités : Verbano pour le lac Majeur, Lario pour celui de Côme, Benaco pour celui de Garde, le plus vaste d'Italie (370km^2) et partage ses rives entre la Lombardie, la Vénétie et le Trentin-Haut-Adige. Toujours dans les superlatifs, le lac de Côme (146km^2) est le plus profond (418m). Il dessine un Y renversé et, dans sa partie supérieure, semble former un fjord. Il faut d'ailleurs aller en Norvège pour en trouver qui battent ce record de profondeur sur le continent européen. Le lac de Lugano, lui, appartient principalement à la Suisse, alors que les eaux du lac Majeur (212km^2) se partagent essentiellement entre le Piémont et la Lombardie – seule la partie la plus septentrionale revenant au canton du Tessin, en Suisse. Ces lacs ont conservé un caractère montagnard. Leur rive, souvent aussi escarpée que boisée, a cantonné l'urbanisation à une frange littorale.

Le Pô, une plaine fertile

Plus long fleuve d'Italie, le Pô prend sa source dans les Alpes occidentales, au mont Viso, et se jette dans l'Adriatique, au sud de Venise, après un voyage de 652km. Au pied de la couronne alpine, la plaine du Pô dessine un triangle de 46 000km^2 (1/6e du territoire italien) formé par une accumulation d'alluvions fluviales. Les basses terres fertiles, le long du fleuve, sont livrées à une agriculture intensive où dominent oléagineux et rizières. Dans les hautes plaines, plus arides, de nombreuses industries se sont développées (chimie, constructions mécaniques, électrométallurgie, textile).

Au bord du lac de Garde

CLIMAT : C'EST DÉJÀ LE SUD...

La région des lacs bénéficie d'un climat doux, propice au développement de cultures méditerranéennes – olivier, vigne et agrumes. La situation montagnarde assure une certaine fraîcheur estivale et un bon ensoleillement hivernal, au-dessus des brouillards. Dans la plaine du Pô, en revanche, le temps est plutôt froid et brumeux en hiver, chaud et humide en été. Notons qu'en dépit de latitudes différentes il fait aussi chaud à Milan qu'à Naples en juillet.

HISTOIRE

La région des grands lacs relève historiquement de deux zones d'influence délimitées par le cours de l'Adda : celle du duché de Milan à l'ouest, celle de la République de Venise à l'est. Soumise aux Visconti, puis tombée dans l'escarcelle de la cité des Doges en 1426, Brescia est, à ce titre, un bon exemple des batailles que se livrèrent, aux 14e et 15e s., ces deux villes pour le contrôle du territoire.

De l'unification romaine aux invasions barbares

Monument funéraire du duc Barnabé Visconti et de son épouse, Milan

D'abord occupés par les Étrusques, le nord de la péninsule et les plaines lombardes forment très tôt un espace privilégié de circulation, de migrations et de conquêtes. Des tribus gauloises d'origine celtique s'y installent ainsi aux 6e et 5e s. av. J.-C. et fondent Milan, Lodi et Brescia. L'unification romaine de la péninsule réservera une place de choix à ce territoire convoité. Conquise en 222 av. J.-C., Milan acquiert la pleine citoyenneté romaine au Ier s. av. J.-C. Pendant plus d'un siècle (286-402), elle sera même la capitale de l'Empire romain d'Occident, et c'est dans cette riche cité lombarde que Constantin Ier rédige en 313 l'édit de tolérance qui accorde aux chrétiens la liberté de culte. À la chute de l'Empire romain d'Occident (476), Odoacre, chef des Hérules, s'arroge le titre de roi, s'établit à Ravenne, siège de l'autorité impériale depuis 402, et réorganise la péninsule italienne. Ce faisant, il représente une menace pour l'empereur byzantin, qui appelle à la rescousse l'Ostrogoth Théodoric. Ce dernier règne en assurant la coexistence des populations italiennes et barbares, et sa mort inaugure une période de troubles et de guerres. En 540, les Byzantins reprennent Ravenne et Milan. Après 568, les Lombards venus de Pannonie (l'actuelle Hongrie) envahissent la région : Pavie devient capitale du nouveau royaume, tandis que certaines provinces (une large bande de territoires allant de Ravenne à Rome) restent byzantines.

UN PAYS DURABLEMENT MORCELÉ

La chute de Rome, en 476, met fin à une unité politique, qui ne sera restaurée qu'au 19e s. Jusqu'à la Renaissance, l'Italie connaît un "âge intermédiaire" qui dessine certains traits décisifs de son histoire : la permanence des sites urbains, creuset des identités communales qui demeurent aujourd'hui des clés du paysage politique et culturel italien ; le morcellement territorial, qui favorise le pouvoir indépendant de la papauté ; enfin, l'ouverture du Nord, sempiternel objet de convoitise, aux influences extérieures.

La période carolingienne

Au 7e s., les Lombards cherchent à réaliser l'unité de leurs États (des plaines lombardes aux duchés de Spolète et de Bénévent, au sud), séparés par un territoire sous contrôle byzantin. Se sentant menacé, le pape fait alors appel aux Francs. En 755, Pépin le Bref reconquiert l'exarchat de Ravenne et le remet au souverain pontif. En 772, face à une nouvelle menace lombarde, c'est au tour de son fils, Charlemagne, de voler au secours du pape, qui, en remerciement, le sacre empereur d'Occident en l'an 800. À la mort du souverain carolingien (814), ses trois fils se partagent son empire. Les guerres se multiplient et de nouvelles menaces d'invasions, par le nord avec les Hongrois et par le sud avec les Sarrasins, conduisent à une transformation du territoire en seigneuries. Villes et communes se voient octroyer des chartes fondant leur autonomie financière et leur immunité judiciaire. Au 10e s., la dynastie germanique des Ottoniens, héritière des Carolingiens, tente de restaurer un contrôle centralisé sur les royaumes d'Italie. Cependant, l'Empire continue de se désagréger. En 1024, le peuple de Pavie brûle le palais royal, dernier symbole du pouvoir impérial.

Des communes aux seigneuries

Sacré en 1155, le nouvel empereur romain germanique, Frédéric Ier Barberousse, tente de restaurer l'autorité impériale en Italie : il écrase la commune de Milan en 1158, puis l'incendie en 1162. La pression fiscale qu'exercent les fonctionnaires impériaux suscite cependant la résistance des cités, qui concluent une alliance militaire en 1165. Cette ligue lombarde (Milan, Bergame, Brescia, Mantoue, Parme, Bologne, Ferrare et Venise) met en échec les troupes de l'empereur à Legnano en 1176. En 1183, Frédéric Ier doit reconnaître l'indépendance des communes. Au 14e s. et au tout début du 15e, profitant d'une crise de la production de blé et de luttes intestines, quelques grandes familles confisquent le pouvoir. Les principales cités du Nord se muent ainsi en principautés seigneuriales ou en duchés. À Milan, ce sont les Visconti puis les Sforza. Seules les républiques maritimes (dont Venise) échappent en partie à cette évolution, la vitalité de leur commerce atténuant la crise économique et la poussée des revendications populaires. Brescia passe d'ailleurs, en 1426, sous la domination de Venise et elle restera liée à la Sérénissime jusqu'en 1797, malgré la tentative des troupes viscontines (1438-1440) de la soumettre.

Un champ de bataille

L'expédition du roi de France Charles VIII, en 1494, bouleverse l'équilibre entre les États. La Lombardie est particulièrement convoitée : le duc Ludovic le More est chassé de Milan en 1500. En 1509, les forces françaises de Louis XII battent les troupes vénitiennes à Agnadel, sur la rivière Adda. Cette défaite fait perdre à la Sérénissime une bonne partie de ses possessions de terre ferme pendant de longues années. En 1515, le dernier des Sforza, Maximilien, cède ses droits sur Milan à François Ier. La paix du Cateau-Cambrésis (1559), qui met fin aux guerres d'Italie, inaugure deux siècles de domination espagnole sur une grande partie de la péninsule. Seuls y échappent le Piémont (possession du duché de Savoie) et la République de Venise. En 1713, Milan passe sous la domination des Habsbourg d'Autriche.

Des Lumières à la période révolutionnaire

Au 18e s., le mouvement de réformes né des Lumières touche très diversement les États italiens. Les Habsbourg exercent leur despotisme éclairé en Lombardie, sous la houlette de l'impératrice Marie-Thérèse. La modernisation du Milanais passe par une rationalisation de l'impôt, auquel tous doivent désormais se soumettre, qu'accompagne une uniformisation des administrations communale (1755) et provinciale (1756-1758). Le pouvoir temporel de l'Église est aussi remis en question : contrôle plus étroit du clergé, suppression des tribunaux ecclésiastiques et instauration d'une censure gouvernementale. Après des siècles de divisions, l'entrée des troupes de Napoléon Bonaparte à Lodi inaugure un épisode unitaire avec l'instauration de la République cisalpine. Très brève (1796-1799), cette dernière n'en jouera pas moins un rôle déterminant dans la constitution d'un esprit national italien. En 1815, la Restauration sous domination autrichienne redessine cependant la carte géopolitique de l'Italie septentrionale : Vienne rétablit les anciennes dynasties à Modène, à Parme et dans le Piémont, et crée un royaume de Lombardie-Vénétie en réunissant le Trentin, la Lombardie, la Vénétie et la Valteline.

Le Risorgimento

Le "printemps des peuples" se conjugue en Italie avec des sentiments antiautrichiens et l'affirmation d'aspirations nationales. À Milan, la révolte débute en janvier 1848 avec la grève des fumeurs protestant contre les taxes sur le tabac. En mars, "cinq journées" particulièrement violentes mettent fin à l'occupation autrichienne et suscitent la formation d'un gouvernement provisoire. À Venise, selon un scénario analogue, la république est restaurée. Le Piémont s'engage alors contre l'Empire autrichien mais, isolé et sans liens avec les autres États italiens, il est battu à Novare en mars

1849. Les Autrichiens rétablissent les frontières de 1815 malgré une résistance acharnée, notamment de Brescia (qui acquiert alors le surnom de "lionne d'Italie"). Après cette première tentative, le Piémont s'appuie sur les États européens pour construire l'unité territoriale de l'Italie. La deuxième guerre d'indépendance (1859) oppose ainsi à l'Autriche une alliance entre le roi du Piémont, secondé par Cavour, et Napoléon III. Le Piémont annexe progressivement les autres États de la péninsule, et Victor-Emmanuel est proclamé "roi d'Italie" en 1861. Il faudra encore attendre neuf ans pour que soit réalisée l'unité italienne. D'abord installée à Turin, la capitale est transférée à Florence en 1864, puis à Rome en 1870.

Camillo Benso, comte de Cavour

La période fasciste

À la fin du 19e s., le triangle Lombardie-Ligurie-Piémont joue un rôle de premier plan dans le décollage industriel de l'Italie. Cette vitalité économique et la culture ouvrière qui l'accompagne marquent fortement les hommes et les paysages ; elles sont aussi un terreau favorable à des événements et à des mouvements politiques qui touchent l'Italie tout entière. Après la Première Guerre mondiale, en réaction à de violentes grèves sont fondés à Milan, le 21 mars 1919, les premiers "faisceaux de combat", qui porteront le fascisme au pouvoir. Après sa marche sur Rome d'octobre 1922, Mussolini est nommé chef du gouvernement par le roi. Le parti unique et son Duce exercent une dictature ouverte à partir de 1925. Le régime marquera durablement les villes avec des destructions massives et des constructions imposantes ; il modifie également les paysages ruraux avec des politiques de bonification, notamment dans les basses plaines du Pô. À partir de 1943, tandis que le débarquement américain en Sicile libère lentement le Sud, la lutte s'intensifie dans le Nord entre le mouvement de résistance des *partigiani* et les troupes allemandes. La présence de celles-ci permet aux derniers fascistes de fonder la République de Salò, au bord du lac de Côme. Les Alliés ne franchiront le Pô que le 24 avril 1945. Mussolini, capturé le 26, est fusillé le 28 et pendu par les pieds sur la piazzale Loreto à Milan. Le 2 juin 1946, les Italiens (et, pour la première fois, les Italiennes) se prononcent par référendum en faveur de la république, qui l'emporte de justesse sur la monarchie.

Le miracle économique de l'après-guerre

La jeune république se relève des ravages de la guerre avec une extraordinaire énergie qui fait parler, à partir de 1954, de "miracle économique". Milan, Turin et Gênes forment les points cardinaux d'un "triangle industriel" florissant. La découverte de gaz naturel dans la vallée du Pô permet de fournir à l'Italie une énergie bon marché ; la production automobile, avec Fiat à Turin et Pirelli à Milan, devient l'un des symboles d'une croissance exceptionnelle. Celle-ci se fonde aussi sur le réservoir de main-d'œuvre que le Sud constituera jusque dans les années 1970. Les tensions sociales qui accompagnent ce boom économique et, à partir de 1962, les premiers signes d'une récession suscitent un important mouvement de contestation étudiante et ouvrière en 1967-1968. Les transformations brutales du tissu social, les espoirs déçus de l'après-1968, la crise économique et le blocage du système politique ouvrent la voie aux "années de plomb", marquées par le terrorisme de droite et de gauche, de 1969 à 1980.

Entre Bossi et Berlusconi

Face à une Italie et un Sud identifiés à l'État et à ses contraintes, Umberto Bossi fonde dans les années 1985-1990 un mouvement sécessionniste, la Ligue lombarde, rebaptisée Ligue du Nord, au programme populiste et antiétatique. Ce parti défend l'idée que le Nord constitue une nation, en détournant l'histoire glorieuse des communes médiévales et en inventant une "Padanie". Le Milanais Silvio Berlusconi symbolise aux yeux des petits chefs d'entreprise la victoire d'un des leurs. Issu d'un milieu modeste, il a d'abord bâti un empire financier, industriel et médiatique avant de se lancer en politique. Son credo : appliquer à tout le pays les recettes qui ont fait la réussite de l'économie lombarde. Après l'échec d'une première expérience de gouvernement en 1994, le Cavaliere et sa formation, Forza Italia, reviennent au pouvoir à la tête d'une coalition hétéroclite de centre-droit en 2001. Éclaboussé par des scandales de mœurs à répétition, désavoué par son ancien allié, Gianfranco Fini, le président du Conseil démissionnera en 2011 à la suite du déclassement de l'Italie par les agences de notation internationales.

Dernières péripéties

Après que les gouvernements Monti puis Renzi ont cherché à réformer le pays pour rassurer ses partenaires européens, Giuseppe Conte prend, en juin 2018, la tête d'un gouvernement populiste, issu d'une coalition entre le Mouvement 5 étoiles (M5S, parti "antisystème") de Luigi Di Maio et la Ligue (d'extrême droite) de Matteo Salvini, fortement hostile à Bruxelles. Cette alliance inédite vole en éclats un an plus tard : le M5S fait désormais attelage avec le Parti démocrate (PD, de centre gauche), toujours sous la houlette de Giuseppe Conte, qui a promis d'œuvrer pour une Italie "plus juste", "de retour au premier plan en Europe".

ARCHITECTURE

Milan illumine la Lombardie de son riche patrimoine bâti, témoin de l'influence de l'Église et de la richesse des familles qui l'ont gouvernée pendant des siècles. Ce rayonnement s'étend jusqu'aux rives des lacs préalpins, où chefs-d'œuvre du style romand lombard et villas baroques rivalisent de beauté.

Le premier art roman

Au Moyen Âge, le morcellement politique de la péninsule favorise l'émergence d'écoles artistiques dans les centres urbains, dont on peut suivre les évolutions parallèles et parfois concurrentes. Ces artistes n'en circulent pas moins, appelés de ville en ville, puis de cour en cour, en Italie et en Europe. L'expansion de la civilisation communale et le pouvoir culturel grandissant de l'Église stimulent la production architecturale. Le 11e s. se caractérise par une grande vitalité des maîtres d'œuvre lombards, qui participent à l'élaboration du "premier art roman". En témoignent la basilique Sant'Ambrogio à Milan et la basilique Sant'Abbondio à Côme. Le rythme n'est plus donné par les ornements (comme dans les églises paléochrétiennes, d'influence byzantine), mais par les masses, avec la création de trois absides au chevet et d'une série d'arcades dans des nefs dédoublées. À cela s'ajoute la tour du campanile, fractionnée par des bandes décoratives. Parallèlement, l'architecture civile connaît un essor formidable : chaque cité se dote d'un palais communal, appelé *broletto* en Lombardie, autour duquel s'ordonne la place publique, parfois ourlée de portiques. Au 12e s., le paysage urbain se hérisse de tours, chargées de manifester la richesse et la puissance de ses notables.

Portail de Santa Maria Maggiore, Bergame

Le temps des cathédrales

C'est par la Lombardie que l'Italie participe à l'élaboration du gothique "international". Sous le règne de Giovanni Galeazzo Visconti (1347-1402), d'importants chantiers sont lancés : la cathédrale de Milan (1386), la chartreuse de Pavie (1396), mais aussi les cathédrales de Monza et de Côme. La construction du Duomo de Milan prendra des siècles (sa façade ne sera achevée qu'en 1858). L'ouvrage, aux dimensions impressionnantes, constitue un chef-d'œuvre flamboyant dont les traits gothiques semblent poussés jusqu'à la caricature, à un moment où l'ère des grandes cathédrales est déjà révolue en Europe du Nord.

La Renaissance et les mécènes

Au 15e s., sous l'impulsion des cités, s'ouvrent partout de grands chantiers mêlant architecture, peinture et sculpture. Palais urbains et villas de campagne remplacent châteaux forts et maisons-tours. En redécouvrant les canons antiques, les architectes tentent de formaliser un sens "retrouvé" des proportions et de l'harmonie. Leur prédilection pour les plans centrés traduit la volonté humaniste de placer l'homme au cœur de la création. Poussés par un souci de théorisation inédit, ils pensent aussi en "urbanistes" et imaginent des villes idéales. Précurseurs, les artistes toscans sont particulièrement appréciés. C'est ainsi qu'à Milan, le Filarète (1400-1469) édifie la tour centrale du château des Sforza (1451-1454), puis l'hôpital qui deviendra la Ca' Grande (1456-1465). Il travaille aussi à la nouvelle façade de la cathédrale de Bergame. À l'instar du génial Léonard de Vinci, également sollicité par les Sforza à Milan, les "artistes" italiens conjuguent souvent l'art de bâtir à celui de peindre et de sculpter. L'architecture s'inscrit dans une vision globale intégrant l'édifice au tissu urbain, comme l'œuvre d'art prend sa place dans le palais. Son essor est lié au mécénat de familles princières soucieuses d'asseoir ainsi leur prestige.

Du baroque au néoclassicisme

C'est aussi aux 17e et 18e s. que s'épanouit le baroque, le Saint-Siège ayant recouvré sa puissance à Rome et l'Espagne catholique contrôlant la majeure partie de la péninsule. C'est en promouvant le culte des saints et des martyrs pour mieux enseigner le dogme par l'image que la Contre-Réforme donne naissance à ce style spectaculaire, tout en mouvements et en contrastes. Entre 1750 et 1830, l'Europe est de nouveau traversée par un

VILLÉGIATURE ET VILLAS

À la Renaissance, le modèle de la villa antique inspire la création de maisons de plaisance, mais c'est aux 17e et 18e s. que cette mode de la villégiature gagne le rivage des lacs préalpins. La majesté du cadre, qui allie eau et montagnes, et la douceur méditerranéenne du climat expliquent la faveur accordée aux jardins, qui constituent à eux seuls une œuvre architecturale. Ceux du palais des Borromée, sur l'Isola Bella (lac Majeur), sont réputés pour leurs essences exotiques et leur étagement en terrasses, qui multiplie les perspectives.

engouement pour l'antique, qui s'exprime dans l'architecture néoclassique. Si ce style ne fait pas florès en Italie, Giuseppe Piermarini (1734-1808) remanie toutefois quelques palais milanais en leur adjoignant pilastres et fronton ; il réalise aussi le théâtre de la Scala. Le 19e s. marque un retour au gothique ; on parle, en Italie, d'éclectisme, en raison de la variété des périodes et des styles imités. Les architectes se préoccupent aussi d'aménager de nouveaux espaces publics. Les galeries couvertes à structure métallique, comme celle de Milan (1878), illustrent la volonté de restauration et de modernisation de la cité.

Façade Liberty de la Casa Galimberti, Milan

Du style Liberty au rationalisme

S'il ne rencontre pas un grand écho en Italie, le style Art nouveau trouve cependant un terrain d'expression en Lombardie et dans le Piémont, sous le nom de Liberty. À Milan, il donnera notamment la Casa Galimberti (via Malpighi). En 1926, toujours à Milan, le "groupe des Sept", mu par le souci de rénover centres industriels et grandes villes, promeut une architecture rationnelle. S'il reçoit, à ses débuts, le soutien du fascisme, ce mouvement se heurte bientôt à l'académisme d'architectes comme Gustavo Giovannoni et Marcello Piacentini, qui défendent un style "fasciste" pseudo-romain et laissent leur marque notamment à Brescia, Bergame et Milan. Avec sa Casa del Fascio (1936), à Côme, le rationaliste Giuseppe Terragni (1904-1943) reprend les principes de dépouillement et de fonctionnalisme chers au Bauhaus et à son maître, Walter Gropius.

ARCHITECTURE VERNACULAIRE

La *cascina* constitue un élément original de l'architecture rurale lombarde. Ses bâtiments bas de brique rouge émergent à peine de l'horizon plat et brumeux de la plaine du Pô. Elle réunit le logis du propriétaire, ceux des employés et les dépendance (notamment étables, porcherie, laiterie) en un bâtiment fermé autour d'une cour. Centres de production presque autonomes, ces *cascine* ont favorisé l'essor de l'agriculture intensive dans la plaine du Pô, fondé sur la maîtrise des eaux et la riziculture. L'industrialisation, à partir des années 1880, a aussi laissé ses marques dans les villes. Mais les usines et entrepôts de jadis ont souvent changé de fonction depuis – tel le centre de production Pirelli de Milan, reconverti en université. Dans la capitale lombarde, on peut aussi voir de beaux exemples d'habitat populaire du début du 20e s., les *case di ringhiera*, immeubles à cour centrale dont les balcons servent de desserte et d'espace commun.

PEINTURE

La peinture s'affirme au 13e s. en Italie, avec le soutien des principautés indépendantes. Un peu dans l'ombre des écoles toscane et vénitienne, Milan attire de grands artistes de toute la péninsule à partir du 15e s., grâce au mécénat des Visconti, des Sforza et des Borromée.

Des primitifs à la Renaissance

En Italie du Nord, l'influence byzantine reste forte jusqu'à ce que le gothique devienne un art de cour au début du 13e s. et que Milan, Venise, Florence et Sienne s'affirment comme de grands foyers artistiques. L'âge d'or de la peinture italienne s'ouvre avec les fresques de Giotto (1266-1337), et les écoles provinciales qui éclosent un peu partout dès le 14e s. imitent le style du Toscan. Giotto lui-même est appelé à travailler à Padoue, Vérone et Milan (1335-1337). Mais l'influence florentine sur les cités du Nord reste plus discrète en peinture qu'en architecture. Cela tient notamment à la figure d'Andrea Mantegna (1431-1506), qui renouvelle la tradition courtoise de représentation avec ses décors à l'antique et ses jeux de perspective. Formé à Padoue, il est appelé à Ferrare puis à Vérone, avant d'entrer au service des Gonzague à Mantoue.

Milan, un centre artistique majeur

Le rayonnement de la cour de Ludovic Sforza doit beaucoup à la présence conjointe de Bramante (1444-1514) et de Léonard de Vinci (1452-1519) à Milan. Arrivé d'Urbino en 1478, Bramante déploie en peinture toutes les ressources de la perspective avec le trompe-l'œil qu'il réalise dans l'église Santa Maria presso San Satiro, tandis qu'il exerce ses talents d'architecte en achevant l'église Santa Maria delle Grazie et en réalisant le cloître de Sant'Ambrogio. Le va-et-vient entre les arts caractérise aussi Léonard, appelé par Ludovic Sforza en 1482 : statue équestre de Francesco Sforza – père de Ludovic –, décor d'une salle du Castello Sforzesco, croquis techniques qui formeront le *Codex Atlanticus*, ingénierie hydraulique...

Santa Maria presso San Satiro, Milan

Même s'il y peint *La Vierge aux rochers* et réalise l'immense *Cène* du réfectoire de Santa Maria delle Grazie, sa production picturale reste réduite lors de ses séjours milanais. Et il n'aura qu'une influence limitée sur l'école lombarde, que domine encore Vincenzo Foppa (1427-1515), qui tient une académie à Brescia.

Du baroque au védutisme

Au 16e s., les artistes de l'école vénitienne ne cessent de circuler. On retrouve notamment Titien à la cour de Mantoue, Lotto et Véronèse à Bergame. Grâce aux Borromée – Charles puis Frédéric, tous deux archevêques de Milan –, le tournant des 16e et 17e s. est une période féconde pour la capitale lombarde. S'illustrent alors Giovan Battista Crespi, dit Il Cerano (1575-1632), Giulio Cesare Procaccini (1574-1625) et Pier Francesco Mazzucchelli, dit Morazzone (1573-1626), qui réalisent les grandes toiles du Duomo sur la vie de Charles Borromée commandées à l'occasion de sa canonisation (1610). Crespi dessinera également le *Colosse de saint Charles Borromée*, statue de 23m de hauteur érigée sur la rive du lac Majeur. Au 17e s., l'école vénitienne devient la plus prestigieuse de toutes. Giambattista Tiepolo (1696-1770), le dernier décorateur baroque, sera appelé à Milan, à Bergame, à Vicence. Se distingue également Canaletto (1697-1768), qui se spécialise dans les vues de la cité lagunaire – ces *vedute* circuleront dans le monde entier grâce aux voyageurs du Grand Tour.

LE GRAND TOUR

L'Italie reste jusqu'au 19e s. à la fois le premier exportateur d'art et la première destination pour les artistes et autres voyageurs européens épris d'art antique. Pour les jeunes gens bien nés, ce voyage initiatique débute, après la traversée des Alpes, par la découverte des plaines lombardes et des lacs. Celui de Côme subjugue ces premiers "touristes". Stendhal n'écrira-t-il pas : " Que dire du lac de Côme, sinon plaindre les gens qui n'en sont pas fous ?"

Le futurisme

À l'aube du 20e s., l'Italie tente de regagner une influence internationale avec le futurisme. Dans son manifeste, publié en France en 1909, Filippo Tommaso Marinetti (1876-1944) dit s'opposer à toute forme de passéisme. Centre industriel et économique, Milan est une terre d'élection pour ce nouvel "art révolutionnaire", qui propose de refonder les arts et la société en s'appuyant sur la vitesse et les machines, piliers de la modernité. Autour de Marinetti s'y réunissent Giacomo Balla (1871-1958), Carlo Carrà (1881-1966) et Umberto Boccioni (1882-1916). Leur goût proclamé pour "la témérité, l'amour du danger, l'appel à l'énergie, le culte de la violence, le refus de l'immobilité" préfigure un idéal belliciste et nationaliste, qui se traduira par un engagement dans la Première Guerre mondiale, puis, pour certains, par une adhésion au mouvement fasciste.

LE DESIGN MILANAIS

C'est dans la région de Milan qu'a débuté la fascinante histoire du design italien, et la capitale lombarde reste une terre promise pour tout stylicien en quête de reconnaissance.

De l'artisanat à la production en série

Milan accueille en 1920 sa première Fiera Campionaria, consacrée aux arts appliqués et en 1923 se tient à Monza la première Biennale delle Arti Decorative Moderne. Transférée en 1933 dans la capitale lombarde, cette manifestation devient la vitrine des nouvelles tendances en matière d'architecture et de design international. Dans les années 1930, les architectes rationalistes expérimentent de nouveaux matériaux, comme le linoléum et le verre Securit, pour concevoir des meubles ou des objets fabriqués en série. Ce thème domine la Triennale de 1940, témoignant du passage de l'artisanat à la production industrielle. Les revues *Casabella* et *Domus*, publiées à Milan à partir de 1928, se font l'écho de cette évolution en banalisant l'idée de la collaboration entre créateurs et industrie. Elles joueront aussi un grand rôle dans la diffusion du design étranger en Italie.

Gio Ponti (1891-1979), le rénovateur du design italien

Le fondateur de la revue *Domus*, Gio Ponti, est à la fois architecte, peintre, designer, scénographe, enseignant... Ce Milanais va jouer un rôle déterminant dans l'essor du design industriel après la Seconde Guerre mondiale. Il conçoit dès la fin des années 1920 une collection de meubles bon marché pour le grand magasin La Rinascente. Il participera également à la création du Compasso d'Oro, un prix institué en 1954 pour améliorer la qualité des biens de consommation italiens. L'œuvre emblématique de ce tenant du rationalisme reste la tour Pirelli (1956), qui a longtemps dominé la *skyline* milanaise, mais nombre des objets qu'il a créés sont encore produits, dont l'indépassable chaise *Superleggera* conçue pour Cassina.

Des créations iconiques

Au-delà de son effet d'entraînement sur la création et la production, la remise du Compasso d'Oro (tous les trois ans) a contribué à transformer en icônes plusieurs réalisations du design italien : de la machine à écrire Olivetti *Lettera 22* de Marcello Nizzoli à la Fiat 500 de Dante Giacosa, du téléphone *Grillo* de Marco Zanuso à la lampe *Eclisse* conçue par Vico Magistretti pour Artemide. Dans les années 1950, on voit fleurir les fabricants au fait des besoins d'un marché avide de nouveautés : Arflex, qui, avec Marco Zanuso, commence à produire des sièges en polyuréthane expansé ; Tecno, spécialisé dans le mobilier de bureau ; Poggi, connu pour sa collaboration avec Franco Albini ; Kartell, renommé pour ses meubles et accessoires en plastique, signés pour certains par Joe Colombo. Dans le secteur du luminaire, on se doit de citer Artemide et Flos. Certaines entreprises s'attaquent au monde de l'automobile. La Cisitalia 202, réalisée par Pininfarina en 1947, fera un jour partie des collections du MoMA de New York... Carrossée par le même designer, la Giulietta Spider, produite à Milan par Alfa Romeo en 1955, acquerra une stature mythique, tout comme l'indémodable Vespa Piaggio, présentée en 1946 à la Fiera Campionaria de Milan, et sa grande rivale, la Lambretta, du nom du quartier milanais de Lambrate, où on la fabriquera jusqu'en 1971.

Sous l'influence du pop art

Dans les années 1970, une série d'objets introduit un nouveau langage formel : les téléviseurs et radios *Brionvega* de Marco Zanuso, la machine à écrire portable *Valentine* d'Ettore Sottsass pour Olivetti, les sièges en plastique de Colombo, Magistretti et de Zanuso pour Kartell et Artemide. Influencés par le pop art, des designers comme Ettore Sottsass, Enzo Mari et Gaetano Pesce planchent sur des projets utopiques et créent des objets "anormaux" : le fauteuil gonflable *Blow* et le pouf en forme de poire *Sacco*, produits par Zanotta. Ces Radical ouvrent le chemin aux propositions ludiques et transgressives du studio Alchimia, futur atelier Mendini, et du groupe Memphis. Conduit par Sottsass, ce collectif introduit l'usage du laminé plastique, des couleurs vives et des formes postmodernes dans le design. En témoigne la célèbre bibliothèque-claustra *Carlton* dessinée par Sottsass en 1981.

Des années 1990 à nos jours

Dans les années 1990, passé la période postmoderne, de nombreuses firmes italiennes deviennent une référence pour des designers étrangers comme les Français Philippe Starck et Jean Nouvel ou les Britanniques Jasper Morrison, Ron Arad et Tom Dixon. Dans les années 2000-2010 dominent les rééditions de créations des grands designers du 20e s. Des maisons comme Alessi soignent aussi leur image en s'assurant la collaboration de créateurs d'envergure internationale, tels que Richard Sapper, Michael Graves ou Achille Castiglioni. De nos jours, si la création marque un peu le pas, le design italien peut toujours compter sur le dynamisme de ses entrepreneurs et sur le Salone del Mobile, qui se tient en avril à la Fiera de Milan depuis 1961, faisant alors de la capitale lombarde l'épicentre mondial du design.

ARTS DE LA SCÈNE

L'Italie est assurément le fief de l'art lyrique, auquel la Lombardie a donné le prolifique Verdi, et la Scala de Milan l'une de ses scènes les plus réputées. Pour sa part, l'art dramatique du 20e s. doit beaucoup à Giorgio Strehler, fondateur du Piccolo Teatro de Milan, et à Dario Fo, auteur italien le plus joué à l'étranger.

L'opéra, un art de cour

L'opéra a d'abord été un art de cour, accompagnant des cérémonies particulières. C'est à la cour ducale de Mantoue qu'est représenté, en 1607, l'*Orfeo* de Claudio Monteverdi (1567-1643), considéré comme le premier opéra moderne. Et c'est en 1637 qu'est inaugurée à Venise la première salle réservée à l'art lyrique. Sur ce modèle – des loges distribuées en balcon autour d'un parterre en forme de fer à cheval – s'ouvrent la Scala de Milan en 1778 et la Fenice de Venise en 1792. Recherchées par la noblesse parce qu'elles lui permettent d'afficher son rang aux yeux de tous, les loges font l'objet d'un marché de vente et de location, comme un bien immobilier.

La Scala de Milan

L'apogée de l'opéra italien

Le 19e s. est particulièrement faste pour l'opéra italien, grâce aux grands compositeurs romantiques Gioacchino Rossini (1792-1868), Gaetano Donizetti (1797-1848) et Vincenzo Bellini (1801-1835). Tous trois connaissent une gloire fulgurante mais une carrière harassante et brève. Avec Giuseppe Verdi (1813-1901), l'opéra entre dans un nouvel âge. Le compositeur n'est plus soumis aux

> **GIUSEPPE VERDI : UN COMPOSITEUR PATRIOTE**
> Les initiales de son nom servent de signe de ralliement aux patriotes italiens pour acclamer, sans risque de poursuites, le roi d'Italie ("Viva VERDI ! Viva Vittorio Emanuele Re D'Italia ! "). Et les représentations de ses opéras sont autant de manifestations en faveur de l'Unité bravant la censure autrichienne. En mars 1842, la Scala fait ainsi une ovation exaltée à son *Nabucco*. Cette œuvre met en scène le peuple hébreu opprimé chantant un hymne à la liberté, et le public y voit une métaphore de la résistance à l'occupant autrichien.

GOLDONI, CRÉATEUR DE LA COMÉDIE ITALIENNE MODERNE

Genre populaire né au 16e s., la *comedia dell'Arte* repose sur les épaules d'acteurs masqués, à la fois acrobates, mimes et chanteurs, qui improvisent autour d'une trame dans les dialectes d'Italie du Nord. Les premières troupes se constituent vers 1550. Et c'est contre ces comédiens de métier que va s'élever l'archevêque de Milan, Charles Borromée, qui réprouve la présence des femmes sur scène. Au 18e s., le Vénitien Carlo Goldoni (1707-1793) réforme le genre avec des pièces dénonçant l'oisiveté de l'aristocratie et prenant la défense de la bourgeoisie et du petit peuple industrieux.

caprices des *prime donne* ni à la boulimie de leur impresario. À la fin du 19e s., Milan accueillera aussi les créations du Toscan Giacomo Puccini. Au 20e s., le prestigieux chef d'orchestre Arturo Toscanini (1867-1957), originaire de Parme, dirige longtemps la Scala, tandis que de nouvelles voix s'y affirment, dont celle de la Callas. Après la guerre, si le répertoire reste très italien, Giorgio Strehler y introduit la mise en scène de théâtre. S'ensuivront des adaptations cinématographiques de Luchino Visconti et de Franco Zeffirelli, notamment...

Giorgio Strehler (1921-1997) et le Piccolo Teatro de Milan

C'est en 1947 que Giorgio Strehler crée avec Paolo Grassi le Piccolo Teatro de Milan, premier théâtre italien de gestion publique. Ce metteur en scène engagé veut attirer au théâtre les milieux populaires en présentant des pièces d'une grande qualité artistique à un prix attractif. Si les œuvres de Brecht, de Tchekhov, de Sartre et de Camus figurent à son répertoire, c'est avec ses mises en scène de Goldoni que Strehler acquiert une renommée internationale. *Arlequin, valet de deux maîtres*, jouée dès 1947, restera à l'affiche pendant cinq décennies. Homme de convictions, Strehler démissionne de sa fonction une première fois en 1968, avant de se retirer définitivement en 1996 en raison de divergences sur la politique culturelle menée par la municipalité et son maire, élu de la Ligue du Nord. Lui succède à la tête du Piccolo Teatro Luca Ronconi (1933-2015), qui marquera lui aussi la scène internationale en s'attaquant à des textes dramatiques classiques et contemporains comme aux grands opéras.

Dario Fo (1926-2016)

Autre monstre sacré, l'écrivain lombard Dario Fo a activement contribué à la vitalité du théâtre transalpin. Son œuvre, ancrée dans la contestation politique, se voit couronner par le prix Nobel de littérature en 1997. Le Collectif théâtral de la Commune, qu'il crée avec son épouse après les événements de 1968, finit par obtenir une scène permanente à Milan. Parmi ses comédies célèbres, on peut citer *Mystère bouffe* (1969), *Mort accidentelle d'un anarchiste* (1970) et *Faut pas payer !* (1974). Ses prises de position radicales, son anticonformisme, sa critique de la religion et de l'État lui valent de nombreux procès, sans jamais affaiblir sa liberté de ton.

CINÉMA

De l'âpreté des conditions de travail des paysans de la plaine du Pô comme des ouvriers de la capitale lombarde aux portraits au vitriol de la politique locale, en passant par la relecture des pages sombres de la grande histoire, le cinéma italien raconte aussi le Nord. Cinéastes engagés, attentifs aux transformations de la société, ou réalisateurs hollywoodiens en quête de vues idylliques sont venus tourner sur ces terres.

Le néoréalisme, un cinéma à hauteur d'hommes

Au lendemain de la Seconde Guerre mondiale, le néoréalisme submerge le cinéma italien. Figure emblématique de ce mouvement, Vittorio De Sica tourne dans la capitale du Nord *Miracle à Milan* (1951), un film qui dénonce la misère des bidonvilles et les inégalités sociales. Dans la même veine, Giuseppe De Santis, avec *Riz amer* (1949), raconte une histoire d'amour qui a pour toile de fond l'épuisant travail des *mondine*, les repiqueuses de riz. Dans *Ossessione* (*Les Amants diaboliques*, 1943), Luchino Visconti met en scène un amour adultère qui tourne à la tragédie dans le monde des petites gens de la plaine du Pô. *Rocco et ses frères* (1960) détaille l'implosion d'une famille qui fuit la misère du Sud et atterrit dans une banlieue ouvrière milanaise.

Villa del Balbianello, lac de Côme

Un cinéma politique pour le miracle italien

À partir des années 1960, le cinéma italien défriche de nouveaux territoires. Profitant d'un certain relâchement de la censure, les réalisateurs se focalisent sur des questions ignorées auparavant qui touchent en particulier le Sud : la mafia, la spéculation, la corruption. Cependant, les effets du miracle économique sur la société ne sont pas oubliés, notamment dans le premier film d'Ermanno Olmi, *Il Posto* (1961), dans *Il Maestro di Vigevano* (1963) d'Elio Petri, qui souligne les bouleversements culturels de l'après-guerre dans une petite ville de Lombardie, ou dans *La Vie aigre* (1964) de Carlo Lizzani, qui dénonce les effets délétères de la société de consommation. Sous l'influence de la Nouvelle Vague française se font jour d'autres critiques du fonctionnement de la société et de la famille.

LE LAC DE CÔME, UN DÉCOR ENCHANTEUR

Luchino Visconti passa, enfant, ses étés à la Villa Erba, à Cernobbio, mais ne situa aucun de ses films sur le lac de Côme, hormis une scène de *Rocco et ses frères*. Moins d'un demi-siècle plus tard, la Villa Erba est la propriété – de cinéma – du baron François Toulour dans *Ocean's Twelve* (2004) de Steven Soderbergh. Et George Clooney, qui s'est offert une villa sur le lac, y tourne une publicité pour une célèbre marque de café ! Citons aussi la Villa del Balbianello à Lenno, qui a servi de décor à *Romance sur le lac* (1995) de John Irvin, *Star Wars : l'attaque des clones* (2002) de George Lucas ou encore *Casino Royale* (2006) de Martin Campbell.

Dans *Les Poings dans les poches* (1965), Marco Bellocchio s'en prend à la petite bourgeoisie, qu'il accable de toutes les tares en mettant en scène une famille de modestes propriétaires de la plaine du Pô. Olmi élargit historiquement sa critique sociale et connaît un succès international avec *L'Arbre aux sabots*, Palme d'or à Cannes en 1978. Le film relate la vie misérable des paysans de la province de Bergame à l'orée du 20e s. et leur impossible ascension sociale. Hors de toute convention, Pier Paolo Pasolini signe des œuvres fortes qui mettent en scène la bourgeoisie industrielle milanaise (*Théorème*, 1968) ou la république mussolinienne de Salò (*Salò ou les 120 Journées de Sodome*, 1975).

Retour sur image : les années de plomb

Après une traversée du désert, le cinéma italien refait surface à la fin du 20e s. Dans *Nos meilleures années* (2003), le Milanais Marco Tullio Giordana retrace le quotidien d'une famille italienne de 1966 à 2003, revenant ainsi sur l'histoire récente du pays. En 2006, Nanni Moretti dresse un portrait au vitriol de Berlusconi et de son empire médiatico-politique milanais dans *Le Caïman*. Enfin, Tullio Giordana revient en 2012 avec *Piazza Fontana* sur l'attentat néofasciste de décembre 1969 à Milan, point de départ de la “stratégie de la tension” et des “années de plomb”.

GASTRONOMIE

La diversité des paysages de ce territoire de montagnes et d'eau se retrouve dans les marmites d'une cuisine rustique savoureuse, où les viandes en sauce se marient à merveille avec la polenta. Et de l'arc alpin à la vallée du Pô, personne n'oserait s'aventurer à recenser les recettes *alla milanese*, baptisées du nom de la capitale lombarde.

Une cuisine paysanne : polenta, soupes et pâtes

Bon nombre de recettes et de produits du terroir sont hérités d'une économie paysanne où se mêlaient jadis les cultures céréalières et l'élevage, par endroits les châtaigniers, puis le maïs, après son introduction au 17e s. La Valteline, aux confins avec la Suisse, est la région qui possède la plus riche tradition culinaire de Lombardie. Parmi les *primi*, citons la polenta *alla valtellinese*, au fromage grana et au beurre, et les *pizzoccheri della Valtellina* (pâtes de sarrasin, chou, pommes de terre et fromage fondu). Dans la région de Bergame, on sert les typiques *casonsei* (raviolis farcis de bœuf, de poire, de raisins secs, d'amaretti et de grana râpé). Et, bien sûr, dans toute la Lombardie et dans le monde entier, l'incontournable risotto *alla milanese*, parfumé d'une pointe de safran... Côté soupes, l'épais minestrone, aux légumes, lard et pâtes (ou riz), s'arroge le premier rôle.

Viandes mijotées et poissons de lac

Grand classique milanais, les *cotolette alla milanese* (escalopes de veau panées) figurent dans tous les menus des restaurants italiens. On connaît moins la *casoeula*, un ragoût qui associe côtes, pieds et saucisse de porc mijotés dans du vin rouge avec du chou. Parmi les plats de résistance, l'osso buco conserve une certaine prééminence sur les tables lombardes. En été, goûtez au *vitello tonnato*, de fines tranches de veau froides nappées d'une sauce au thon, anchois, câpres. Difficile aussi de citer toutes les charcuteries : fameux salami de Milan, bresaola, pancetta, et autres saucisses et saucissons. La cuisine lombarde compte aussi de nombreuses recettes à base de gibier, comme les *torresani allo spiedo* (pigeons grillés) de Vérone. Et, tout naturellement dans une région de lacs, on déguste des poissons d'eau douce (brochets, anguilles, tanches...) !

Fromage...

Des fromages au lait de vache comme le gorgonzola ou le taleggio sont fabriqués dans de petites exploitations, notamment autour de Novare pour le premier et dans les grottes naturelles de Valsassina (Lecco) pour le second. On trouvera une multitude d'autres fromages d'appellation d'origine protégée (DOP) : *formai de mut* des hauts alpages du Val Brembana, *casera* et *bitto* de la Valteline, *quartirolo lombardo* à pâte molle. Cousin (ou rival) du parmesan, le *grana padano*, élaboré dans la plaine du Pô, agrémente en version râpée les pâtes.

... et desserts !

Si le panettone, la fameuse brioche aux raisins secs et aux zestes d'orange confite, est la star incontestée de Noël, il partage la vedette avec le nougat (*torrone*) de Crémone. Tout au long de l'année, on se régale avec le *masigott*, une sorte de *plum cake* aux raisins secs et écorce d'orange confite (à Erba), le *panadél valtellina*, pudding auquel on ajoute des pommes hachées, la *torta del donizetti* aux fruits confits de la région de Bergame...

Risotto *alla milanese*

Du vin et même du "champagne" !

Avec 30 000ha de vignes, la Lombardie n'est pas la plus importante région viticole d'Italie, mais elle présente une grande variété de terroirs et s'affirme pour la qualité de ses vins : de la Valteline à l'Oltrepò Pavese (au sud de Pavie) en passant par la rive du lac de Garde. Citons pêle-mêle les vins de la Valteline élaborés à partir de cépages nebbiolo qui poussent sur des terrasses à pic baignées de soleil, ou le trebbiano di Lugana (blanc) et le chiaretto (rosé) du lac de Garde, sans oublier le merlot du Tessin. Avec un terroir bénéficiant d'un climat continental et de fréquents brouillards, la Lombardie produit même l'un des meilleurs pétillants italiens fabriqués selon la méthode champenoise, le franciacorta.

CAMPARI ET COCKTAILS À LA MODE

C'est à Novare que l'amer Campari a vu le jour en 1860. Deux ans plus tard, Gaspare Campari ouvre un café à Milan, dans la Galleria Vittorio Emanuele II, où il affine sa recette restée secrète, à base d'infusion d'herbes amères et de fruits macérés dans l'alcool. Son idée de génie sera de servir son bitter non pas en digestif mais en apéritif. La mode est lancée... Aujourd'hui, l'Apérol, à la base du très tendance spritz vénitien, lui volerait presque la vedette. Il appartient au groupe de spiritueux Campari !

MATURAZIONE NATURALE

Carnet pratique

Marché milanais

INFOS UTILES

Informations utiles ou de dernière minute sur l'Italie dans les pages "Conseils aux voyageurs" de France Diplomatie, le portail du ministère français des Affaires étrangères. www.diplomatie.gouv.fr

AVANT DE PARTIR

FORMALITÉS

Pour un séjour n'excédant pas trois mois, une simple **carte d'identité** en cours de validité suffit si vous êtes citoyen de l'Union européenne ou suisse. Pensez à contracter une **assurance voyage** pour obtenir assistance et remboursement en cas d'imprévu – si ces services ne sont pas déjà garantis par l'un de vos contrats (carte bancaire, billet d'avion, etc.). La **carte européenne d'assurance maladie** – délivrée gratuitement par courrier sous 15 jours par votre caisse d'assurance maladie (www.ameli.fr) – couvrira les frais médicaux (urgents) et soins dispensés sur place par des médecins et organismes publics.

BUDGET

L'hébergement constitue le principal poste de dépense pour les voyageurs. Les lacs italiens et Milan sont des destinations assez onéreuses toute l'année, même si les prix baissent légèrement hors saison.

BUDGET JOURNALIER

En privilégiant campings ou auberges de jeunesse et restauration légère, prévoyez de dépenser au moins 50€/pers./j. Avec un budget journalier de 80-100€/pers., vous pourrez descendre dans de petits hôtels, dîner dans des trattorias et vous permettre quelques visites culturelles. À partir de 150€/pers., vous aurez le loisir de vous offrir quelques hôtels de charme et *ristoranti* élégants. La **gamme de prix de ce guide** indique, pour l'hébergement, le prix d'une chambre double standard en basse et haute saison et, pour la restauration, le prix d'un menu, ou le prix moyen de deux plats choisis parmi les *antipasti*, *primi* et *secondi piatti*.

HÉBERGEMENT

Réservez vos nuitées au moins deux mois avant pour un séjour dans la région des lacs en juillet ! En haute saison, vous devrez débourser au moins 80€ pour une chambre double dans une *pensione* basique ou pour une chambre d'hôtes de qualité, et au moins 120€ dans un hôtel 2 étoiles. Les prix sont majorés le week-end.

GAMME DE PRIX

Restauration	Hébergement
€ < 25€	€ < 90€
€€ 25-40€	€€ 90-140€
€€€ > 40€	€€€ > 140€

RESTAURATION

Les budgets modestes auront avantage à s'approvisionner sur les marchés, dans les épiceries et *tavole calde* (snacks-traiteurs). Au restaurant, le prix moyen d'un repas est compris entre 25 et 35€. Le poisson et les crustacés reviennent assez cher. Le pain et les couverts (*pane e coperto*) majoreront la note de 2 à 6€.

SAISONS TOURISTIQUES

Il est évidemment préférable d'éviter la saison estivale pour bénéficier de meilleures conditions de visite et de tarifs plus attractifs. La haute saison bat son plein de juillet à début septembre dans la région des lacs. Les hôtels affichent alors complet et les prix grimpent en flèche (parfois du simple au double). À Milan, vous ne trouverez pratiquement aucune chambre d'hôtel à moins de 100€ la nuit, quelle que soit la saison. En période de salons, notamment en avril, lors du Salone Internazionale del Mobile, les hébergements sont pris d'assaut.

INFORMATIONS TOURISTIQUES

EN LIGNE

www.touristie.com
Une mine d'informations sur l'Italie.

www.enit.it
L'Office national italien du tourisme et nombre d'informations pratiques.

www.parks.it
Tout sur l'ensemble des parcs naturels italiens.

grandigiardini.it
Les plus beaux jardins de la péninsule.

www.museionline.info
Le site des musées italiens.

www.fondoambiente.it
Le Fondo Ambiente Italiano (FAI) gère de nombreux sites remarquables (liste sur www.visitfai.it) et organise des journées portes ouvertes, événements, etc.

À RÉSERVER AVANT DE PARTIR

Réservez plusieurs semaines à l'avance votre billet pour pouvoir admirer ***La Cène*** de Léonard de Vinci dans le Cenacolo Vinciano, à Milan (p.68). Autre visite guidée à anticiper, celle de l'**Isola del Garda** (p.176). Si vous voulez assister à un spectacle à la **Scala de Milan** (p.45), mieux vaut vous y prendre plusieurs mois avant(p.68)

EN FRANCE

ENIT France
La représentation française de l'Agenzia Nazionale del Turismo (Office national italien du tourisme). Informations pratiques et brochures sur les différentes régions.
23, rue de la Paix 75002 Paris
01 42 66 03 96 www.enit.it
Lun.-ven. 9h30-12h30 (call center)

EN ITALIE

Les villes grandes et moyennes disposent en général d'un office de tourisme : **IAT** (Informazione e Accoglienza Turistica), les petites d'un syndicat d'initiative : **Pro Loco**. Allez-y de préférence en matinée et en semaine, pour être certain de ne pas trouver porte close.

AGENDA

FÊTES ET MANIFESTATIONS

FÉVRIER

Carnevale Ambrosiano di Milano
Défilés costumés autour de la Piazza del Duomo.
Milan Le sam. suivant le mercredi des Cendres

Fashion Week Milano
Présentation des collections printemps-été.
Milan

MARS

Stramilano
Marathon de Milan.
Milan www.stramilano.it 3e ou 4e dim. de mars

Giornate di Primavera FAI
Ouverture exceptionnelle de nombreux monuments intra- et extra-muros.
Milan www.giornatefai.it Un w.-e. fin mars

AVRIL

MiArt
Foire internationale d'art moderne et contemporain à la Fieramilano.
Milan 4 jours à la mi-avr.

Salone Internazionale del Mobile
Salon consacré au design et à l'ameublement.
Milan www.salonemilano.it 4e sem. d'avr.

Festival Pianistico Internazionale Arturo Benedetti Michelangeli
Bergame et Brescia reçoivent l'un des plus importants festivals de piano au monde.
Brescia www.festivalpianistico.it Fin avr.-mi-juin

MAI

Mille Miglia
Mythique course automobile qui réunit plus de 380 voitures anciennes.
Brescia www.1000miglia.eu 4 jours mi-mai

Cortili Aperti
Journée du patrimoine : les palais ouvrent leurs portes.
Milan www.adsi.it 3e dim. de mai

JUIN

Festa dei Navigli
Spectacles, expositions, marchés d'antiquités et de produits régionaux, et illuminations nocturnes.
Milan www.navigliogrande.mi.it 1er dim. de juin

JOURS FÉRIÉS

1er janvier	Jour de l'an	**Capodanno**
6 janvier	Épiphanie	**Epifania, Befana**
Avril	Lundi de Pâques	**Pasquetta, lunedì di Pasqua**
25 avril	Fête de la Libération	**Liberazione 1945**
1er mai	Fête du Travail	**Festa del lavoro**
2 juin	Fête de la République	**Festa della Repubblica**
15 août	Fête de l'Assomption	**Ferragosto**
1er novembre	Toussaint	**Ognissanti**
8 décembre	Immaculée Conception	**Immacolata Concezione**
25-26 décembre	Noël, Saint-Étienne	**Natale, Santo Stefano**

Orta Jazz Festival
Une fois par mois, un grand concert de jazz gratuit se tient sur la piazza Motta.
Orta San Giulio Juin-sept.

JUILLET

Festival Como Città della Musica
Ballets et concerts classiques dans toute la ville, parfois gratuits.
Côme www.teatrosocialecomo.it
1re quinzaine de juil.

Festival del Vittoriale
Danse, théâtre et musique dans l'amphithéâtre du Vittoriale degli Italiani.
Gardone Riviera www.anfiteatrodelvittoriale.it Juil.-août

Stresa Festival
Concerts de musique de chambre donnés par des interprètes de renom à Stesa, Verbania, Isola Bella et Isola Madre.
Stresa www.stresafestival.eu
Mi-juil.-sept.

AOÛT

Festival de San Vito
Concours international de feux d'artifice, tirés le dimanche soir au-dessus du lac d'Orta. Concerts et événements variés.
Omegna www.sanvito-omegna.it
10 jours fin août-début sept.

SEPTEMBRE

MiTo
Milan et Turin accueillent toutes les musiques (une cinquantaine de concerts).
Milan www.mitosettembremusica.it
3 sem.

Fashion Week Milano
Milan

DÉCEMBRE

Artigiano in Fiera
Foire réunissant des artisans du monde entier.
Fiera Milano Milan www.artigianoinfiera.it 1re sem. de déc.

Fiera degli Oh Bej ! Oh Bej !
Sorte de marché de Noël avant l'heure, tenu autour du Castello Sforzesco, à l'occasion de la Saint-Ambroise (Sant'Ambrogio), patron de la ville.
Milan Du 7 déc. au dim. suivant

TRANSPORTS

GAGNER MILAN ET LES LACS

EN AVION

Compagnies aériennes

Air France
Assure plusieurs liaisons quotidiennes entre Paris (CDG), Milan (1h30) et Vérone (1h35), et des vols pour Milan de Bordeaux, Marseille, Lyon, Nantes, Nice, Strasbourg et Toulouse.
09 69 39 36 54 wwws.airfrance.fr

ITA Airways
Relie les aéroports Charles de Gaulle et Paris Orly à celui de Milan Linate.
800 93 60 90 (depuis l'Italie) ou (+39) 06 85 96 00 20 (depuis la France) www.itaspa.com

easyJet
Relie tlj. Paris à Milan et 3 fois/sem. Bordeaux à Milan.
09 77 40 77 70 www.easyjet.com

Ryanair
Vols à destination de Bergame à partir de Bordeaux, Lourdes, Marseille et Paris-Beauvais.

Vueling.com
Des vols directs de Paris vers Milan.
0899 232 400 ou 0184 886 948 (suivi de réservation) www.vueling.com

Aéroports

Aeroporto Linate (Milan)
Il accueille des vols intérieurs et européens. La ligne de bus 73 relie l'aéroport au Duomo de Milan de 5h30 à 0h40 (env. 1h, 1,50€ aller). La Linate Shuttle le relie à la gare Centrale de Milan de 6h30 à 23h30 (env. 25min, 5€ aller). En taxi, comptez 25€ pour le centre-ville.
8km à l'est de Milan 022 323 23
www.milanolinate-airport.com

Aeroporto Malpensa (Milan)
Le terminal 1 accueille les vols réguliers, le terminal 2 les low-cost. Le train (Malpensa Express, 50min, 13€ aller) et trois compagnies de bus (40-50min, 10€ aller) relient l'aéroport à la gare Centrale de Milan.
Gallarate (50km au nord-ouest de Milan) 027 485 22 00
www.milanomalpensa-airport.com

Malpensa Shuttle
Des bus relient également les deux aéroports (vers Linate départs à 9h30, 11h15, 13h30, 15h15 et 18h20, vers Malpensa à 9h30, 11h15, 13h40, 15h30 et 16h30). De Malpensa, le départ se fait au terminal 1, hall des arrivées entre les sorties n^{os}3 et 4. Le trajet dure de 70 à 90min. Tarif 13€.
02 58 58 31 85
www.malpensashuttle.it

Aeroporto Orio al Serio (Bergame)
Il accueille des vols Ryanair notamment. Des bus municipaux le relient à Bergame (comptez 30min et 2,40€-3€ pour la Città Alta). Plusieurs compagnies de cars, dont Terravision et Autostradale, le relient à la gare Centrale de Milan (1h de trajet, 8€ aller) et à la gare de Brescia (1h, 12€).
55km au nord-est de Milan
035 326 323
www.milanbergamoairport.it

Aeroporto Catullo (Vérone)
L'aéroport le plus proche du lac de Garde. Une navette ATV assure la liaison avec la gare principale de Vérone (de 5h35 à 23h10, aller simple 6€, durée 15min) et, en été, avec Garda, au bord du lac.
10km du centre de Vérone
045 809 56 66
www.aeroportoverona.it

EN TRAIN

SNCF
Plusieurs TGV directs relient tlj. Paris-Gare de Lyon à Milan (à partir de 100€ le billet AR, 7 ou 8h de trajet). Également des trains directs Nice-Milan (à partir de 40€ l'aller, 4h40 de trajet).
36 35 www.sncf-connect.com

Trenitalia
La Freccia Rossa dessert Milan depuis Paris (billets à partir de 35€).

EN CAR

Flixbus
Cet autocariste allemand relie également de nombreuses villes françaises à Milan, Bergame, Brescia et d'autres villes de la région des lacs, à des prix compétitifs.
www.flixbus.fr

EN VOITURE

De Paris, au moins deux itinéraires possibles. Le premier suit l'A6 jusqu'à Mâcon, puis l'A40 vers Genève et l'A4 vers Milan passé le tunnel du Mont-Blanc. L'autre passe par Lugano (A5, puis A36 jusqu'à Bâle/Basel et enfin A2). De Lugano, les lacs Majeur et de Côme sont à moins de 30km. Comptez 9h30 de trajet.

TRANSPORTS LOCAUX

MILAN

Gares

Stazione Centrale di Milano
La gare Centrale est desservie par les lignes M2 et M3 du métro. Liaisons directes avec Turin, Venise, Lyon, Paris…
(plan 1, C1) Piazza Duca d'Aosta
89 20 21 www.trenitalia.com
www.milanocentrale.it

Stazione Porta Garibaldi
Trains pour Varèse, Côme, Bergame, notamment.
(plan 1, B1) Piazza Sigmund Freud, 1
89 20 21 www.trenitalia.com

Stazione Nord Cadorna
Trains vers les petites localités du nord de la Lombardie, y compris celles des lacs.
(plan 1, B2) Piazzale Luigi Cadorna
89 20 21 www.trenord.it

Transports urbains

ATM (Azienda Trasporti Milanesi)
À Milan, le stationnement est strictement réglementé dans le centre-ville et son accès payant en semaine pour les automobilistes (5€/j.). Laissez plutôt votre véhicule dans un parking à la périphérie et privilégiez les transports en commun. Milan possède quatre lignes de métro, 19 lignes de tramway et 98 lignes de bus. Ce réseau fonctionne généralement de 6h à minuit (horaires précis en ligne). Des bus de nuit prennent ensuite la relève. Les billets s'achètent dans les kiosques, les bureaux de tabac ou à des distributeurs automatiques, mais jamais à bord.
Ils sont vendus à l'unité (valable 90min dans les bus, les trams et pour un trajet en métro), par carnet de 10 trajets.
Également des forfaits 24h, 48h, 6 jours, etc. Rens. à l'office de tourisme.
www.atm.it

BikeMi
Milan possède un très bon réseau de vélos en libre-service. Il suffit de s'inscrire sur Internet ou à l'ATM Point de la Galerie du Duomo ou de la gare Centrale. Un seul inconvénient : le service ne fonctionne que de 7h à 1h.
Tarif 4,50€/j. ou 9€/sem. Crédit de 30min, puis 0,50€/30min suivantes pendant 2h, puis 2€/h.
02 48 607 607 (n° Vert ATM)
www.bikemi.com

LAC MAJEUR

En voiture

De Milan, il faut suivre l'A8 Milano-Laghi dir. Varèse et, au niveau de Gallarate, bifurquer sur l'A26 dir. Gravellona Toce. Pour la rive lombarde, sortir à Sesto Calende (56km) ; pour la rive piémontaise, poursuivre jusqu'à Arona (65km).

En train

Trenitalia
La compagnie ferroviaire nationale fait circuler une vingtaine de trains/j. de Milan-Centrale ou de Milan-Garibaldi à Verbania-Pallanza via Arona, Stresa, Domodossola et Sesto Calende. Pour Stresa, comptez de 1h à 1h30 de trajet (8,60€ en train régional).
89 20 21 www.trenitalia.com

En car

Autolinee Comazzi
Une de ses lignes relie l'aéroport de Milan-Malpensa au lac Majeur (localités de Domodossola, Villadossola, Piedimulera, Ornavasso et Gravellona Toce) en 1h20 env. Une trentaine d'autres rayonnent autour du lac à partir de Domodossola, Borgomanero et Arona.
032 424 03 33 (Domodossola) ou 032 284 48 62 (Borgomanero)
www.comazzibus.com

VCO Trasporti
Ses cars relient toutes les localités du lac ; on les prend sur la route qui longe le lac (*lungolago*).
800 503 001 ou 032 351 86 11
www.vcotrasporti.it

LAC D'ORTA

En voiture

De Milan, suivre l'A8 puis l'A26 jusqu'à Arona, puis la SP142 jusqu'à Borgomanero, et enfin la SP229 (85km). Vous pouvez également quitter l'A26 plus au nord, à Gravellona Toce, et suivre la SP229 jusqu'à Orta via par Omegna (96km). De Stresa, une jolie route panoramique, la via Due Riviere, passe par Gignese et Armeno.

En train

Trenitalia
Tlj. une douzaine de trains relient Milano-Centrale à la gare de Pettenasco (2km d'Orta San Giulio). Comptez 45min-1h de trajet et env. 10€.
892 021 www.trenitalia.com

En car

Autoservizi Comazzi
Relie régulièrement Orta à Omegna (pointe nord du lac) et à Borgomanero (au sud, entre le lac d'Orta et le lac Majeur).
032 284 48 62 www.comazzibus.com

SAF Duemila
Liaisons Stresa (lac Majeur)-Orta San Giulio via Baveno, Feriolo, Gravellona Toce et Omegna.
www.safduemila.com

CÔME ET SON LAC

En voiture

De Milan, suivre l'A8 jusqu'à Lainate, puis l'A9 (50km, 1h).

En train

Malpensa Express
Ce train relie l'aéroport de Milan-Malpensa à Saronno (20min), d'où la compagnie Trenord assure une correspondance pour Côme (40min).
www.malpensaexpress.it
www.trenord.it

Trenitalia
La gare principale de Côme accueille les trains Trenitalia en provenance de Milan – de la Stazione Centrale pour les trains internationaux (env. 30min à partir de 11€ le trajet) et de la gare de Porta Garibaldi pour les trains régionaux (env. 1h15 et 4,80€).
Stazione Como San Giovanni Piazza San Gottardo 892 021
www.trenitalia.com

Trenord
La gare de Como-Lago accueille des trains de la compagnie régionale Trenord en provenance de la gare de Milan-Cadorna (env. 1h et 4,80€).
Stazione Como Nord Lago Piazza Matteotti (près du lac) www.trenord.it

En car

ASF
La compagnie ASF gère 7 lignes d'autobus à Côme et 12 lignes d'autocars régionaux, desservant les villes riveraines du lac et Bergame.
Autostazione (gare routière) Piazza Matteotti (à l'est du port) 031 247 248
www.asfautolinee.it Lun.-ven. 9h30-13h et 14h-18h

BERGAME

En voiture

À 50km (1h) au nord-est de Milan par l'A4.

En train

Trenitalia
Liaisons très fréquentes avec la gare de Milano-Centrale (env. 50min de trajet, 5,50€) et la gare de Brescia (env. 1h de trajet, 4,80€).
199 892 021 www.trenitalia.com

En car

Bergamo Trasporti
Ses cars relient Bergame aux localités riveraines du lac d'Iseo.
035 28 90 00
www.bergamotrasporti.it

Arriva Italia
Cette compagnie relie, entre autres, Bergame à San Pellegrino Terme en 40mn (aller 3,20€).
Piazza Marconi, 4 035 28 90 00
arriva.it

NET
Les cars Nord Est Trasporti relient Milan à Bergame en 50min env.
800 905 150 www.nordesttrasporti.it

SAI Autolinee
Dessert les villes de la province de Bergame et Milan.
036 339 72 50 www.saiautolinee.it

BRESCIA

En voiture

À 104km (1h30) de Milan et 52km (45min) de Bergame par l'A4.

En train

Trenitalia
Un train par heure sur la ligne Milan-Venise. Pour Milan, de 50min à 1h45 de trajet et de 7,30€ à 26€ l'aller selon les trains.
www.trenitalia.com

Italo
Cette compagnie privée relie Milan à Brescia en 30min env. (à partir de 15€ l'aller).
06 07 08 www.italotreno.it

En car

Arriva Italia
Nombreuses liaisons régionales.
035 28 90 00 brescia.arriva.it

LAC DE GARDE

En voiture

Le tour du lac fait 158km. L'A4 Milan-Venise dessert Desenzano del Garda (127km, 1h30), Sirmione (140km, 2h) et Peschiera del Garda (142km, 1h50). De Desenzano, la SP572 rallie Salò (20km), sur la rive ouest, d'où la Gardesana Occidentale (SS45bis), l'une des routes les plus grandioses d'Italie, permet de gagner Riva del Garda (45km, 1h). De Peschiera, la Gardesana Orientale (SS249) suit la rive est jusqu'à Torbole (60km, 1h30).

En train

Trenitalia
De nombreux trains relient Desenzano del Garda et Peschiera del Garda à Milan-Centrale (1h-1h30), Brescia (15-30min) et Vérone (15-25min).
De 3,30€ à 15€ le billet.
892 021 www.trenitalia.com

En car

Arriva Italia
Pour la rive occidentale, côté Lombardie.
035 28 90 00 www.arriva.it

Trentino Trasporti
Pour la rive nord, côté Trentin.
046 103 10 00 www.ttspa.it

Azienda Trasporti Verona
Pour la rive orientale, côté Vénétie.
045 805 78 11 www.atv.verona.it

SUR PLACE

ARGENT

Les retraits aux distributeurs et paiements par carte n'occasionnent pas de frais bancaires pour les ressortissants de la zone euro. Vérifiez avant de partir le plafond (mensuel) de vos dépenses et celui (hebdomadaire) de vos retraits et faites-les, au besoin, relever temporairement pour ne pas vous retrouver sans argent sur place. En dernier recours, vous pourrez retirer des espèces au guichet d'une grande banque en présentant votre carte bancaire et une pièce d'identité.

Serveur interbancaire d'opposition

En cas de vol ou de perte de votre CB, ce serveur redirigera votre appel directement vers le service d'opposition de votre banque.
+33 442 60 53 03 (de l'étranger)
Tlj. 24h/24

HORAIRES

LE RYTHME ITALIEN

Milan n'est pas Naples, et de part et d'autre des Alpes, le mode de vie est similaire. La journée débute par un petit déjeuner léger résumé à un *espresso* et une *brioche* (notre croissant) au comptoir d'un bar. Vers 13h sonne l'heure du déjeuner (*pranzo*), de plus en plus réduit dans les grandes villes par les impératifs du travail. Fini le temps des repas copieux et des siestes digestives qui vidaient les rues entre 13h et 16h30 ! Les terrasses des cafés se remplissent pour l'apéritif et les rues pour la rituelle *passeggiata* (promenade). Le soir, les restaurants font le plein entre 21h et 23h. En fin de semaine, les jeunes fréquentent les *piazze* et déambulent bruyamment.

HORAIRES D'OUVERTURE

Banques Lun.-sam. 8h30-13h30 et 14h30-16h30.

Bureaux de poste Lun.-ven. 8h30-13h30, parfois jusqu'à 18h30 ou 19h ; sam. et veille de fête 8h30-13h

Magasins En principe 9h-13h et 15h-20h, sans interruption dans les villes touristiques. Ils ferment généralement le dim. et une demi-journée dans la semaine (lun. matin pour les boutiques de vêtements, mer. ou

BONS PLANS

La carte **Abbonamento Musei Lombardia** donne accès à la plupart des musées de Milan, Bergame, Côme et des lacs lombards (45€/an https://lombardia.abbonamentomusei.it). La **Milan Tourist Museum Card** (12€/3j. www.wheremilan.com/guide/milan-tourist-museum-card) fournit un accès illimité aux collections permanentes de 12 musées milanais. La **Milano Card** (11€/24h, 17€/48h, 19,50€/72h **www.milanocard.it/fr**) garantit la gratuité des transports en commun, une entrée gratuite ou à prix réduit dans 20 monuments milanais, tandis que la **Casamuseocard** (25€ https://casemuseo.it/la-card) ouvre les portes de quatre collections privées de Milan : Museo Poldi Pezzoli, Museo Bagatti Valsecchi, Villa Necchi Campiglio et Casa Museo Boschi diStefano.

jeu. après-midi pour les magasins d'alimentation).

Monuments et musées Nombre de petites églises n'ouvrent que pour des cérémonies (mariages, baptêmes, enterrements) et pour l'office de 7h30. Les grands musées ouvrent en continu jusqu'à 20h. Les autres souvent entre 13h et 16h.

Restaurants Ils servent de 12h30 à 15h et de 20h à 23h (voire plus tard).

POURBOIRE

Dans les restaurants et les cafés, les prix incluent le service, sauf mention contraire. Si vous avez particulièrement apprécié l'accueil ou le repas, manifestez-le avec un pourboire (*mancia*) – raisonnablement 5-10% de l'addition. Dans un café, quelques centimes d'euro suffisent. Pour une course en taxi, arrondissez la note à l'euro supérieur. Il convient par ailleurs de laisser 2 ou 3€ aux guides-accompagnateurs.

RESTAURATION

TYPES D'ÉTABLISSEMENTS

La profusion des dénominations nécessite une petite explication. Le ***ristorante*** est ce qui correspond le mieux au restaurant français. Plus populaires à l'origine, la **trattoria** et l'***osteria*** proposaient une cuisine d'inspiration régionale, plus "rustique" que celle des restaurants. Cette différence tend à s'estomper et elles sont aujourd'hui comparables aux bistrots français. Pour manger sur le pouce un plat de pâtes ou une pizza, repérez l'enseigne **pizzeria** ou ***tavola calda*** (traiteur). Dans un bar ou une ***paninoteca***, on avale un *panino* (sandwich) ou un *tramezzino* (sandwich au pain de mie) et un café, le plus souvent debout. Une ***rosticceria*** propose à emporter feuilletés, tartes salées, poulet rôti, plats cuisinés, ou une part de pizza.

DÉCRYPTER LA CARTE

Les Italiens sont de grands buveurs d'eau minérale déclinée en *acqua frizzante* (gazeuse) et *acqua naturale* (plate). Pour une carafe d'eau du robinet (*acqua normale*), vous devrez le préciser au serveur. En dehors des lieux touristiques, les menus à prix fixes sont rares. Pour choisir à la carte, voici quelques règles à connaître. Salades, crudités, fromages, charcuterie et poisson mariné sont présentés en ***antipasti*** (hors-d'œuvre), souvent sous forme de buffet (pour éviter tout malentendu, demandez s'ils sont facturés à l'unité, à l'assiette ou à volonté). Suit le ***primo piatto*** (premier plat), habituellement une assiette de pâtes, un risotto, des gnocchis (à la pomme de terre) ou une *minestra* (soupe). Le ***secondo piatto*** (plat de résistance) fait honneur à la viande ou au poisson. Ce dernier reste un mets recherché, souvent facturé au kilo. Les ***contorni*** (accompagnements de légumes, salades...) sont en supplément. Les gourmands concluront leur repas en choisissant parmi les ***dolci*** (desserts). L'indication ***pane e coperto*** correspond à un forfait additionnel de 2 à 6€ pour le pain et les couverts.

COMMANDER UN CAFFÈ

Vous pouvez commander le classique *espresso* et le demander *ristretto* (serré) ou *lungo* (allongé), *doppio* (double expresso) ou encore *macchiato* (avec un nuage de lait). Autres options, le *caffè americano* (moins fort) et le *caffè latte* (au lait). Le cappuccino est plus crémeux avec une mousse de lait. En été est servi le *caffè freddo* (café froid) avec des glaçons, remplacé l'hiver par le *caffè corretto*, un expresso contenant une goutte de grappa. Dans les établissements "à l'ancienne", vous devrez payer préalablement votre commande à la caisse et l'on vous remettra un *scontrino*, ticket à faire valoir auprès du barman.

SÉCURITÉ

À Milan, ayez les mêmes réflexes que dans une grande ville française. Si vous êtes seul(e), évitez de vous promener de nuit dans les ruelles désertes et les quartiers interlopes. Ne laissez aucun objet de valeur dans votre voiture, ne roulez pas vitres ouvertes avec votre sac sur la banquette à portée de main et veillez sur vos effets personnels quand vous vous baladez. Si vous êtes victime d'un vol, déposez une plainte au poste de police le plus proche, car votre assureur exigera un double du procès-verbal.

SPORTS ET LOISIRS

Escalade, randonnée, voile, rafting, canyoning, parapente et VTT sont quelques-uns des nombreux sports pratiqués autour des lacs italiens. Sur le lac de Garde, les sources chaudes de Sirmione (p.178) sont particulièrement appréciées !

Club Alpino Italiano (CAI)
Guides de haute montagne. Les candidats au trekking ont tout intérêt à prendre la carte du Club Alpino Italiano afin de bénéficier de tarifs réduits dans leurs refuges.
Milan ☎ 02 205 72 31 (siège) www.cai.it

Federazione Italiana Amici della Bicicletta
Cyclotourisme.
Via Borsieri, 4/E Milan ☎ 02 840 731 49
www.fiab-onlus.it

Lega Navale Italiana
Voile et planche à voile.
Via Guidobaldo Del Monte, 54 Rome
☎ 06 80 91 59 01 www.leganavale.it

Federazione Italiana Turismo Equestre
Randonnées à cheval.
Largo Lauro De Bosis, 15 Rome
☎ 06 32 72 32 70 www.fitetrec-ante.it

Federazione Italiana Volo Libero
Parapente et deltaplane.
Via Salbertrand, 50 Turin ☎ 011 74 49 91
www.fivl.it

ESPACES NATURELS

La région des grands lacs italiens offrent des paysages variés : massifs montagneux couverts de châtaigneraies encadrent le lac Majeur, le lac de Côme et la rive nord du lac de Garde ; milieux humides avec les lagunes de Servino ; vignes au sud du lac d'Iseo ; ambiance méditerranéenne au milieu des oliviers et des citronniers au sud du lac de Garde...

Riserva Naturale Regionale Torbiere del Sebino
Provaglio d'Iseo ☎ www.torbieresebino.it

Parco Nazionale della Val Grande
Vogogna ☎ 0324 87540 www.parcovalgrande.it

Parco Regionale Campo dei Fiori
Siège : Via Trieste, 40 Brinzio
☎ 0332 43 53 86 parcocampodeifiori.it

NUMÉROS UTILES EN ITALIE

Appel d'urgence européen	112
Renseignements téléphoniques	1254, 190 ou 155
Numéros verts	Débutent par 800 (accessibles uniquement en Italie)
Pages blanches / jaunes	www.paginebianche.it / www.paginegialle.it

TÉLÉPHONE

Pour appeler l'Italie de l'étranger, il faut composer le 00 39 suivi du numéro du correspondant (de 5 à 10 chiffres), avec le 0 pour les lignes fixes, sans le 0 pour les portables. Pour appeler l'étranger de l'Italie, il faut composer le 00 suivi de l'indicatif du pays (33 pour la France) et du numéro du correspondant sans le 0.

TÉLÉPHONE PORTABLE

Au besoin, demandez à votre opérateur d'activer l'option "Europe" avant votre départ. Depuis 2017, les communications à l'intérieur de la zone euro ne sont plus surtaxées.

HOTEL ASTOR

Héberge-ments

Ponton d'hôtel

SE LOGER

Du camping le plus "nature" au palace le plus extravagant, la région des grands lacs propose des modes d'hébergement divers, à tous les prix. À Milan, le parc hôtelier cultive un certain standing au vu de sa nombreuse clientèle "business" et pratique des prix dissuasifs qui varient du simple au double selon le calendrier. Pour un séjour de quelques jours, mieux vaut louer un appartement. Réservez longtemps à l'avance, surtout en période de festival, de carnaval ou de salon professionnel, quand les chambres s'arrachent... Et guettez les promotions sur les sites Internet des hôtels.

CAMPINGS

En principe, ils sont ouverts d'avril à octobre et classés de 1 à 5 étoiles. Consultez le guide *Campeggi e Villaggi Turistici* édité par le Touring Club Italiano et les offices de tourisme locaux qui centralisent les adresses alentour. Pour deux personnes avec voiture, prévoyez 20-30€ en milieu de gamme.

Fédération française de camping et caravaning
0890 21 43 00 https://ffcc.fr
www.campingfrance.com

Confederazione Italiana Campeggiatori
(+39) 055 882 391
www.federcampeggio.it

AUBERGES DE JEUNESSE

Rassurez-vous, on peut y dormir à n'importe quel âge ! C'est une alternative bon marché à l'hébergement classique, mais il faut se plier à certaines règles (salle de bain et cuisine commune, discrétion...). Les auberges ouvrent toute l'année dans les grandes villes, et de mars-avril à fin octobre ailleurs. Comptez 20€ la nuitée. Carte internationale des auberges de jeunesse obligatoire : 2€/pers. en Italie et 11€/pers. en France.

Fédération unie des auberges de jeunesse (FUAJ)
01 44 89 87 27 www.hifrance.org

LOCATION DE VILLAS ET D'APPARTEMENTS

Un minimum d'une semaine est souvent exigé en haute saison. Des agences spécialisées affichent leur catalogue sur Internet. Vous trouverez aussi une liste de prestataires auprès de l'ENIT.

Abritel
04 13 68 02 88 www.abritel.fr

Airbnb
www.airbnb.fr

Italie Loc'appart
01 45 27 56 41 www.locappart.com

Interhome
01 53 36 60 00 www.interhome.fr

Locatissimo
06 60 95 32 44 ou (+39) 0564 417 418
www.locatissimo.com

PENSIONI, LOCANDE, ALBERGHI, HOTEL

Les *pensioni* et *locande* sont des structures modestes de 1 à 3 étoiles, sachant que 3 étoiles ici équivalent à 2 étoiles en France. La qualité des prestations est aléatoire, mais certaines réservent d'excellentes surprises. Assurez-vous toujours du prix, variable d'une saison à l'autre, et consultez le tableau des tarifs officiels affiché à la réception ou dans la chambre. Précisez si vous souhaitez une *camera doppia* (lits jumeaux) ou *matrimoniale* (lit double). Centrale de réservation : www.initalia.it

GÎTES ET CHAMBRES D'HÔTES

L'**agriturismo** (tourisme à la ferme) propose de dormir en gîte ou en chambre d'hôtes dans une exploitation agricole. Idéal pour rencontrer des Italiens désireux de partager leur mode de vie et de faire découvrir la gastronomie locale. Comptez 35€/pers. la nuitée avec petit déjeuner en basse saison et 45€ en haute saison (durée minimum de deux nuitées souvent requise l'été). Pour tout savoir, achetez le fascicule *Agriturismo in Italia* (De Agostini) ou visitez les sites Internet.

Agriturist
(+39) 066 852 337 www.agriturist.it

Turismo Verde, Confederazione Italiana Agricoltori
(+39) 063 240 111
www.turismoverde.it

BED & BREAKFAST

B&B Italia fédère un important réseau dans toute la péninsule. Selon le niveau de confort, les prix s'échelonnent de 24€/pers. pour une chambre double standard avec petit déjeuner à 60€ pour des services haut de gamme.

Bed & Breakfast Italia
www.bbitalia.it

Bed & Breakfast in Italia
www.bed-and-breakfast.it

MILAN

À Milan, mieux vaut loger dans le centre-ville, mais consultez l'agenda des événements professionnels et culturels, car les hôtels font alors vite le plein.

CasaBASE ♥€

Située au premier étage d'un centre culturel – cf. BASE (p.77) –, cette micro-auberge de jeunesse au design soigné cultive une ambiance *arty* et décontractée. Spacieux, lumineux, dotés de parquets craquants et de mobilier vintage, les dortoirs (4 lits maximum) et les chambres doubles offrent un excellent rapport qualité-prix, dans le quartier tendance de la Zona Tortona. Lit en dortoir à partir de 35€, chambre double à partir de 65€.

ZONA TORTONA (plan 1, A4 n°70)
Via Bergognone, 34 base.milano.it

Ostello Bello ♥€€

Cette auberge de jeunesse donne du peps au quartier : le rez-de-chaussée accueille un grand bar très fréquenté, et le sous-sol des concerts. Les chambres et dortoirs sont fonctionnels, clairs et colorés, et les parties communes décorées par une jeune artiste bédéphile. Plusieurs terrasses fleuries et une accueillante cuisine aménagée. Attention, c'est souvent complet ! Lit en dortoir à partir de 35€, chambre double à partir de 140€.

DUOMO/CARROBIO (plan 2, B4 n°90)
Via Medici, 4 ☎ 023 658 27 20
www.ostellobello.com

Charly Hotel €€

Non loin de la gare centrale, cet établissement familial possède un charme certain avec ses 18 chambres simples et chaleureuses, dont certaines, avec terrasse, donnent sur le jardin ! Le petit déjeuner se prend sous la véranda. Accueil adorable. Double à partir de 90€.

CENTRALE (plan 1, C1 n°71) Via L. Settala, 76
☎ 022 047 190 www.hotelcharly.com

Hotel Ariston €€€

L'adresse idéale pour les écologistes : mobilier en bois, ampoules à économie d'énergie, papier recyclé, air et eau purifiés, produits bio au petit déjeuner, zone non-fumeurs et vélos à disposition pour visiter la ville. Double 140-550€.

DUOMO/CARROBIO (plan 2, B4 n°91)
Largo Carrobbio, 2 ☎ 027 200 05 56
www.aristonhotel.com

Hotel Regina €€€

Une demeure du 18e s. au décor classicisant (mobilier ancien, tableaux, lustres et vieux parquets), entre les basiliques San Lorenzo et Sant'Ambrogio, pour faire de beaux rêves entre d'épais draps en lin. Chambre double 129-400€. Vélos à disposition.

DUOMO/CARROBIO (plan 2, A4 n°92)
Via Cesare Correnti, 13 ☎ 025 810 69 13
www.hotelregina.it

Maison Borella €€€

Ce ravissant hôtel-restaurant a investi une *casa di ringhiera*, maison typique des quartiers populaires de Milan. Ses chambres contemporaines aux notes vintage donnent sur le canal ou sur une verdoyante cour intérieure. Double 180-255€.

NAVIGLI (plan 1, B4 n°72)
Alzaia Naviglio Grande, 8 ☎ 025 810 91 14
www.hotelmaisonborella.com

Antica Locanda Leonardo €€€

À deux pas du Cenacolo Vinciano, cet hôtel de charme possède une superbe terrasse végétalisée, un jardin et 16 chambres agréablement stylées. Demandez la n°13, elle ouvre sur le jardin. Double 120-360€. Promotions en ligne.

MAGENTA (plan 1, A3 n°73) Corso Magenta, 78
☎ 024 801 41 97
www.anticalocandaleonardo.com

Borgo Nuovo ♥€€€

Dans la banlieue sud-est, près d'un paisible cours d'eau et d'une basilique lombarde, cet hôtel de charme est une pépite ! Spacieuses, ses deux chambres doubles et deux suites se sont décorées dans un chaleureux style lounge aux tons automnaux mêlant laiton, béton ciré, velours et mobilier vintage. Un restaurant réputé et un bar élégant prolongent l'expérience. Double 200-310€.

CHIARAVALLE (plan 1, C4 n°74)
Via San Bernardo, 16 Bus 77 ou 140 puis
M°3 (Corvetto) ☎ 025 346 47 borgo-nuovo.it

LAC MAJEUR ET LAC D'ORTA

LE LAC MAJEUR CÔTÉ PIÉMONT

Hotel La Locanda €

À 200m de la gare de Stresa, cet établissement familial et pimpant loue 16 chambres spacieuses, au mobilier fonctionnel. Réveil agréable au chant des oiseaux. Comptez 75-85€ la double avec le petit déj. Parking 5€/j.

STRESA Via G. Leopardi, 19 ☎ 032 331 176 www.hotellalocanda.it

Hotel du Parc €€

Sur les hauteurs de Stresa, cette altière villa 1900 n'est pas dénuée de charme ! Ses 33 chambres spacieuses et lumineuses donnent sur un magnifique jardin. On prend le petit déjeuner dans un élégant salon Belle Époque et l'on sirote l'apéritif au bar grand style. Double 160€, petit déj. inclus.

STRESA Via Gignous, 1 ☎ 032 330 335 www.duparc.it 🕒 Avr.-mi-oct.

Ostello di Verbania €

Son parc boisé et son élégante façade néoclassique prêtent à cette auberge de jeunesse des allures d'hôtel de charme. D'autant que certaines chambres donnent sur le golfe Borromée. Réservez absolument l'une des 6 doubles (27-30€/pers.). La nuitée en dortoir de 8 à 14 lits revient à env. 23€/pers. Petit déj. compris.

VERBANIA Via delle Rose, 7 Pallanza ☎ 032 350 16 48 www.ostelloverbania.com

Hotel Verbano €€€

Tel un phare, cette grande villa rouge signale la pointe de l'Isola dei Pescatori. L'hôtel abrite depuis des lustres les week-ends romantiques. Faites donc confiance au personnel pour protéger votre intimité dans l'une des 12 chambres avec vue sur le lac et le palais Borromée. De 220€ la double.

ISOLA DEI PESCATORI Via Ugo Ara, 2 ☎ 0323 325 34 www.ilverbano.com 🕒 Mars-oct.

LE LAC MAJEUR CÔTÉ LOMBARDIE

Hotel Stelvio €

Son coquet décor de chalet alpin le rend immédiatement sympathique et l'accueil cordial fait aussitôt oublier la proximité d'une voie ferrée. Ses 20 chambres douillettes, mansardées pour certaines, sont impeccables. C'est le meilleur hôtel de sa catégorie. Double 80-85€ avec le petit déj. buffet.

VARÈSE Via Tonale, 10 Malpensa ☎ 033 233 48 00 www.hotelstelvio.com

LE LAC D'ORTA

Camping Cusio €

Ce camping familial d'une cinquantaine de places est installé dans le champ d'une vieille ferme. À bonne distance de la route et du lac, il permet de dormir tranquillement à l'abri des moustiques. Selon la saison, comptez de 22 à 40€ pour deux avec une tente et une voiture.

ORTA SAN GIULIO Via Don Bosco, 5 (prendre à droite de l'hôtel Santa Caterina, à la sortie d'Orta) ☎ 032 290 290 www.campingcusio.it 🕒 Fin mars-fin nov.

Hotel La Contrada dei Monti €€

Les propriétaires ont restauré avec soin cette maison du 18e s. Poutres et pierres apparentes, meubles et ferronneries de style recréent l'ambiance intime et paisible d'une vénérable demeure du village. De 110 à

140€ la double (160€ la *junior suite*), avec petit déjeuner dans le jardin... Demi-pension 35€/pers.

ORTA SAN GIULIO Via dei Monti, 10
032 290 51 14 www.lacontradadeimonti.it
Fév.-déc.

Villa Crespi €€€
L'immense fortune de Benigno Crespi, marchand lombard fasciné par l'Orient, lui permit d'édifier à l'entrée d'Orta San Giulio un palais de style oriental coiffé d'un minaret. Sa façade s'inspire librement des arts islamiques, tandis que l'intérieur arbore stucs, boiseries et marqueteries, mis en valeur par un mobilier Belle Époque. Quatre chambres de 300 à 1 000€ selon la saison et 10 suites de 600 à 2 000€.

ORTA SAN GIULIO Via Giuseppe Fava, 18
032 291 19 02 www.villacrespi.it Mars-jan.

LAC DE CÔME

CÔME

Ostello Bello €
Cette auberge de jeunesse reprend les recettes gagnantes de sa sœur milanaise (p.227) : une déco bohème léchée, un cadre bucolique en pleine ville (le jardin est équipé de hamacs et d'un barbecue) et une riche programmation culturelle : concerts, expositions, dégustations... Lit en dortoir à partir de 29€, double à partir de 60€.

CÔME Viale Fratelli Rosselli, 9 031 570 889
www.ostellobello.com/hostel/como-lake

B&B Le Camelie ♥€€
Sur les hauteurs de Côme, cette noble demeure de famille a été relookée par Andrea, le fils de la tribu, qui a su relever d'une touche contemporaine son charme bourgeois. Très spacieuses, les trois chambres donnent toutes sur le magnifique jardin, où l'on prend son petit déjeuner aux beaux jours. Double 100-140€.

CÔME Via Rienza, 61 348 004 52 17
www.bblecamelie.com

Posta Design Hotel €€€
Avec sa terrasse donnant sur la piazza Volta, la façade de l'ancien **Albergo Posta**, conçu par l'architecte Giuseppe Terragni, est une icône rationaliste des années 1930. Mais les 14 chambres sont résolument design. Bistrot accueillant au rez-de-chaussée. Double de 85 à 250€.

CÔME Via Garibaldi, 2 031 276 90 11
www.postadesignhotel.com

AUTOUR DU LAC DE CÔME

Camping La Fornace €
Ce camping niché sur une mince bande de terre entre lac et montagne, sur la route de Bellagio à Lecco, est un peu basique. Il n'en dispose pas moins de quelques emplacements paradisiaques à fleur d'eau, dans un cadre de toute beauté. Comptez 32€ pour deux en été.

OLIVETO LARIO Via Garibaldi, 52
(8km au sud de Bellagio) 351 273 12 38
www.lafornace.it Fin mars-mi-oct.

Hotel Villa Aurora €€
L'hôtel de la famille Gregorio en impose avec sa façade 1900 ! Mais les 21 chambres ont été rafraîchies dans un style contemporain. Excellent rapport qualité-prix : 160-250€ la double selon la saison et le standing, petit déj. compris. Restaurant, plage privée et parking.

LEZZENO Via Sossana, 2 (6km au sud-ouest de Bellagio) 031 914 645 www.hotelauroralezzeno.com Pâques-oct.

Albergo Fioroni €€

Dans l'ancien presbytère de ce paisible hameau lacustre, les 7 chambres blanches soulignées de bleu ouvrent toutes sur le lac (3 chambres en plus dans des annexes). La terrasse du petit déjeuner paraît flotter sur l'eau. Double à partir de 110€ avec le petit déj.

CARATE ÙRIO Piazza Minoletti, 1 (rive ouest, 10km au nord de Côme) 031 400 149 www.hotelfioroni.it Mars-mi-nov.

BERGAME, LAC D'ISEO, BRESCIA

BERGAME

B&B Bergamo Rota's House €€

Cette petite maison d'hôtes de la ville basse vous enchantera avec ses ravissantes chambres (deux doubles et une quadruple), intimes et décorées avec goût. Donnant beaucoup de cachet à l'ensemble, le parquet sombre s'invite jusque dans les salles de bains, modernes et équipées de douches à l'italienne. Double 100-120€.

BERGAME (plan 6, B3 n°41) Via Francesco Cucchi, 3 (Città Bassa) 391 478 79 43

GombitHotel €€€

Dans la Città Alta, au pied de la Torre del Gombito, cet hôtel a misé sur un confort cosy et un design contemporain sobre et chaleureux pour ses 13 chambres, toutes différentes. Petit déjeuner sucré-salé avec spécialités bergamasques. Selon la saison, double 165-225€.

BERGAME (plan 6, B1 n°42) Via Mario Lupo, 6 (Città Alta) 035 247 009 gombithotel.com/site/index

LAC D'ISEO

Camping Cave €

Disposés en terrasses au-dessus du lac, les emplacements de ce camping adossé à une imposante falaise jouissent d'un cadre incroyable ! On plante sa tente à l'ombre d'un chêne ou d'un olivier avant d'aller piquer une tête dans le lac, juste en contrebas. En guise de plage, un gazon bien épais, idéal pour faire bronzette. Également un petit bar-restaurant et des jeux pour les enfants. Comptez 25-38€ pour deux selon la saison.

ISEO Via Cave, 13 030 980 008 www.campingcave.it Avr.-sept.

Hotel Milano €€

Sur la promenade du lac d'Iseo, avec le Monte Isola en point de mire, ce petit hôtel familial offre un très bon rapport qualité-prix compte tenu de son emplacement. Des 12 chambres – simples, un peu désuètes mais très confortables –, privilégiez celles qui donnent sur le lac, toutes avec balcon. Restaurant. Double à partir de 90€.

ISEO Via Lungolago Guglielmo Marconi, 4 030 980 449 www.hotelmilanoiseo.it

B&B Vulcano Village €

Idéale pour les familles et les groupes d'amis, cette maison d'hôtes installée dans un petit village au nord du lac propose plusieurs chambres de différents tailles et styles (contemporaines et design ou plus romantiques), ainsi que des appartements (pouvant loger jusqu'à 8 pers.), aménagés dans plusieurs maisons avec vue sur le lac. Excellent petit déjeuner, vélos à disposition et restaurant-pizzeria. Double 60-90€, appartement 100-160€.

CASTRO Via del Porto, 18 035 96 12 36 vulcanovillage.com

BRESCIA

Albergo Orologio €

Au cœur de la vieille ville, voilà l'une des meilleures adresses de Brescia, décorée avec goût : ses murs camomille et pistache, ses meubles anciens et ses vénérables plafonds aux poutres apparentes la classent dans la catégorie des hôtels de charme. Comptez de 100 à 120€ la double.

BRESCIA (plan 7, B2 n°40) Via C. Beccaria, 17 030 375 54 11 www.albergoorologio.it

B&B Il Cantuccio di Gioia €€

Des quatre chambres réparties dans cet agréable appartement situé à deux pas du centre historique, choisissez la romantique “ matrimoniale deluxe ”, avec salle de bains privative et balcon ouvert sur la Piazza San Alessandro. Salon et espace cuisine partagés. Double 85-95€, petit déj. inclus.

BRESCIA Corso Cavour, 12 349 626 7860 www.bbilcantucciodigioia.it

Centro Paolo VI €€

Vous vous perdrez sans doute un peu dans ce palais baroque du 17e s. qui accueille une ribambelle de salons où ne manquent ni les stucs ni les fresques et 108 chambres spacieuses et confortables. Privilégiez celles logées sous les toits, particulièrement cosy avec leurs tapis et leurs tons chauds, ou celles dont le balcon donne sur le vaste jardin intérieur. Double 90-135€.

BRESCIA (plan 7, C4 n°42) Via Gezio Calini, 30 030 377 35 11

LAC DE GARDE

LA RIVE LOMBARDE

Villa Paradiso €€

Au bout de la péninsule de Sirmione, la “villa Paradis” porte bien son nom. Cette vieille bâtisse est plus proche d'une pension que d'un hôtel. À l'intérieur, les 6 chambres décorées de meubles de famille ouvrent sur un vaste jardin planté d'oliviers et de cyprès. Double à partir de 115-120€ petit-déj. inclus. Appartement pour 4 pers. 140-160€ (+40€ de frais de ménage). Petit-déj. en option à 10€/pers.

SIRMIONE Via Arici, 7 030 916 149 www.villaparadisosirmione.it
Mi-avr.-mi-oct. (appartement ouvert toute l'année)

Agriturismo Mirabello €

À 2km à peine du centre de Desenzano, cette ferme familiale est un refuge bienvenu dans une contrée ultratouristique. Ses 11 petits appartements n'ont pour seul horizon que la vigne qui tapisse la colline. Seuls les enfants jouant au bord de la piscine, la partie de tennis ou le match de foot quotidiens perturberont un peu votre tranquillité. Studios pour 2-4, petit déj. inclus : 30€/pers.

DESENZANO DEL GARDA
Località Mirabello (suivre la voie ferrée à gauche de la gare, passer sous le tunnel et continuer tout droit durant 2min en voiture) 030 999 10 83 www.agriturismomirabello.com

Hotel du Lac €€€

S'il ne fallait retenir qu'un seul hôtel de charme les pieds dans l'eau, ce serait celui-là ! Il tire aisément son épingle du jeu en proposant une vue splendide sur le lac dans une demeure de famille ancienne. À vous de choisir entre les 12 chambres aux lignes Belle Époque, toutes différentes. Coup de foudre pour la terrasse qui, telle la proue d'un bateau, avance sur l'eau. Double 145-200€.

GARGNANO Via Colletta, 21 036 571 107 www.hotel-dulac.it Mi-mars-oct.

RIVES TRENTINE ET VÉNÈTE

Campeggio Arco Prabi €

Au pied des falaises d'Arco, ce camping jouit d'un cadre particulièrement idyllique : dressés au milieu des pins, ses bungalows rustiques peuvent concurrencer, pour le confort et le charme, nombre d'hôtels de la région. Piscine gratuite, barbecue, pizzeria et bar. Bungalows, appartements ou chalets (pour 4 pers.) de 90 à 140€ selon la saison, camping de 30 à 36€ pour deux. Séjour min. de 2 semaines en juil.-août, 7 nuits le reste de l'année (se renseigner par tél. pour les séjours plus courts).

ARCO Via Legionari Cecoslovacchi, 12 Località Prabi (d'Arco, suivre la route qui longe la rive droite du Fiume Sarca en direction de Dro, au nord, sur 1km) 046 451 74 91 www.arcoturistica.com Mi-mars-début nov.

Locanda Speranza €€

L'accueil, en français, de Roberto et de sa femme vaut toutes les vues sur le lac. Les 7 chambres de cette petite auberge sont simples mais fonctionnelles, avec une préférence pour celle dont le balcon donne sur la montagne. De 75 à 110€ la double, petit déj. compris. Demi-pension de 42 à 75€/pers., séjour de 3 nuits minimum.

TORRI DEL BENACO Via dall'Oca Bianca, 10 045 629 64 29 www.locandasperanza.com Fin mars-oct.

Hotel Baia dei Pini €€€

"Design pour tous" pourrait être la devise de cet hôtel les pieds dans l'eau. Le minimalisme du décor s'accorde à la perfection avec le cadre de la petite "Baie des Pins". Les deux jeunes patrons sont parvenus à donner à leur établissement une image moderne et chic, et les petites attentions prodiguées à leur clientèle assurent un service exceptionnellement accueillant. Double de 120 à 280€, petit déj. compris, selon la saison et le standing. Piscine.

TORRI DEL BENACO Via Gardesana, 115 045 722 52 15 www.baiadeipini.com Mi-mars-oct.

LEXIQUE

LE B.A.-BA

Oui/non Sì/no
Aujourd'hui Oggi
Demain/hier Domani/ieri
Je ne comprends pas No capisco
Quelle heure est-il ? Che ora è ? Che ore sono ?
S'il vous plaît Per favore, per cortesia
Merci (beaucoup) Grazie (mille)
Excusez-moi Mi scusi
Excuse-moi Scusami
Au revoir Arrivederci (tutoiement) ; arrivederla (vouvoiement)

PRONONCIATION

Sauf cas particulier, toutes les lettres se prononcent distinctement. Les doubles consonnes sont toujours clairement articulées. Dans la plupart des mots, c'est l'avant-dernière syllabe qui prend l'accent tonique.

Consonnes
c devant a, o, u "k"
c devant e, i "tch"
ch toujours "k"
g devant a, o, u, h "gu"
g devant e, i "dj"
gli comme dans "alliance"
"l palatalisé"gn comme dans "gagner" "gn"
r se prononce roulé "r"
sc devant e, i "ch"
sc devant a, o, u, h "sk"
z au milieu d'un mot "tz", au début d'un mot "dz"

Voyelles
a "a"
e "é" ou "è" jamais muet
i "i"
o "o"
u "ou"
"au" se prononce "aou", "que" "koué", etc.

Bonjour Buongiorno
Bonsoir Buonasera
Monsieur Signore
Madame Signora
Je suis français(e) Sono francese
Je m'appelle... Mi chiamo...

COMPTER

Un Uno
Deux Due
Trois Tre
Quatre Quattro
Cinq Cinque
Six Sei
Sept Sette
Huit Otto
Neuf Nove
Dix Dieci
Onze Undici
Douze Dodici
Treize Tredici
Quatorze Quattordici
Quinze Quindici
Seize Sedici
Dix-sept Diciassette
Dix-huit Diciotto
Dix-neuf Diciannove
Vingt Venti
Trente Trenta
Quarante Quaranta
Cinquante Cinquanta
Soixante Sessanta
Soixante-dix Settanta
Quatre-vingts Ottanta
Quatre-vingt-dix Novanta
Cent Cento
Cent cinquante huit Centocinquantotto
Mille Mille
Mille huit cent vingt-cinq Mille ottocentoventicinque

LE TEMPS QUI PASSE

Le jour/la nuit Il giorno, la notte
Le matin La mattina

L'après-midi Il pomeriggio
Le soir La sera
Lundi Lunedì
Mardi Martedì
Mercredi Mercoledì
Jeudi Giovedì
Vendredi Venerdì
Samedi Sabato
Dimanche Domenica
Janvier Gennaio
Février Febbraio
Mars Marzo
Avril Aprile
Mai Maggio
Juin Giugno
Juillet Luglio
Août Agosto
Septembre Settembre
Octobre Ottobre
Novembre Novembre
Décembre Dicembre

TRANSPORTS

Bagages Bagagli
Consigne Deposito
Un billet/ticket pour... Un biglietto per...
Les papiers I documenti
Train Treno
Gare Stazione
Quai Binario
Avion Aereo
Aéroport Aeroporto
À l'heure Puntuale
En avance In anticipo
En retard In ritardo
Autobus Autobus
Arrêt Fermata
Voiture Macchina
Voiture de location Macchina a noleggio
Taxi Taxi/tassì
Route Strada
Autoroute Autostrada
Essence Benzina
Sortie Uscita
Rue/ruelle Vvia/vicolo
Cours, boulevard Corso
Place Piazza
Périphérique Tangenziale

À L'HÔTEL

Hôtel Albergo
Je voudrais une chambre pour cette nuit Vorrei una camera per questa notte

Je voudrais retenir une chambre pour le... Vorrei prenotare una camera per il...

Pour une personne Per una persona
Avec un lit double Con letto matrimoniale
À deux lits A due letti
Avec baignoire Con bagno
Avec douche Con la doccia
Le petit déjeuner est-il compris ? La colazione è inclusa ?

EN VISITE

Où est-ce, où se trouve... ? Dove si trova... ?
Est-ce loin, près ? È lontano, vicino ?
À droite/à gauche A destra/ a sinistra
Tout droit Dritto
Ouvert/fermé Aperto, chiuso
Les jours ouvrables I giorni feriali
Les jours fériés I giorni festivi
Billet Biglietto
Église Chiesa
Galerie Galleria
Musée Museo
Palais Palazzo
Les fouilles Gli scavi

SHOPPING

Des chaussures Delle scarpe
Des chaussettes Dei calzini
Un pantalon Dei pantaloni
Une chemise Una camicia
Un tee-shirt Una maglietta

Une veste Una giacca
Une jupe Una gonna
Une robe Un vestito, un abito
C'est trop grand, trop petit È troppo grande, troppo piccolo
La taille La taglia, la misura
Un sac à main Una borsa
Un sac de voyage Un borsone
Combien cela coûte-t-il ? Quanto costa ? Quanto viene ?
C'est trop cher È troppo caro
Le ticket de caisse In scontrino, la ricevuta
La poste La posta
Le timbre-poste Il francobollo
La carte postale La cartolina

AU RESTAURANT

Je voudrais réserver une table Vorrei prenotare un tavolo
Pour deux, à l'intérieur/en terrasse Per due, dentro/fuori, all'aperto
Déjeuner Pranzare
Dîner Cenare
Menu Carta, lista
Couverts Coperto
Pain Pane
Hors-d'œuvre Antipasto
Premier plat/plat principal Primo piatto/secondo piatto
Poisson Pesce
Viande Carne
Légumes, accompagnement Verdura, contorno
Poivre/sel/salé Pepe/sale/salato
Sucre/sucré Zucchero/zuccherato
Le verre Il bicchiere
La bouteille La bottiglia
Eau gazeuse Acqua frizzante
Eau plate Acqua naturale
Vin Vino
Vin en carafe Vino sfuso
Bière Birra
Fruit Frutta
Gâteau Dolce
Glace Gelato
L'addition s'il vous plaît ! Il conto per favore !
Prenez-vous la carte de crédit ? Accetta la carta di credito ?

Crédits photographiques

ILLUSTRATION RÉALISÉE EN PARTENARIAT AVEC hemis.fr

Couverture © Mick / plainpicture **4e** - © Jon Arnold Images/ hemis.fr **3** - © Westend 61 / hemis.fr **4** - haut à gauche © Dalibor Brlek / Alamy Stock Photo, haut à droite © MAISANT Ludovic / hemis.fr, bas à gauche © jozef sedmak / Alamy Stock Photo, bas à droite © StockFood / Hemis.fr **6** - © GARDEL Bertrand / hemis.fr **10** - © MATTES René / hemis.fr **11** - haut © Jon Arnold Images/ hemis.fr, bas © imageBROKER/ hemis.fr **12** - haut © MATTES René / hemis.fr, bas © Ian G Dagnall / Alamy Stock Photo **13** - © BORGESE Maurizio / hemis.fr **14** - © Jon Arnold Images/ hemis.fr **15** - haut © Jon Arnold Images/ hemis.fr, bas © MAISANT Ludovic / hemis.fr **16** - haut © MARKA / Alamy Stock Photo, bas © Robert Harding / hemis.fr **17** - © LESCOURRET Jean Pierre / hemis.fr **19** - © Heritage Image Partnership Ltd / Alamy Stock Photo **20** - © Jon Arnold Images/ hemis.fr **22** - © POMPE Ingolf / hemis.fr **24** - © Shutterstock / leoks **27** - © (C)2011 John Pavel, all rights reserved photomic - Fotolia **28** - © Shutterstock / Resul Muslu **30** - © MARKA / Alamy Stock Photo **32** - © Jon Arnold Images/ hemis.fr **38** - haut © Jon Arnold Images/ hemis.fr, bas à gauche © Shutterstock / Mindaugas Gelunas, bas à droite © Shutterstock / sergey causelove **39** - © MATTES René / hemis.fr **40** - © DR **41** - © Universal Images Group via Getty Images **43** - © Jon Arnold Images/ hemis.fr **44** - © riccardo Mancioli / Alamy Stock Photo **47** - © ANSALONI Marco / hemis.fr **49** - © Adam Eastland / Alamy Stock Photo **51** - © Credit: PAINTING / Alamy Stock Photo **53** - © MAISANT Ludovic / hemis.fr **54** - © Panther Media GmbH / Alamy Stock Photo **57** - © StockFood / Hemis.fr **59** - © Independent Photo Agency Srl / Alamy / Hemis **61** - © Wirestock, Inc. / Alamy / Hemis **63** - © AGF Srl / Alamy Stock Photo **65** - © Rodolfo Sassano / Alamy Stock Photo **67** - © Jon Arnold Images/ hemis.fr **69** - © REDA &CO srl / Alamy Stock Photo **70** - © StockFood / Hemis.fr **73** - © JACQUES Pierre / hemis.fr **74** - © Riccardo Bianchini / Alamy Stock Photo **76** - © Agencja Fotograficzna Caro / Alamy Stock Photo **78** - © Giovanni Boscherino / Alamy Stock Photo **80** - © Jon Arnold Images/ hemis.fr **83** - haut © Jon Arnold Images/ hemis.fr, bas © Jon Arnold Images/ hemis.fr **84** - © Lago Maggiore Zipline **85** - haut © Shutterstock / Olha Khomenko, bas © Luca Antonio Lorenzelli / Alamy Stock Photo **86** - © DR **87** - © MATTES René / hemis.fr **89** - © Jon Arnold Images/ hemis.fr **91** - © MATTES René / hemis.fr **93** - © Jon Arnold Images/ hemis.fr **94** - © FABRIZIO ROBBA / Alamy Stock Photo **96** - © Alexander Karelin / Alamy Stock Photo **99** - © Shutterstock / Oxana Denezhkina **101** - © Boris Stroujko / Alamy Stock Photo **103** - © Jon Arnold Images/ hemis.fr **104** - © GUY Christian / hemis.fr **107** - © Jon Arnold Images/ hemis.fr **108** - © Jon Arnold Images/ hemis.fr **110** - © Jon Arnold Images/ hemis.fr **113** - haut © Credit: Eva Bocek / Alamy Stock Photo, bas © Jon Arnold Images/ hemis.fr **114** - haut © David Keith Jones / Alamy Stock Photo, bas à gauche © Carlo Borlenghi - www.agefotostock.com, bas à droite © HUGHES Hervé / hemis.fr **115** - haut © 2019 Michele D'Amico Getty Images, bas © Getty Images/iStockphoto **116** - © DR **117** - © Robert Harding / hemis.fr **119** - © jozef sedmak / Alamy Stock Photo **121** - © Jon Arnold Images/ hemis.fr **122** - © Shutterstock / faber1893 **123** - © © Lex Rayton/imageBROKER - www.agefotostock.com **125** - © Blend Images / hemis.fr **126** - © Boris Stroujko / Alamy Stock Photo **128** - © Jon Arnold Images/ hemis.fr **130** - © HEINTZ Jean / hemis.fr **132** - © REDA &CO srl / Alamy Stock Photo **134** - © Jon Arnold Images/ hemis.fr **138** - haut © Shutterstock / John Laidler, bas à gauche © Ripani Massimo/ Sime / Photononstop, bas à droite © Ekaterina Kriminskaya / Alamy Stock Photo **139** - © Jon Arnold Images/ hemis.fr **140** - © DR **141** - © MATTES René / hemis.fr **143** - © GARDEL Bertrand / hemis.fr **147** - © ART Collection / Alamy Stock Photo **149** - © MNStudio / Alamy Stock Photo **151** - © Paolo Gallo / Alamy Stock Photo **153** - © Jon Arnold Images/ hemis.fr **154** - © Ian G Dagnall / Alamy Stock Photo **156** - © Jon Arnold Images/ hemis.fr **159** - © KS_Autosport / Alamy Stock Photo **162** - © David Keith Jones / Alamy Stock Photo **164** - © Shutterstock / Grabowski Foto **166** - © Jon Arnold Images/ hemis.fr **168** - haut © Jon Arnold Images/ hemis.fr, bas © Ivoha / Alamy Stock Photo **170** - © TRAVEL Collection/ Hemis.fr **171** - haut © Jon Arnold Images/ hemis.fr, bas © john norman / Alamy Stock Photo **172** - © DR **173** - © Florian Stern - www.agefotostock.com **175** - © Novarc Images / Hemis.fr **177** - © Italian Landscapes / Alamy Stock Photo **178** - © imageBROKER / Alamy Stock Photo **180** - © Leit_Wolf - www.agefotostock.com **183** - © Jon Arnold Images/ hemis.fr **185** - © Hans Blossey / Alamy Stock Photo **186** - © POMPE Ingolf / hemis.fr **188** - © Alamy / hemis.fr **191** - © Jon Arnold Images/ hemis.fr **192** - © MATTES René / hemis.fr **195** - © ANSALONI Marco / hemis.fr **197** - © Ian Dagnall / Alamy Stock Photo **198** - © Jon Arnold Images/ hemis.fr **200** - © Independent Photo Agency Srl / Alamy Stock Photo **204** - © MAISANT Ludovic / hemis.fr **206** - © Westend 61 / hemis.fr **209** - © Iryna Grygorii / Alamy Stock Photo **210** - © GARDEL Bertrand / hemis.fr **224** - © HEINTZ Jean / hemis.fr

Lacs italiens et Milan

Auteurs Anne-Sophie Glavet, Laure Péraudin, Julie Innato

et Aurélia Bollé, Silvia Barisione, Alice Cheron, William Del Russo, Franck Friès, Alice Ingold, Ghita Mancini, Anthony Moinet, Assia Rabinowitz

Directrice éditoriale Hélène Firquet
Responsable éditoriale Christina Beckers
Responsable artistique Flora Monnin
Presse Sophie Gallet
Fabrication Julien Recurt, Christine Lopes
Responsable des coéditions internationales et des partenariats B2B
Mathilde Barrois (mathilde.barrois@gallimard-loisirs.fr)
Chargée de partenariats B2B Manon Aveline (manon.aveline@gallimard-loisirs.fr)

Conception graphique Elhadi Yazi
Infographie Stéphane Jungers
Cartographie EdiCarto

Mise à jour Federica Petrone

Gallimard Loisirs 5, rue Gaston-Gallimard 75328 Paris Cedex 07
Tél. 01 49 54 42 00 coupsdecoeur@gallimard-loisirs.fr
La collection GEOGuide a été créée en association entre Prisma Presse/GEO et Gallimard Loisirs

Numéro d'édition 559070 - ISBN 978-2-7424-6532-3

Impression Lego (Italie) **Photogravure** Nord Compo (Villeneuve-d'Ascq)

Avis aux GEOVoyageurs Entre l'enquête effectuée sur le terrain et la parution du guide, les établissements mentionnés peuvent avoir fermé et certaines informations s'être périmées. Renseignez-vous auprès des prestataires pour organiser vos déplacements et votre séjour et pensez à réserver.
N'hésitez pas à nous faire part de vos commentaires et de vos corrections à : coupsdecoeur@gallimard-loisirs.fr !

PEFC
PEFC/18-31-280

Cartes

- Autoroute et 2x2 voies
- Route principale
- Route secondaire
- Autre route
- Zone urbaine
- Frontière d'État
- Parc naturel
- Site remarquable
- Sommet
- Tunnel, col, défilé
- Liaison maritime
- Aéroport

Altitude (en mètres)

- De 0 à 100
- De 100 à 200
- De 200 à 500
- De 500 à 1 000
- De 1 000 à 1 500
- Plus de 1 500

Plans

- Axe urbain
- Espace vert
- Cimetière
- Voie ferrée
- Gare ferroviaire
- Gare routière
- Gare maritime
- Station de métro